本书受国家社会科学基金资助项目《基于量子博弈的传感器公共服务平台价值共创协同机制研究》(21XGL002)、国家自然科学基金《片段化生产、技术内化与中国制造企业转型研究》(70973088)等支持

高质量发展与中国制造业竞争策略研究

卢 锐 卢 迪 黄定轩 著

·南京·

内容提要

改革开放40多年来中国经历经济高速增长,国家竞争优势显著提升,创造了世界经济发展的奇迹,党的十九大提出中国经济由高速增长向高质量发展的转变。这是一本探讨中国制造业竞争策略的专著,研究面向中国制造2035的组织场域与竞争策略,讨论能领先竞争对手,同时支持获利的策略行动,尝试通过部分典型企业案例与文献研究方法来思索高质量发展作为嵌入组织场域以形成中国制造业竞争策略的过程,并采用动态复杂来诠释在组织场域机制下建立中国制造业竞争优势。研究发现中国制造业竞争策略是创新、智能、系统驱动的结构化战略,建立中国制造业的产业创新生态系统,同时产生创新能力,是建立中国制造业竞争策略的必然选择。

图书在版编目(CIP)数据

高质量发展与中国制造业竞争策略研究 / 卢锐,卢迪,黄定轩著. — 南京:东南大学出版社,2022.10
ISBN 978-7-5766-0339-2

Ⅰ.①高… Ⅱ.①卢…②卢…③黄… Ⅲ.①制造工业-竞争力-研究-中国 Ⅳ.①F426.4

中国版本图书馆 CIP 数据核字(2022)第 212635 号

责任编辑:张丽萍 责任校对:张万莹 封面设计:毕 真 责任印制:周荣虎

高质量发展与中国制造业竞争策略研究

著　　者	卢　锐　卢　迪　黄定轩
出版发行	东南大学出版社
社　　址	南京市四牌楼2号　邮编:210096　电话:025-83793330
网　　址	http://www.seupress.com
电子邮箱	press@seupress.com
经　　销	全国各地新华书店
印　　刷	广东虎彩云印刷有限公司
开　　本	700 mm×1000 mm　1/16
印　　张	15.75
字　　数	289 千字
版　　次	2022年10月第1版
印　　次	2022年10月第1次印刷
书　　号	ISBN 978-7-5766-0339-2
定　　价	45.00 元

本社图书若有印装质量问题,请直接与营销部联系,电话:025-83791830。

目 录
CONTENTS

第1章 序言 ········· 001
1.1 研究缘起 ········· 002
1.2 创新策略 ········· 006
1.3 主要内容 ········· 013
    1.3.1 主要逻辑 ········· 013
    1.3.2 研究方法 ········· 014
    1.3.3 可能的创新之处 ········· 014

第2章 相关文献回顾 ········· 015
2.1 策略理论 ········· 016
    2.1.1 策略的发展阶段 ········· 016
    2.1.2 意志论、决定论与互动论的策略理论 ········· 019
    2.1.3 策略变化与策略故事的动态观 ········· 025
2.2 破坏性创新理论 ········· 030
    2.2.1 破坏性创新理论发展历史 ········· 031
    2.2.2 破坏性创新的定义 ········· 035
    2.2.3 破坏性创新的分类 ········· 038
2.3 知识创新理论 ········· 048

第3章 中国制造业的商业模式创新：
    以智能手机业为例 ········· 059
3.1 超优势竞争理论与商业模式创新 ········· 060
3.2 智能手机产业的竞争优势 ········· 064
3.3 中国手机产业的创新发展 ········· 085

第4章 中国制造业的市场创新：以 TFT-LCD 产业为例 …… 111
4.1 引言 …… 112
4.2 TFT-LCD 产业技术发展 …… 114
4.2.1 TFT-LCD 产业技术分类 …… 115
4.2.2 中国 TFT-LCD 技术转移路径 …… 117
4.2.3 全球面板厂专利布局、授权 …… 117
4.2.4 TFT-LCD 主要竞争者分析 …… 118
4.3 我国 TFT-LCD 产业的发展 …… 124
4.3.1 CRT 萌芽期（20 世纪 70 年代初期到 80 年代初期）…… 124
4.3.2 CRT 成长期（20 世纪 80 年代中期至 90 年代中期）…… 125
4.3.3 CRT 成熟期（20 世纪 90 年代中后期至 2008 年）…… 125
4.4 我国 CRT 与 TFT-LCD 产业的结构分析 …… 128
4.4.1 CRT 与 TFT-LCD 产业发展是产业高度关联、技术高度连续 …… 128
4.4.2 CRT 产业正进入衰退期，TFT-LCD 产业正处于成长期 …… 128
4.4.3 CRT 与 TFT-LCD 产业的未来走向 …… 129
4.5 我国 TFT-LCD 产业的发展模式 …… 131
4.6 京东方创新矩阵的战略分析与评价 …… 136

第5章 绿色制造与传统制造共生研究：以建筑业为例 …… 143
5.1 引言 …… 144
5.2 基于 Density Games 的绿色建筑与传统建筑共生模型构建 …… 147
5.2.1 密度博弈（Density Games）模型 …… 147
5.2.2 绿色建筑与传统建筑共生 Density Games 模型构建 …… 148
5.3 绿色建筑与传统建筑共生 Density Games 模型稳定性分析 …… 150
5.3.1 模型平衡点分析 …… 150
5.3.2 稳定性相图分析 …… 153
5.4 情景仿真分析 …… 155
5.4.1 仿真模拟分析 …… 155
5.4.2 发展绿色建筑的政策建议 …… 157
5.5 结论 …… 159

第6章 知识产权推进制造业高质量发展的路径 ……… 161
- 6.1 知识产权推进制造业高质量发展背景 ……… 162
- 6.2 国内外知识产权推动制造业发展的历程 ……… 163
  - 6.2.1 知识产权推动制造业发展意义 ……… 163
  - 6.2.2 国内外知识产权发展历程 ……… 164
- 6.3 制造业的知识产权省域分析 ……… 170
  - 6.3.1 数据结构描述与聚类方法设计 ……… 171
  - 6.3.2 模糊C均值面板数据聚类方法设计 ……… 175
  - 6.3.3 数据说明与实证研究 ……… 177
  - 6.3.4 结论 ……… 182

第7章 能耗差异视域下技术进步、技术效率与制造业全要素能源效率 ……… 185
- 7.1 引言 ……… 186
- 7.2 文献综述 ……… 187
- 7.3 模型构建与数据说明 ……… 189
  - 7.3.1 模型构建 ……… 189
  - 7.3.2 变量指标与数据说明 ……… 190
- 7.4 实证分析 ……… 191
  - 7.4.1 行业耗能划分的必要性与结果 ……… 191
  - 7.4.2 制造业全要素生产率变动及其分解 ……… 193
  - 7.4.3 制造业全要素能源效率的测算 ……… 196
- 7.5 结论与启示 ……… 203

第8章 制造企业竞争的最优碳减排和定价策略 ……… 207
- 8.1 引言 ……… 208
- 8.2 文献回顾 ……… 209
- 8.3 问题假设与模型描述 ……… 211
- 8.4 模型的建立与求解 ……… 213
  - 8.4.1 纳什均衡模型 ……… 213
  - 8.4.2 最优零售价格 ……… 214
  - 8.4.3 最优减排率 ……… 216
  - 8.4.4 斯坦伯格博弈模型 ……… 216

  8.4.5 制造商 2 的最优碳减排率和零售价格 …………………… 217

  8.4.6 制造商 1 的最优零售价格和减排率 …………………… 218

 8.5 数值算例 ……………………………………………………… 218

  8.5.1 碳价对最优减排率、零售价格和利润的影响 ………… 219

  8.5.2 消费者环保意识对最优减排率、零售价格和利润的影响
    …………………………………………………………… 221

  8.5.3 制造商 1 的规模对最优减排率、零售价格和利润的影响
    …………………………………………………………… 222

  8.5.4 价格转换敏感性对最优碳减排率、零售价格和利润的影响
    …………………………………………………………… 223

 8.6 结论 …………………………………………………………… 224

参考文献 ……………………………………………………………… 226

后记 …………………………………………………………………… 245

第1章 序言

1.1 研究缘起

时代在巨变,人们的认知也要随之改变。"拿着旧地图,找不到新大陆",眼下正值百年未有之大变局、大乱局,疫情、战争、自然灾害、地缘冲突等种种不确定性事件频发,各个国家必须建立起足够稳定的制造业供应链体系,才能有效抵御各种外部风险。2021年,我国全社会研发投入近2.8万亿元,国家创新能力升至世界第12位,科技创新迎来难得的历史机遇期。然而,历史机遇期必然伴随着高风险。从外部看,全球化进程遭遇挫折,美国加强科技封堵,加之产业链重组、全球供应链受阻、世界主要国家涌入尖端科技竞争等,都对中国科技创新形成巨大压力。近年来,美国制造业对华竞争策略的主要特征是非理性的激进。尤其是美国参议院于2021年6月9日通过《2021年创新和竞争法案》,重点瞄准与美国地缘战略相关的关键技术领域的基础研究与技术创新,与美国政府此前出台的制裁中国高新技术企业、严格限制海外人才参与美国科研、限制对中国的知识产权转让等措施如出一辙。2021年9月29日,美欧贸易和技术委员会(US-EU Trade and Technology Council)在美国召开首次会议,其表面上以经贸中的供应链、科技等十大工作组为主体开展双边合作,实际上却包含了一系列在制造业领域遏制和孤立中国的举措。自2016年以来,美国出台了多项恶意竞争的法律法规和政策,部分政策如表1-1所示。从国内看,制造业创新到底怎么做,依然是一个高度争议的问题。近年来,无论是产业政策、基础研究或平台创新,都触及改革方向、政府与市场、创新模式等重要问题。优化竞争策略,最大程度地调动体制内外各种创新要素资源,发挥各自优势,汇聚整体优势,形成适应中长期竞争的中国制造业创新生态系统,是建立中国制造业竞争策略的必然选择。

表 1-1 2016 年后美国制造业对华竞争主要政策

时间	政策文件	主要内容
2017 年 12 月	《国家安全战略报告》	通过系列施压和"脱钩"举措保持美国优势;将中国逐步排除在其主导的全球产业新格局外,削弱中国当前在全球制造业中心的核心地位,巩固美国对全球产业布局的掌控,挤压中国向产业链高端发展的空间;切断中美科技联系以避免中国"搭便车";对华进行资本切割,要求中国改变审计方式以提高信息透明度等,提升在美上市的中国企业融资成本以遏制其海外扩张和影响力上升的势头
2018 年 8 月	《外国投资风险审查现代化法案》	拓展外国投资委员会管辖权;调整外国投资委员会审查程序;赋予外国投资委员会更多新权力;要求中国商务部部长向美国国会和外国投资委员会每两年提交中国对美国实体的外国直接投资交易报告
2018 年 10 月	《先进制造业美国领导力战略》	发展和推广新的制造技术;教育、培训和匹配制造业劳动力;扩大国内制造业供应链能力
2020 年 3 月	《加强美国产业链安全与国家安全法》	关键产业链不惜成本迁回美国;一般产业链鼓励企业从中国迁往主要盟友国及地区,并帮助这些国家和地区提升产能;中低端制造业迁往南亚、东南亚等地
2020 年 3 月	《安全和可信通信网络法》	禁止使用美国联邦政府资金购买包括华为在内的对美国国家安全构成威胁的通信产品和设备
2021 年 5 月	《无尽前沿法案》	设立技术和创新理事会、区域技术中心;针对经济、安全、科学、研究、创新、制造和就业建立战略报告体系;设立供应链韧性和危机应对计划项目,使美国继续保持科技领先地位的同时防止技术"外流"到"竞争者"国家

人类社会的发展史就是一部生产力不断跃升的历史,伴随着新的生产工具、劳动主体、生产要素的涌现,人类不断构建认识、改造世界的新模式。每一次产业技术的兴起,均产生协同作用、相互依赖的产业以及一个或多个基础设施网络,带来利益格局、产业体系、制度文化的重构。要推动经济高质量发展,制造业是关键和重点所在。制造业要以创新驱动发展为根本路

径,不断提升供给体系质量效益,实现从中国制造向中国创造转变、从制造业大国向制造业强国转变。要全面把握中国制造业"技术创新—产业演进—经济增长—制度变革"之间的互动机制,深度认知中国制造业生产关系和生产力的重构。随着中国市场规模越来越庞大,中国制造业面临的战略机会越来越多,可通过在"干中学"获取竞争优势,其中战略选择、范式迭代、组织创新是关键。在战略选择方面,要明确采取引领战略还是跟随战略,对于新兴技术,要敢于采用引领策略。在范式迭代上,要通过"边干边学"来协调和倒逼新技术范式以及主导设计的定型和固化。通过实施设计迭代,实现新技术方案的固化,逐渐塑造技术轨道。在组织创新方面,要构建相应的创新生态体系,通过"干中学"获得关键的竞争能力,并不断实现组织扩散与共享。通过战略引领、设计迭代、组织创新等,探索出一个良好机制,并在新的技术轨道上实现新的技术能力。

中国制造业面临的核心问题是成本快速增长、库存居高不下、生产方式落后、产业附加值低、产能转移加速。从要素成本看,传统企业成本伴随着中国经济增长快速增长,传统产业的成本优势不断衰减。中国企业劳动力成本上升速度不仅显著快于美日欧等发达经济体,而且快于南非、巴西等发展中国家,中国产业工人人均月收入已大大超过东盟多国,同时企业"招工难"问题日益突出。此外,中国企业的融资成本、物流成本、能源成本普遍高于美国等发达经济体,从而不断挤压传统制造业盈利空间。从经营能力看,企业库存成本居高不下。库存水平是企业经营能力的综合反映,是领先企业核心竞争力的来源、价值利润创造的基石。从生产方式看,数字化柔性生产能力不足。数字化时代企业需求已发生了巨变,需求日益个性化、场景化、实时化、内容化、互动化,数字化重构了客户的决策链路和决策体系,消费者的表达权、参与权、选择权正在崛起。从经营效果看,数字化加速企业分化。面对当前要素成本、技术进步、运营管理等各方面带来的挑战,企业间经营绩效的差距在急剧分化,一批能够适应快速变化的市场需求的企业经营效应越来越好,数字化能力成为企业经营绩效的分水岭。从产业布局看,产能加速向海外转移。相对于产业价值链的提升,中国传统产业生产要素成本增长的速度更快,带来的影响是传统产业产能加速向海外转移。产业的全球化布局是市场经济的必然结果,也是经济发展的必然结果。但与美国、德国、韩国、日本等的相同经济发展阶段相比,中国制造业占 GDP 比重下降过快,德国、日本、韩国过去 30 年制造业占 GDP 比重没有太大变化,而中国制造业占GDP比重从2011年的32%下降到2020年的26%,出口占全球的比重从2014年的38.6%下降到2020年的30%。

目前中国制造业的发展特别是创新能力有所欠缺,创新体系不够完善,不少关键零部件和核心技术还得依赖进口。创新在推动制造业高质量发展中发挥着关键作用。创新不仅指科技创新,还包括科技创新、模式业态创新、管理创新等在内的全面创新。其一,科技创新是制造业高质量发展的重点。近年来,要素投入对我国经济增长的作用减弱,而且前期过快的资本、资源投入加剧了制造业发展的不平衡、不充分,产能过剩、僵尸企业、成本竞争力削弱等问题加大。随着我国向技术前沿的逼近,在一些技术和产业领域中,我国已经从追随者转变为同行者甚至领跑者,没有确定的技术路线可供借鉴,原始创新的重要性日益突出。特别是随着我国制造业向全球价值链中高端的攀升,制造业与发达国家的产业重叠度不断提高,产业竞争也将愈发直接和激烈,贸易摩擦将成为常态。核心技术靠"化缘"是要不来的,只能依靠我们自主创新、攻坚克难。当前新一轮科技和产业变革正在兴起,为我国打开了通过科技创新实现"超车"的机会窗口。其二,模式与业态创新是制造业高质量发展的重要方向,不断催生新的商业模式与产业业态。工业革命以来,每一次颠覆性技术集中涌现的时期也是管理大变革的时期。在新一轮科技和产业变革时期,我国作为世界第一制造大国,也具备了创造符合自身国情特点、文化传统和适应新时代科技变革的新型管理模式的条件。

高质量发展的理论导向表现在提高供给的有效性,实现公平性发展、生态文明、人的现代化。吴金明提出"三新"和"三软"的关键组成元素,即新理念、新动力、新动能的新发展路径和软价值、软资源、软制造的新发展模式。高质量发展要求在全过程全生命周期中坚持质量第一、效益优先的基本原则,积极推动产业发展方向由关注速度转向关注质量、效率、动力。随着制造业向技术前沿迈进,技术的不确定性提高,更需要调动政府、市场、企业、高校科研机构等多主体的作用,探索科技发展的路线与新模式、新业态。通过进一步对外开放,更好地利用全球创新资源、生产要素,在全球范围内实现制造业价值链的优化配置;提高制造业服务于全球市场的能力,使高质量发展的中国制造业更多更广地惠及全球。人类社会认识客观世界的方法论已经历了四个阶段,从"观察+抽象+数学"的理论推理阶段,到"假设+实验+归纳"的实验验证阶段,再到"样本数据+机理模型"的模拟择优阶段,目前已进入"海量数据+科学建模"的大数据阶段,即可采用"数据+算法"的模式,通过大数据实现中国制造业的新发展。

1.2 创新策略

改革开放 40 多年来,中国制造业保持高速增长态势,早在 2010 年中国制造业增加值规模便超越美国成为世界第一,且形成了门类齐全的产业体系。但是,中国制造业大而不强的特征仍然存在,很多关键核心技术受制于人。新一轮科技革命和产业变革孕育兴起,同时世界主要经济体在经历 2008 年金融危机后普遍意识到过度金融化和脱实向虚的危害,竞相推出制造业发展或重振计划。其中,具有较强国际影响力的政策包括美国"先进制造伙伴计划"、德国"工业 4.0"战略、英国"工业 2050"、欧盟"数字化欧洲工业"、日本"互联工业"、韩国"制造业革新 3.0",以及中国的"战略性新兴产业"和"中国制造 2025"等。贾根良等对美国现阶段先进制造业计划的战略部署及先驱性实践进行历史性考察,揭示其强烈的政府干预和产业政策属性,还对其以先进制造业创新中心为载体的组织过程进行剖析。李金华比较分析了美国、德国、日本和中国颁布的制造业发展政策支持等,探讨其对中国建设制造强国在制定战略纲领、出台实施重大项目与工程、推行政策方面给予的借鉴。杜渐等的研究则围绕美国、德国、日本等发达国家的制造业创新政策环境展开(图 1-1)。

随着以数字化和网络化为特征的信息技术的迅猛发展和经济全球化进程的加快,许多产业发生变革,知识等无形资产有时已比传统有形资产(如土地、石油等天然资源)以及传统生产要素(如劳力、资本和土地)更重要,组织竞争凸显创新生态系统的特征。中国哲学思想中的"道",认为宇宙是一个复杂的关系网,具备极具创造性的响应能力,总是能够自发地适应所处环境,是一个自发的动态系统,不断进化、不断重塑;它能够持续创新,并摒弃阻碍交流(能量流动)及灵活性的科层制。组织是一个活性系统,一个由多功能协作团队构成的网络,它们在一个由更深、更广的关系组成的创新生态系统中运行。在中国制造企业海尔,人人都是 CEO,客户是驱动公司创新的共创伙伴。公司中人既是领导者也是员工,一个决策或策略可以既好又坏,

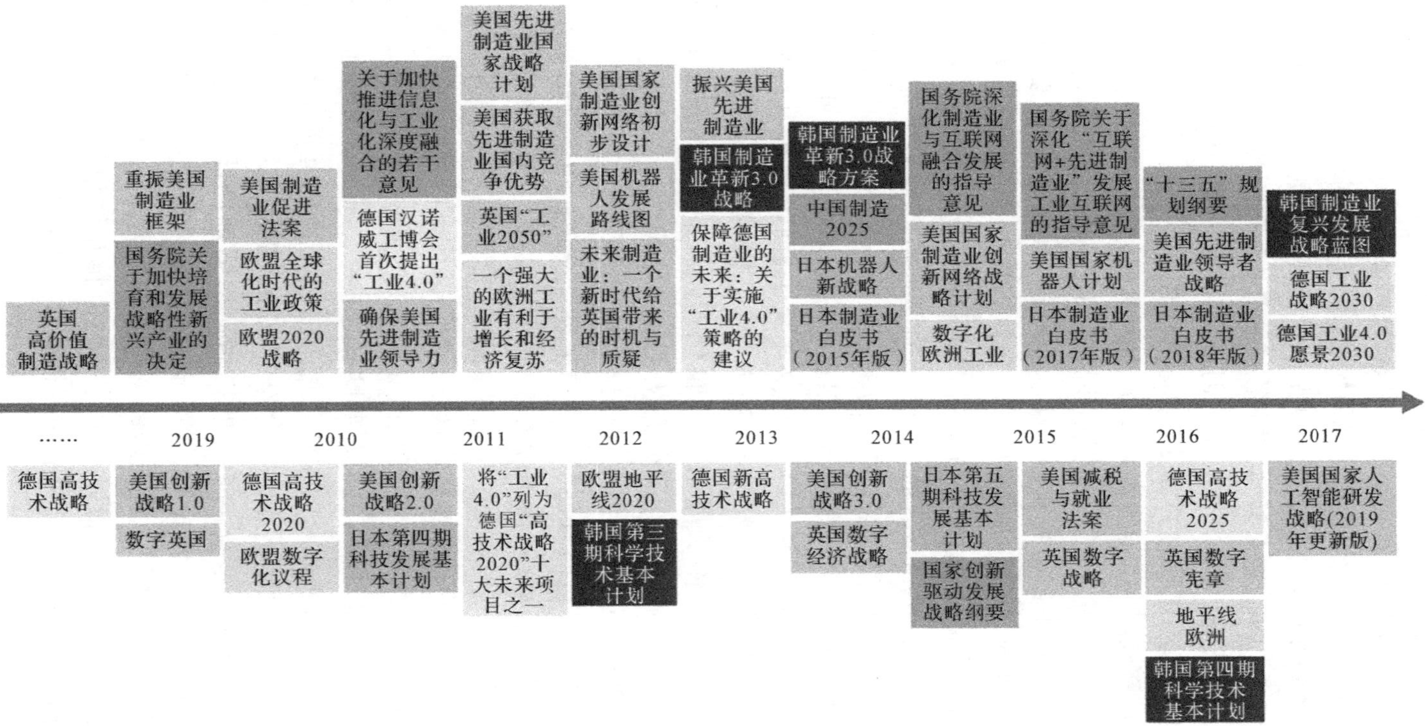

图1-1　2008年金融危机后主要国家或地区制造业发展战略

这取决于其所处的语境,公司不断地探索"战略、产品、过程和关系"的多种可能性。从演化的角度看,创新生态系统脱胎于创新的持续实践,是创新范式从线性范式到互动共生的高级范式的一次跨越,本质上是创新实现的自我重塑升级。"中国制造2035"既强调智能制造的深入落实,关注基于科学、面向复杂、关注精益、实现简朴等新的创新战略,又依赖中国文化所具有的当代优势,体现自己熟悉的中国制造业竞争策略。

创新是一个深受社会各界广泛关注的热词,社会、经济、文化、思想等诸多领域都在谈论创新。在热度升高的同时,人们对于创新往往陷于些许迷惘状态,对于创新的无限泛化和狭窄理解成为两种主要的错误倾向,一者将创新使用于所有领域,另一者将创新仅仅理解为与技术相关的活动,而对于创新的内核有所忽略。从本意看,创新就是突破原有的思维方式、固化的习惯模式,通过构建有别于旧有惯例的行为模式、组织制度等,创造出更具有价值和效率的突破过程。熊彼特在1912年出版的《经济发展理论》中第一次提出了创新的理论,并在1939年的《景气循环论》、1942年的《资本主义、社会主义与民主》两本著作中系统发展和丰富了创新的理论体系。20世纪80年代,C. Freeman在考察日本产业政策后,提出了创新体系理论。21世纪初,创新生态系统(innovation ecosystem)的提出,标志着竞争研究从系统的结构转向了功能。创新不再仅是开放式的,还更具系统性,政府、企业、科研院所、消费者等都成为创新链条上的参与者,同时创新也由原来以单一企业为主环的狭小范围扩大到区域、系统、国家乃至国际的维度,多样性共生、自组织演化、开放式协同的特征显著。创新是一项复杂的系统工程,从熊彼特时代的单纯以企业为主导的封闭创新到包含政府、企业、大学科研院所在内的开放创新体系,再到将用户纳入进来从而涵盖政府、企业、科研院所、用户等不同主体的创新生态体系,创新开放度日趋扩大。面对外部环境变化对创新的更高要求,创新涉及的主体之间存在着复杂的互动关系,不同主体、种群、群落之间形成了竞争与合作的复杂创新生态圈,运行机制、组织模式都伴随着创新系统复杂度的提高而更强调设计变革的系统性。在如此复杂的创新运行模式下,创新所追求的成果转化绩效就更具不可确定性,重视创新复杂性才能在新的创新环境下实现新的提升。

我国著名科学家钱学森将系统定义为由相互作用和相互依赖的若干组成部分合成的具有特定功能的有机整体,而且这个系统本身又是它所从属的一个更大系统的组成部分。系统普遍存在于宇宙万物中,系统性可以被认为是世界万物发展结构上的物质属性。任何系统都离不开要素、结构、功能的基本界定,要素(组分、元素、子系统)构成了系统的基本单位,通过要素之间错综复杂的联系形成系统特定的功能,这种功能是所有要素 $1+1>2$ 优化集聚的结果。系统整体功能的发挥取决于要素(组分)、结构和环境三方面的结合。系统功能既需要发挥构成要素的既有功能,也需要通过环境的外在影响刺激内部关系的调整,更需要通过系统内部结构优化打造新的组合秩序,形成要素之间、要素与环境之间、系统与环境之间的物理化学反应,打破原有关系的僵化性和黏着性,构造新的功能协同。因此,在系统功能的发挥要素中,结构是重要的影响因素,在既定的要素和环境条件下,结构(也可理解为组织管理方式)的优化可以产生化腐朽为神奇的效果,由于系统具有相应的反馈机制,因而结构可以影响要素,产生适应系统和环境变化的自我调整,推动系统的动态变迁。

表 1-2　主要系统理论与分析方法

主题	主要作者	相同之处	差异之处
国家创新系统	Lundvall(1992)	国家部门对产业活动的影响是创新系统的核心	政府部门对产业创新的影响,未论及区域或个体的差异
区域创新系统及地方生产系统	Moulaert & Sekia(2003);Wolfe (2002); Doloreux (2002);Howells(1999);Breschi & Malerba(1997);Ohmae(1995)	国家机器无法制定一视同仁的区域政策,所以只有区域治理才能满足个别需要;产业创新通过区域内形成的组织网络进行。以小厂为主的地方生产系统通过地区网络延展出技术与学习区域是创新活动根源	质性研究不免有个案是否代表整体网络的疑问。而本书通过调查与统计分析,实证了产业网络行为的普遍性

续表 1-2

主题	主要作者	相同之处	差异之处
网络分析方法	Koschatzky & Sternberg(2000); Grabher(1993); Harrison(1992); Sabel(1992); Thorelli(1986); Camagni(1991); Whetten & Rogers(1982); Freeman(1979); Tichy et al.(1979)	网络对产业及区域创新的重要性；网络是基于信任合作的非正式组织；确认网络分析方法的观察重点	网络建立在信任合作基础上，而信任合作受到成员彼此间社会结构近似性与关系距离亲近性的影响。但是，近似的社会结构关系往往不利于创新的发生
创新社群	Lynn, Reddy & Aram(1996)	组织成员的背景与社会关系决定创新的类型	国家创新系统对厂商形成网络组织的影响，创新的含义
集结	Morris(2004); Burgess & Harrisson(2000); Murdoch(1997); Latour(1987)	集结是网络的次级单元；由少数具有远程控制能力的主要成员维系与发展出次团体	与国家有关的研发机构或大专院校成为集结的核心

竞争优势理论的发展呈现出"外部—内部—外部"的钟摆现象(Hoskisson & Hitt, et al., 1999)，产生了市场观、资源观以及需求观等理论视角，而资源观和需求观是当前最为主流的解释竞争优势的理论。资源观强调企业如何从供给侧将竞争对手排斥在外而捕获更多价值；而需求观则强调企业如何从需求侧感知顾客价值而获取竞争优势。但资源观忽视了市场需求变化对企业竞争的影响，当企业资源能力与顾客需求不匹配时，企业将陷入困境(赵立龙，2012)。相对的，需求观忽视了企业资源在竞争优势中的作用，一味追求顾客价值创造易造成企业资源基础缺失并带来风险(石盛林，2010)。在此背景之下 Teece、Pisano(1994)等提出了动态能力理论，将企业置于动态发展的竞争环境中，基于资源基础观的理论，强调企业内部因素与外部环

境因素相匹配的机制,着眼于企业根据外部环境配置、培育和重建内部资源,打破核心刚性,以达到保持核心竞争优势的效果。创新的商业模式可以塑造竞争策略(Chesbrough,2010),但商业模式并不足以让组织保有竞争优势(Teece,2010),关键在元素间互动关系(Morris et al.,2005;Chesbrough,2010;Teece,2010;Benso-Rea et al.,2013)。辨识解决方案与最佳产品两种不同类型的商业模式,更引用产品与服务主导逻辑观点,来描述两种不同类型商业模式元素间的不同互动关系,研究结果深入阐释知识经济与传统经济商业模式的差异,尤其解决方案商业模式是符合 Teece(2007)所提跨组织间相互专属化并共同运作系统的观点;强调由互动、在相互交换的互动和对话过程中,发展客户与厂商的价值共创关系(Payne et al.,2008;Vargo, Maglio & Akaka,2008)。在竞争过程中,许多新方法被发明与创造出来。组织能够持续地经营生存,通常依靠资本、品牌、人力、产品、市场、技术、贸易等要素,但在决定组织成败的因素中,商业模式是创造价值的核心逻辑,能使组织获得更强大的竞争优势。考虑到创新系统对其所处环境的关注较少,创新生态系统研究除基于创新系统理论还融入了生态学的"共生演化"思想,研究范围从主体间的相互依赖扩展到主体与环境的相互作用(赵放和曾国屏,2014)。Adner 和 Kapoor(2010)结合技术战略研究与创新扩散研究深入分析了这种技术替代动态,当新技术出现的挑战较低且旧技术扩展的机会较高时,新技术将会入侵市场,而旧技术生态系统内的改进会使得旧技术也具有一定竞争力,这种情况下,新旧技术将会有较长的共存时间。实践层面对制造业成长与竞争优势来源的讨论(Daiser, et al.,2017),多基于特定的制度因素展开分析,如资源禀赋与政府支持(包括获取外部资本(Luo et al.,2010;Song et al.,2011)、知识产权保护(Che et al.,1998)、政府补贴(Eckaus,2006)等)、有价值的政府资源投入(Chen et al.,2014;Li et al.,2019;Musacchio et al.,2014)等。制造业的规模、资源禀赋、治理结构等方面存在复杂性(Bruton et al.,2015),如业务单元与职能部门等的协调(Peng et al.,2010)、管理协同(Lee et al.,2001)等。制造业组织被视为由人员、活动、资源、制度等基础要素组成且彼此交互依赖的系统(Milgrom et al.,1990;Siggelkow,2002,2011;Scott,2015;陈劲,2017)。组织系统通过要素选择(包括组织活动、架构、资源及制度规范等)(Siggelkow,2002;吴志岩,2015),有效实现要素间的组合与协同,创造并维持组织持续的竞争优势(Siggelkow,2001;陈春花等,2018)。

表1-3 新制造业:从公司到"数字经济体"

项目	"公司"在不同领域的极致形态		数字经济体的雏形	
	大规模生产	大规模零售	大规模定制	C2B模式
代表企业	福特汽车	沃尔玛	DELL	互联网平台
出现时间	20世纪初	20世纪60年代	20世纪90年代	21世纪初
市场环境	供不应求	大量消费	供过于求	个性需求勃兴
代表性的商业基础设施	公用电厂、铁路网络、电话网络等	通信网络、现代物流、IT信息技术	通信网络、现代物流、IT信息技术	云计算、数据中台、业务中台、物联网
竞争基点	低价	低价、多样	速度、体验	体验、速度、海量
价值交付	企业以产品为载体向消费者交付价值	企业以产品为载体向消费者交付价值	企业以"解决方案"为载体,向消费者交付价值	以体验为载体,企业与消费者共创价值
产消关系	生产商主导	零售商主导	消费者适度参与	消费者主导
消费者角色	孤立、被动、少知	孤立、被动	部分参与设计生产	见多识广、相互联系、积极主动、深度参与
供应链形态	线性、精益供应链	线性、精益供应链	线性、敏捷供应链	巨型社会协同网
商业形态	小品种、大批量	多品种、大批量	多品种、小批量、快反应	海量品种、小批量、快反应

面对新一轮科技革命和产业革命,中国制造业面临怎样的形势和挑战?"中国制造"如何转向"中国创造",实现由大到强?目前,发达国家利用技术和产业优势对我国先进制造业发展形成堵截之势,发展中国家利用低成本优势对我国传统制造业形成追赶之势。中国经济进入新的发展阶段,中国制造业发展也呈现新模式。无论是技术水平、资源投入、专利数量、生产方法和生产率等都发生了翻天覆地的变化,中国制造业逐渐从高速向高质转变。要重塑制造业竞争新优势,实现制造业由大到强,中国制造业竞争策略主要包括创新驱动、智能驱动和系统驱动。第一,**创新驱动**。技术创新要花很长的时间去积累,有些领域不太可能做到弯道超车。比如,高新材料是一个弱项,需要花很长的时间去解决;工作母机、工业软件现在也比较落后的,甚至基本上没有在这方面投入太多的精力。第二,**智能驱动**。数据生产力

成为人类改造自然的新型能力,意味着人类改造自然从直接走向间接,从能量转换工具走向智能工具,从劳动者走向知识创造者,从能源资源走向数据新要素,从经验决策走向基于"数据+算法"的决策,从他组织走向自组织,从产品分工走向知识分工,从小规模协作迈向数亿人的全球实时协作。数据生产力的本质是解放人的生产力。第三,**系统驱动**。创新体系的变革将人类带上零成本试错之路,重构人类的创新主体、创新模式、创新效率,开启人类社会创新发展新图景。工业时代的公司所遵从的基本是"泰勒制"的、线性的(价值链、产业链、供应链等)组织方式和流程。与数字经济体的组织方式直接相关的是超级平台+数亿用户+海量商家+海量服务商,这种大规模协作的组织方式是人类历史上从未达到过的,是"分工/协作"的高水准。

1.3 主要内容

1.3.1 主要逻辑

全球新一轮科技和产业变革蓄势待发,并以前所未有的速度融合、渗透到人类社会的各方面。变革对经济增长的影响,通过"破坏"旧的增长要素,"创造"新的增长要素;"破坏"旧的组织方式,"创造"新的组织方式,进而推动生产要素重配和产业结构重塑,改变经济增长来源结构。本书从高质量发展视角出发,沿着策略演化复杂性路径全面阐述了中国制造业的竞争优势。研究面向"中国制造2035"的组织场域与竞争策略,讨论能领先竞争对手同时支持获利的策略行动,尝试以智能手机、TFT-LCD等产业的商业模式创新和市场创新案例来思索高质量发展作为嵌入组织场域以形成中国制造业竞争策略的过程,并采用动态复杂来诠释在组织场域机制下如何建立中国制造业竞争优势,展开对技术进步、技术效率与制造业全要素能源效率,以及制造业竞争的最优碳减排和定价策略等深层次问题的探讨。建立中国制造业的产业创新生态系统,同时兼具创新能力,是中国制造业竞争策略的必然选择。

1.3.2 研究方法

本书采用逻辑推演的方法,对中国制造业的竞争策略进行分析,并提出研究的基本假设。基于创新策略理论,采用实证研究的方法,探寻中国制造业的竞争策略机理,该方法在分析智能手机的商业模式创新、TFT-LCD 产业的市场创新案例上具有明显优势。结合理论推演和实证研究的结果,得出研究的主要结论。

1.3.3 可能的创新之处

第一,本书研究从竞争策略和高质量发展的视角讨论中国制造业竞争优势,建立能领先竞争对手同时支持获利的策略行动。尝试对部分典型企业进行实证分析,将研究策略嵌入到中国制造业场域中,形成产业、区域竞争优势的过程,并采用动态复杂来诠释其关联性以及如何建立竞争优势。

第二,本书研究展开对技术进步、技术效率、制造业全要素能源效率,以及制造业竞争的最优碳减排和定价策略等问题的探讨。建立中国制造业的产业创新生态系统,同时兼具创新能力,是中国制造业竞争策略的必然选择。在综合相关研究的基础上,进一步深化和细化对中国制造业竞争策略机理的研究。

第三,本书研究指出,中国制造业无论是技术水平、资源投入、专利数量、生产方法和生产率等都从高速向高质转变,逐渐重塑了制造业竞争优势。中国制造业竞争策略是创新驱动、智能驱动、系统驱动,重构中国制造业的创新主体、创新模式、创新效率有利于开启创新发展新图景。

第2章
相关文献回顾

2.1 策略理论

2.1.1 策略的发展阶段

不同情境下,策略研究的重点有所差异。20 世纪 80 年代开始,策略理论成为较成熟的学科(Ketchen et al.,2008)。Whittington(1993)归纳出古典、演化、程序以及系统四种不同的策略观点。Mintzberg 等(1998)利用动物的行为特性作比喻,列出设计、计划、定位、创新、认知、学习、权力、文化、环境、形态十大学派在不同时间点呈现出不同的活跃程度。对策略的认识,一直是多元的(Ketchen et al.,2008)。策略的发展阶段如下所示。Hofer,1976;Bracker,1980;Shapiro,1989;Whittington,1993;Porter,1996;Phelan,Ferreira & Salvador,2002;Boyd et al.,2005;Nerur,Rasheed & Natarajan,2008。

1) 1930 年代以前:营运效能

20 世纪初,管理者的目标就是运用最少的资源获得最大的产出,进行效率生产,因此发展出泰勒主义(Taylorism)以及福特主义(Fordism),前者将重点放在专业化的生产,后者则是追求有效率的分工。Frederick Taylor 在 1898—1901 年受雇于伯利恒钢铁公司时,通过科学方法观察与研究工人的动作与工具,设计出最适合工人使用的铲子,减少动作上的浪费。福特汽车公司的 Henry Ford 在参考芝加哥的一家肉食加工厂后,设计出足以大量生产 T 型车的装配线。据统计,自 1913 年起的 10 年内,福特汽车的产量每年增加一倍(Hounshell,1985)。泰勒主义与福特主义揭露了当时的策略重点是生产线的专业化与量产,追求的是营运效能。30 年代的策略重点开始从低层次的作业流程往高层次的战略目标转移。时任 General Motor 总裁的 Alfred Sloan 根据其管理经验得出结论:高级管理者应该关心的是企业的长期发展,而非每天的日常活动。从此,策略便与追求营运效能的作业流程分道扬镳。

2）1940—1950 年代：优化决策与策略计划

20 世纪 40—50 年代，一方面，因为二战的需要，产生了许多决策上的数量方法，例如博弈理论（Von Neumann & Morgenstern,1944）以及预算控制等。另一方面，大型计算机开始进入美国民间企业，企业开始学会使用计算机来处理复杂的管理问题。因此，这一时期的策略重点放在如何通过数量与模拟的方法，在既定的条件限制下求取最优解。20 世纪 50 年代开始，因为组织与决策理论的蓬勃发展，正式的策略计划开始盛行，强调由上到下的计划过程，通过整合不同功能人员来完成组织设定的长期目标与短期任务（Chandler,1962；Ansoff,1957）。例如 General Electric、美国国防部与学术界就发展出许多复杂的计划模型，包括线性规划、项目评估技术、路径法、排队论等，以帮助管理者找到最佳的解决方案。

3）1960—1970 年代：多角化策略

此时不仅企业与企业间竞争加剧，国际间竞争也急速上升，尤其当美国企业面对日本战后复兴所带来的挑战时，如汽车业、半导体业与家电用品，外部的威胁与机会成为不可忽视的策略方面，当机会出现时，企业就被刺激从事多角化经营。Ansoff(1957)认为，美国企业要追求成长只有四种策略：增加市场渗透、产品开发、新市场开发以及多角化策略，而只有多角化策略所带来的成长是最大、最显著的。因此，发展出 SWOT 分析的策略工具，能够更清楚定义企业与其内部策略性事业单位（Strategic Business Unit）的范畴与功能。同时，快速的多角化扩张发展出许多新的策略分析方法，如波士顿矩阵（BCG Matrix）、经验曲线以及 GE－麦肯锡矩阵（GE-McKinsey Matrix），用来分析不同事业单位的相对优势与成长方向。

4）1980 年代：Michael Porter 与市场定位

1980 年，*Strategic Management Journal* 创刊，标志着策略理论开始有较系统化的发展，往后若干年所探讨的问题与方法日新月异（Mintzberg et al.,1998；Boyd et al.,2005；Ketchen et al.,2008）。Michael Porter 一系列有关竞争优势与定位的著作，更是重新定义了策略的内涵（Wright,1987）。Michael Porter(1996)认为过去经理人所追求的营运效能并不能算是真正的策略，过于强调营运效能的结果就是长期投资能力的削弱；此外，他认为在谈论策略以前，企业必须要先找到属于自己的产业定位，否则只是空谈，因此，他被归类为定位学派（Mintzberg et al.，1998），分析工具是五力模型（Porter，1980）。Michael Porter（1985）提出一般竞争理论，揭示三种基本策略：成本领先、差异化、集中化。企业为了产生优于竞争对手的绩效，应该专注于其中一种策略，假若同时追求两种以上的策略，将陷入困境。无论是成本领先、差异化或集中化策略，都在追求厂商之间的差异化程度。换言之，如果想要在产业中获得竞争优势，最好的策略就是跟别人不同。Michael Porter 的策略理论几乎主导了这一时期的策略研究（Galbraith & Schendel，1983；Hambrick，1983；Wright，1984；Murray，1988）。

5）1990 年代：资源基础观点

20 世纪 60—70 年代多角化经营活动所产生的大而无效现象，让企业从过去的自外而内的策略思维转向自内而外，开始强调组织内部的核心竞争力（Prahalad & Hamel，1990）。Wernerfelt（1984）和 Barney（1991）等人的资源基础观点（Resource-based View，RBV）、Cohen & Levinthal（1990）基于组织学习的观点提出的吸收能力，都逐渐成为主流，它们都有一个共同点：竞争优势来自内部资源的建立，这也是厂商差异化的缘由，非相关多角化的策略思维应该被扬弃，专注的成长才是首选策略。Barney（1986）甚至宣称，厂商应该要将分析的重点摆在特殊技能与资源，而非外部的竞争环境。同时，交易成本经济学、利害关系等观点，在分析策略选择与购并行为中应用得更为普遍（Masten，1993；Parkhe，1993；Ghoshal & Moran，1996；Rindfleisch & Heide，1997；Harrison & Freeman，1999）。总之，策略已不再局限于传统的计划与执行，其运用范围、涵盖问题变得更加广泛。

6）2000 年以后：动态能力、创新系统

进入 21 世纪后，技术、产业与市场的结构瞬息万变，高级经理人甚至要面对激进式创新与破坏式创新的威胁（Christensen，1997；Ansari & Krop，2012），过去的传统企业也不得不改变既有的策略思维、调整方向或推出更具创新的产品与服务，否则将面临淘汰的命运。Nokia 与 Kodak 都因为无法适应新型的挑战而面临破产或被收购的命运，eBay、Amazon 以及阿里巴巴等彻底改变了既有的商业竞争模式，超竞争（Hyper-competition）的思维加快了产业的创新节奏。在快速竞争时代，管理者策略开始放在动态能力

的培养上。20世纪90年代出现动态能力(Teece et al.,1997),除了理论上更具深度的探讨外(Eisenhardt & Martin,2000;Zollo and Winter,2002;Zott,2003;Winter,2003;Zahra,Sapienza & Davidsson,2006;Teece,2007;Wang & Ahmed,2007),也逐渐获得许多实证上的应用(Griffith & Harvey,2001;Rindova & Kotha,2001;King & Tucci,2002;Verona & Ravasi,2003;Rothaermel & Hess,2007)。例如蓝海策略主张企业应该勇于开创尚未被开发的市场,创造出独一无二的价值(Kim & Mauborgne,2005)。Chesbrough(2003)主张开放式创新,认为创新源自四面八方,管理者应该要同时开拓内部与外部的媒介来从事创新活动,凸显出组织的弹性与开放(Katz & Kahn,1966)。由此,策略的本质也愈来愈开放,讲求组织能够吸收外面的知识,从而更能够适应环境的剧烈变动。

2.1.2 意志论、决定论与互动论的策略理论

意志论和决定论在认识论上有长久争辩(Berger & Luckmann,1966;Diesing,1966;Burrell & Morgan,1979;Luthans & Davis,1982),Burrell 和 Morgan(1979)在分述不同的组织范式时,说明意志论者采用民族志学或现象学等方法;决定论者通过系统或科层的观点来进行分析。两者最大的差别就在于各自的本体论假设:意志论相信人定胜天与英雄造时势,属于主观主义的看法,认为行动者有能力和既有的结构与制度进行抗辩,甚至改变它;而决定论相信成事在天与时势造英雄,属于客观主义的观点,行动者受到既有结构与制度的约束,个人没有任何操纵的空间,最好的策略就是去配合与顺从。Giddens(1984)和 Bourdieu(1990)主张行动与结构原本对立的双方其实是互动的,存在于结构当中的规则与资源会受到行动者有意识或无意识的行为影响,发生改变与重组,进而塑造出新的结构,长期呈现出社会的动态与再造。社会系统的结构特征,同时是实践行为递增组织的媒介与产物。换言之,时势与英雄是相互影响的(Hung,2004)。

1) 意志论

策略源自希腊语 strategos,而动词 stratego 则指有效率地使用资源以试图毁灭敌人(Bracker,1980)。因此,最早期的策略通常带有军事与政治背景(Whittington,1993)。正因如此,过去对于组织内部社会重要角色的策略

研究,如企业家与领导者,大多是基于心理学观点进行分析(Schumpeter & Opie,1934;Begley & Boyd,1987;Bryman,1992;Dyer,Gregersen & Christensen,2011),他们的个性、特征、能力与经验被放大,并被视为他们得以成功的关键因素。Dyer等(2011)将所谓的创新者特质称为创新者的DNA,包含联想、质疑、观察、实验及建立人脉这五种技能。此外,策略本身必须以个人或专业经理人作为载体,才能被具体实践(Whittington,1996;Mintzberg,1973;Jarzabkowski,2005;Muzio,Brock & Suddaby,2013)。

在意志论的观点下,个人被认为具备独特的能力与洞察力来克服所有的障碍,如同一只看得见的手,在组织内进行资源的调配与策略性计划(Ansoff,1965;Chandler,1977),个人的角色在决策过程中被凸显出来,甚至能对制度与结构进行强而有力的抗辩,或是在组织中主导创新变革(Hage & Dewar,1973;Daft,1978;Howell & Higgins,1990)。Schumpeter & Opie(1934)所强调的企业家精神可以算是最早的论述,其认为企业家是有自身能力与洞见的,他们将生产要素进行重新组合,推动资本主义下产业结构的创造性破坏(Schumpeter,1942),同时也是经济改革的推动者,他们改良或撤除旧有的生产形态,通过新市场与新产品的开发推动经济发展,获取超额的利润。Penrose(1959)探讨企业成长的理论时,指出企业家在市场中找寻机会,并利用自身的管理能力驱使组织成长。Drucker(1985)声称创新的过程是企业家有目的的安排,他们主动寻求变化,对变化做出反应,并将变化视为机会。但是,对于企业家精神的研究,如果只探讨企业家本身的人格特质与认知心理,仍然无法具体得知企业家究竟是通过何种手段,发挥其运筹帷幄的本领的。

在意志论的观点下,最直接且具体的策略过程就是动员与分配组织内部的资源,策略决定一切,包括所有的资源配置与组织设计。结构必须追随策略(Chandler,1962),例如资源基础观点赋予管理者配置资源组合的能力以创造出独特的竞争优势(Wernerfelt,1984),围绕在核心资源上进行策略性行动,尤其是有价值、稀少、无法被完全模仿以及不可被替代的资源,更能够实现独特的竞争优势(Barney,1991;Eisenhardt & Martin,2000)。而动态能力源自资源基础观点,其不同之处在于动态能力更加凸显管理者面对环境变化的回应能力(Eisenhardt & Martin,2000;Winter,2003)。除此之外,管理者也可以通过内部机制与管理工具,如平衡计分卡、目标管理或调整股权结构等方法,来达到策略性行动的目标。

在国家层面上,Mathews(2006)以亚洲国家为例,认为跨国竞争中,缺乏资源的后进者必须依赖三个阶段的进入模式:连结、杠杆、学习(Dunning,1988;Agarwal & Ramaswami,1992),这个理论模型也是基于资源观点。首先,后进厂商会想办法从外部的环境中找寻可利用的资源,特别是与发达国家的成熟厂商,或多国际籍企业产生连结关系。其次,他们善用这层连结关系,发挥资源杠杆的效应,以源源不绝地引进与汲取所需要的资源、知识或能力。通过资源连结与杠杆,企业就能逐步地学习领先者的技术,并积累经验。

2)决定论

传统策略中,有结构决定策略的主张,例如结构—行为—绩效(SCP)分析(Mason,1939;Bain,1956;Scherer,1980;Porter,1981),强调市场的结构特征对于策略产生决定性的影响,而策略又决定了其在市场中运行的绩效。结构特征,主要关注组织环境(Duncan,1972)、结构变量(Zaltman,Robert & Jonny,1973)以及策略类型(Saren,1987)等,较少关注组织的资源、核心能力以及决策过程等变量,Porter(1980,1985)的五力分析与一般竞争理论便是基于此(McWilliams & Smart,1993)。权变理论将环境视为一个策略函数的调节变量,不同环境会导致不同的策略,而环境变量包含结构、人员、技术、文化等因素,随着环境变化,策略也随之调整(Hofer,1975;Luthans,1976;Lindsay & Rue,1980;Hambrick,1983;Lee & Miller,1996)。在此观点下,企业行为似乎已经被客观条件决定了,管理者缺乏施展策略的空间(DiMaggio & Powell,1983),只能任由外在的制度安排。相关的管理理论包含制度理论、技术决定论以及混沌理论等。

制度理论引用了Pierre Bourdieu的场域,认为镶嵌于同样组织场域的众多组织与行为人,会受到政治、法令、文化与社会规范的约束(Zucker,1977;Hamilton & Biggart,1988;DiMaggio & Powell,1991)。组织与行为人必须对游戏规则予以妥协与配合(North,1990),设法制度化,以便在其中取得合法性的地位,减少来自制度的压力。制度化是由三股力量构成的,包括强制的、模仿的以及规范的力量(DiMaggio & Powell,1983),在这三者的交互作用下,组织行为会趋于相似,产生趋同化现象(DiMaggio & Powell,1983;Deephouse,1996;Greenwood & Suddaby,2006)。镶嵌于同一制度下的组织,其行为会同质化,顺服于上层制度的管制。因此,市场的新进入者必须配合与衔接这个制度环境,或是根据制度环境的变化,适时调整策略。实证上,McGahan(2004)强调产业是变动的,因此,企业所拟定的策略必须符合所处产业的发展轨迹。Anchordoguy(2000)在分析为何日本无法发展软件产业时,发现其追赶经济体的本质并不利于软件产业的发展。

除此之外,技术的发展轨迹也会产生类似制度规范下的趋同化现象,形成技术体制(Nelson & Winter,1977)。产业与市场在不同时间点会规律地出现特定的技术范式或主流设计(Dosi,1982;Anderson & Tushman,1990;Utterback,1994),使得技术演化过程中所产生的异质性或替代方案,被迫选择屈服或是淘汰,这种机制类似于达尔文演化论中的天择过程。当代所有产品都必须采用此技术范式或主流设计,否则无法在市场上竞争。例如,虽然Dvorak键盘比起传统的QWERTY键盘好用、省时,但后者已经成为市场的主流设计,Dvorak键盘无法取代QWERTY键盘(David,1985;Rogers,1962)。因此,当市场已经出现一个技术范式或主流设计时,产业的发展轨迹就会产生类似物理惯性的特质,依附在这个范式或设计进行演化(David,2001;Rycroft & Kash,2002)。而且范式具有强烈的排他性,只要无法和它配合的技术,就必然面临被淘汰的命运。

在决定论策略中,还有对混沌理论或复杂科学的研究。混沌理论阐述的是初始状态下的细小差距,随着时间的推移以及系统内长期的递增作用,终将产生巨大且不可预期的差异,这就是初始状态的敏感性,又被称为蝴蝶效应(Lorenz,1963),也是整个混沌理论的核心思想。因此,处在混沌系统当中的行为个体,都难以逃脱由混沌系统建构的决定性,从初始的状态到后来的结构性复杂,所呈现出来的是完整结构的涌现。混沌又被称为决定性混沌(Radzicki,1990)。在混沌理论的视野下,因果关系并非直观的线性,而是一种不可预测的非线性关系,凡是具有动态性、演化特质的实体都可被概念化为混沌的系统,例如技术变迁(Hung & Tu,2014)、产业结构(Radzicki,1990)、创新发明(Koput,1997;Cheng & Van de Ven,1996)、交易谈判(Thietart & Forgues,1997),等等。管理者所面对的环境是不可预测的,例如破坏式创新(Christensen,1997)。面对不可预测的产业变革,管理者的策略就是做好环境的侦察,甚至是发展简单策略与简单设计,避免因为复杂的思维与做法使得组织僵化,得以随着环境的变化而保有灵活的弹性(Brown & Eisenhardt,1998)。

其他的如产业发展与景气循环(Schumpeter,1942)、国家创新系统

(Lundvall,1992)、产官学三螺旋的合作(Leydesdorff,2000)、政府制订的科技政策等,都表明存在于制度下的厂商或管理者,必须设法与制度进行衔接与配合,并随着制度的演化调整策略。

3) 互动论

意志论与决定论两种概念看似是二元对立,但结构本身其实隐含着相辅相成的双重性,兼具被动和制约两种特质(Foucault,1972;Giddens,1984;Bourdieu,1990),(Giddens,1984)。结构本身既是限制,也是充满生机的机会,且主客观之间会产生协调的互动,没有任何一方可以单方面约束对方。主观实体通过社会化的堆砌产生客观实体,诸如制度、文化、习惯等,而客观实体又可以通过社会控制等手段来影响主观实体的自我认同(Berger & Luckmann,1966),制度本身也会受到个体行为的影响,产生去制度化的现象(Oliver,1992;Davis,Diekmann & Tinsley,1994),相关理论常以带有历史视野来分析组织,以此观点进行研究(Tripsas & Gavetti,2000)。对于结构与策略,Mintzberg(1990)认为两者就像是左脚与右脚一样,没有一方掌握优先权,McWilliams和Smart(1993)反对传统工业组织中结构—行为—绩效(SCP)分析模型,提出以效率与动态为基础的策略分析观点,强调制度与行动者间的互动论、制度创业及策略实践。

面对制度的压力,组织可以发展出独特的制度逻辑(Sine & David,2003)或制度策略(Lawrence,1999),来降低制度带来的影响,创造意志论的策略空间。行动者可以通过默认、和解、规避、挑战与操纵等策略性回应与制度互动(Oliver,1991)。行动者不一定要被动地受到制度管辖,规避、挑战都是可能的策略。这造就了制度创业家,他们具备足够的能力来动员资源,改变规则,最终创造新结构(Maguire,Hardy & Lawrence,2004;Zilber,2007;Battilana,Leca & Boxenbaum,2009;Lee & Hung,2014)。制度创业家结合个体观点与制度观点,认为是组织参与者的个人特质与组织结构之间相互影响演化而产生创新(Pierce & Delbecq,1977),这种创新过程不是阶段到阶段的创新,而是一种动态且随时间连续改变的过程。

Granovetter(1985)指出镶嵌于整个社会结构的所有经济活动,既不是讲求自由意志的低度社会化,也不是重视文化、规范与次文化期待的过度社会化。换言之,所有的行动主体都有既定的社会脉络,既无法拥有完全理性选择的自主性,也没有完全内化的社会价值观,而是依其所在社会脉络的特质与个人行为模式的交互关系来决定其行动的取向。

策略实践学派认为,策略并非抽象概念,策略研究应该要能够解释管理者的策略性行动,并体现出管理者实践策略的背景、脉络以及过程。他们质疑以往策略研究过于强调策略的本质,而忽略管理者实践策略时的运筹帷幄与即兴行动的过程(Evetts,2003;Jarzabkowski,2005;Olgiati,2010)。因此,策略实践学派呼吁将研究的重点聚焦在实践者于真实世界中的经验(Sandberg & Tsoukas,2011),因为任何管理者所实践出来的策略都是遵循着一套实践逻辑(Bourdieu,1990;Jarzabkowski,2005;Vaara & Whittington,2012),而这套逻辑足以解释管理者采取特定策略性行动的动机与目的。

Mintzberg(1973)是最早从事管理与策略行为的研究者之一,他首先质疑管理的传统定义,即有计划、组织、领导、控制的一系列行为;其次通过直接观察高级经理人的日常工作,发现真正被实践出来的策略,同时也是管理者一天中花最多时间的地方,反而是一些看似平常的日常琐碎之事。这样的发现似乎与正式的策略性计划相违背,尤其在1990年代,Jack Welch 在 GE 的成功管理经验,让高管在策略执行与组织再造中所扮演的角色更被凸显出来。

决定论出现于欧洲的学术体系,因为欧洲各国的资源与规模都不如美国,经济政策上通常采取小国的发展模式,强调国家与政府在整个经济体系下所扮演的角色(Edquist & Hommen,2008),像(国家)创新系统、科技政策、Nelson 和 Winter(1982)的技术演化或 Dosi(1982)的技术范式等研究就会相对受到欢迎。对于亚洲国家来说,中国、日本、韩国等都被归类为追赶式经济体,同样面临资源短缺、技术落后等限制,盛行创新系统与科技政策的研究(Mathews & Cho,2000;Wade,1990),且总体来看仍然不如意志论盛行。这些国家策略研究过于偏重意志论的观点,如创业模式、创业家、资源基础理论以及动态能力等;而探讨结构、制度以及网络关系的决定观点则相对较少,大多集中在国家创新系统与科技政策等问题;强调结构与行动互动的观点又更少,多是谈论制度创业家面对制度环境的抗辩。不同的国情适合不同类型的策略管理研究,国家本身的客观条件(包含制度、文化以及法律等)与学术界的研究必须相互搭配,如此,才能达到相得益彰的效果。以美国为例,其资源相对丰富,创业机会较多,文化上又盛行个人主义,因此意志论的研究相当多,自然而然孕育出不少英雄造时势的理论与实务研究,相关学者也几乎是美国背景。中国作为一个新兴的大国,许多条件与美国相似，但由于体制与文化不得不重视制度方面的配合与衔接（Boisot & Child，1996；Bruton & Ahlstrom，2003），在策略研究上同样侧重于意志论的相关研究（Barney，2008）。

2.1.3 策略变化与策略故事的动态观

1）策略变化

变化是无所不在且多方向的（Pettigrew，1993）。在策略理论中，变化亦成为其研究领域中的重要概念。本书针对策略变化相关文献作一整理，并以 Pettigrew（1985）的策略变化定义为主要依据。虽然在策略变化理论中策略转型与策略创新均较偏向动态概念研究，但策略创新概念无法体现企业在不同时间点下如何选择策略手段、策略手段过程如何转变以及如何组合，且其观点常是在产业间如何找出生存方式，倾向于以经济学的概念来更新传统的商业思维。

（1）策略变化

策略变化的概念源于组织变革理论，也因为受到组织变革的影响，策略变化理论亦带有变化与变革之意。变化的概念看似类似，其实均有不同之处。在既存策略变化的研究中，Pettigrew（1985）提出的策略变化概念最具有全面性，因此本书接下来将就 Pettigrew 所述策略变化概念加以探讨。

Pettigrew（1985）指出，传统的组织变化理论忽略了以往的历史经验，只专注对特定时期的研究，缺乏对组织环境的研究。此外，Pettigrew（1985）更表示说对于组织变化研究方法需要做出改变，因为只有少部分研究描述了组织变化的动态过程。也就是说，组织变化理论必须进化，必须正视整体动态分析，并在研究过程中将随着时间变化的组织环境也一并考虑在内。基于此概念，Pettigrew（1987）提出了策略变化模型，该模型主要包含内容、过程和情境三个要素。通过策略变化模型，研究者在观察企业策略变化时，在获取内容上能达到纵向与横向的水平，并能够以时间的概念来捕捉组织情境的关系。首先在内容的部分，说明将发生变化及什么样的变化，指的是一个基础的理论或是策略的内容；其次，过程则是描述如何发生策略变化；最后，情境就是解释为什么这些变化会发生，而情境又可以分为两个部分：组织内部情境指的是组织结构、企业文化、权力或国情，组织外部情境指的是社会、经济、政治以及竞争的环境。Pettigrew(1985,1987)针对英国著名的皇家化学工业做出的研究也支持此观点。将此公司的策略变化视为非单一的插曲事件,而是一系列插曲事件的组合,包含理性与政治、效率和权力的追求、特殊人事与极端情况的角色、机会或是环境中的种种影响力量,这也就是模型中提到的情境部分,在这些情况中会混合出现的某些情境,便是策略变化过程。他对皇家化学工业进行研究,得出以下结论:第一,变化的发生并不是一种持续性循序渐进的过程。第二,变化的模式适用于周期性间隔其间发生的剧烈变革时期,这些时期该公司在意识形态、组织结构以及企业策略上都出现实质、重大的变化。第三,每个变化活动频繁的时期,都与经济衰退有所关联,皇家化学工业只有在陷于严重经济困境时,才会采取重大的变革,而另一关键因素是由企业经理人所干预并采取策略。第四,革命时期的变革与其内部领导人更改内部权力有关联。依Pettigrew(1985,1987)研究,策略变化事实上是掺杂于高级决策制定者的核心信念调适,随之而来在组织结构、制度以及奖励措施上进行变化的一种错综复杂的混合状态。

(2)策略转型

转型(Transformation)是指企业随着经营环境的变迁而改变其经营形态的方法。策略其实也要转型,而并非一成不变地实行下去。

Mintzberg等(1998)的构形学派提出了两个重要概念,分别是形态与转型。形态描述组织与其周遭环境脉络的状态;转型描述策略制定的过程。如果组织采取的是一种存在的状态,那么策略制定则变成是由一种状态转换成另一种状态的过程。因此,转型是形态不可避免的后续结果,有时形态与转型需要前后一致,但有时转型却需要对于前一次的形态有所改变。事实上,策略制定的过程在一开始便是要改变组织前进的方向,由此而形成的策略却是稳定了那个方向。构形学派描述的是在几种既定状态内的策略相对稳定性,有时会被偶尔激烈的跳脱所打断。

构形学派在两个层面上属于形态配置的学派。第一,在组织的不同构面上,如何在特殊的情况下串在一起,以界定所谓的状态。第二,这些不同的状态如何随时间而接续起来,以界定阶段、期间,甚至是组织的生命周期。然而,状态隐含的是根深蒂固的行为,而策略制定变成让这些松散的行为方便组织成另一个状态,也就是把策略过程看成是一种相当激烈的转型过程,扭转形势或者重新展现活力。而另一项重要的概念是,形态往往是由学术人士所研究及描述的,然而转型却是企业经理人及企管顾问所建议的。

Mintzberg 等(1998)对于构形学派提出了以下预设前提:大部分的时间,组织可以以其组织特性的某些稳定形态的角度来描述,在于一个可以明显区分的时期内,组织会采取能够配合特殊情境的某种特殊形式结构,致使组织会从事某种特殊的行为来制定策略。这些稳定时期,偶尔会被某些转型过程(急剧跳到另一种形态)所打断。这些连续的形态以及转型时期的形态,可能会随着时间的推移形成有特定模式的连续结果。例如描述组织的各种不同生命周期。策略关键是要维持稳定性,或至少是在大部分时间中采取调适性的策略性变革,但是也要定期地认知转型的需要,并且能巧妙地处理分裂的过程,而不至于对组织产生破坏的影响。策略制定的过程,可以是一种概念性的设计,或是正式的规划、有系统的分析,或领导人的宏观愿景、协力合作的学习或竞争性的政治角力,或专注于个人认知、集体社会化或对环境力量做出简单回应等的过程。然而,每一项过程都有其各自的适用时机与各自的适用情境。换句话说,这些对于策略形成过程的各个思想学派本身就是代表各种特殊形态,随之而来的策略所采取的形式,包含计划或模式、定位或视野,或是计谋。同样地,每一种策略都有其各自适用时机与各自的适用情境。

Mintzberg 等(1998)认为:第一,不管是策略或是组织结构,其在特定的时间点下,必然会表现出一种形态。例如 Pradip Khandwalla(1970)提出的论点,组织就像是一座森林的生态循环,包括成长、保护以及建设性破坏三种形态;Danny Miller(1970)提出 10 种策略形成过程的原形;Miles 和 Snow(1978)将形态(指的是技术、组织结构和策略过程相关联的特殊形态)分为防卫者、探勘者、分析者、反应者等。形态必然会存在于世界上任何一种领域,策略、组织结构亦是如此。第二,具备了形态的概念,才能探讨转型定义。由于企业在不同时间点所面临的经营环境有所差异,以不同的经营时期来说,不管是策略形态或是组织形态(Mintzberg et al.,1998)必然有所差异。特定时期只会具备一种特定形态,但是经营环境的快速变迁,导致了策略形态亦会有所转变。Mintzberg 等(1998)所要阐述的是,不同的策略形态间其过程到底如何转变,也就是策略形成过程为何。我们可以将各个学派在策略形成过程这样一个完整过程的内部与外围所占据的位置,用来表示策略形成过程。

近年来形态与转型概念也广被探讨,其通过成长策略概念将企业不同发展阶段所挑选不同策略手段作一整合,找出个案企业策略变化模式。企业采取的成长策略主要分为三类,**阶层式的一般性扩张策略**指企业的成长是以渐进或演化方式,随着外在环境的变迁和内部体制的转化,将公司内的闲置资源有效运用而逐渐茁壮和扩张。**市场式的成长策略**指的是企业可以通过自身能力与其他企业交换整组不可分割的闲置资源,快速获得成长,而本身没有的特定资源,实际上即称购并。**组织间的网络式成长策略**是让企业通过彼此间的相互合作,拆去壁垒来寻求更多的辅助资产使公司成长,重点就是企业无须投入过多资源与复杂的内部化过程,即可在分散风险的情况下得到辅助资产,实际执行方式包括合资与策略联盟。在此模型下,假设企业在面临环境剧烈变化之后,策略的决策也变得相对频繁,如果只是基于 Chandler 的命题组织结构追随策略,来说明日常业务对于策略的优势性前提,而使得组织能让策略加以独立的论点已不复存在。因此,必须从策略和组织理论双方的观点来理解组织的策略行动才是有用的。从组织的观点去探讨策略中四个学派之间的相互关系,而此模式也包含了四种完全不同策略形成过程,包括环境→策略的形成过程、策略→组织的形成过程、组织→策略的辅助过程以及策略→环境的辅助过程。总之,此模型除了能解释组织的策略变化过程之外,符合 Mintzberg 等(1998)所述构形学派概念。构形学派提出的形态与转型与企业在不同时间点会采取不同策略选择的概念不谋而合:形态便是策略选择,也就是企业所执行策略的手段;转型是特定时期所执行策略的手段如何在面对另一种时期时能做出调整,甚至是改变原本的策略手段至新的策略手段。

2)策略故事

企业经营时在追求成长发展的过程中,面对前后各个时期不同阶段的发展可能出现一连串的策略变化,随着时间的演进,企业经营策略选择、策略变化有所改变,然而这一连串策略变化的产生其实背后有着故事脉络可依循,称之为策略故事(Strategy Story)。策略变化过程中,由不同策略手段组成生命故事,而在此所指的生命故事(Life Story)观点并非源起于经营管理研究范畴。生命故事又可称为故事、生活故事或是生命物语。叙说探究旨在挖掘企业个案从过去、现在甚至未来等一连串策略的踪影及其交集性所形成的故事起始发展关联程度,叙说同时重视故事背后的意义,也就是为何安排这些剧情的诞生,而这一连串变化其实在于说故事者如何诠释出这环环相扣的情节,简而言之就是在赋予每一个策略选择一种如何被说的故事生命。

叙说探究观点的学者认为策略故事仅是某一时间点策略选择结果,企业策略行为应属于短话长说。策略并非只是对于既存策略手段的策略选择结果,而应该是一个提供企业在实务上能诠释的叙述性故事。对此,故事属于事前概念,可将其策略意图叙说予现场人员了解手段。例如 Shaw 等(1998)即提出策略故事(Narrative Strategic Story)观点,主张应用叙述故事方法来取代传统策略计划。策略故事不仅是表述企业发展过程,而且是一种有效的策略手段。策略故事具有两个本质:第一,差异性,即企业在不同时间将前后相异手段做有效连结,以达成策略手段独特性进而获得竞争优势。差异性又可分为目的差异性(企业在不同时间追求不同策略目的)、策略取向差异性(企业在不同时期采取不同策略手段间的逻辑)、策略手段差异性(企业在不同时间点虽然采用相同策略取向但却采取不同策略手段)。第二,连结性,即企业为了达成其目的,在营运过程中所采取的策略手段间必须具备逻辑性与连结性,具有此种内涵及条理脉络即为故事连接性。连结性又有以下两种构成要素,分别为策略手段之间具备互补性(互补性决定了策略故事中连结性强弱,故事性强代表构成故事手段事件间彼此相互关系存在,是经营者在思考一个个不同的策略手段中要去审慎构筑的)、策略手段之间本身可供叙说程度(强调一连串策略行动所构成的策略故事内涵及条理)。好的策略故事要具有强而有力的故事性,此故事性可供内、外部人员清楚叙说程度越高,即表示该企业手段间连结性越强,员工对策略手段间转折意义也越了解。通过叙述性高的策略故事,高管可更清楚选择并连结未来策略手段以勾勒出企业的独特策略故事。

研究目的是利用叙说探究的方式来探讨单一案例企业在面对不同经营时期所做出的策略选择,并将每个策略选择解释成企业发展的策略变化轨迹,找出企业经营发展时的策略脉络,也就是研究所想要探讨在企业发展过程中,形成的策略故事重现。研究适应当时环境及企业本身能力而在不同时期做出不同策略,称之为策略选择,将此不同策略手段间的连结称为策略故事,不管是显而易见的策略行动或是因现场指导而改变的策略行为,事实上构成策略变化,最重要的是这一连串的策略变化是由彼此可供叙说且具一定含义的策略选择所组合而成,彼此间存在着一定的连接性与互动性。

2.2 破坏性创新理论

商业世界里,每隔几年便会产生一个颇具话题性的创新理论,如蓝海策略、长尾理论等,其中以 Clayton M. Christensen 的破坏性创新理论最为历久不衰。1995 年初 Christensen 在《哈佛商业评论》中提出破坏性创新理论,其理论概念十分简单易懂,单纯的平面图形搭配科技演化的箭头即可解释为何绩优企业往往输给新兴企业,因而在短短数年间广为接受。然而,过度简单也使得破坏性创新理论容易被误解与误用,无法明确描述何种情况下才是破坏,如山寨机可以被视为是破坏性创新的最佳范例,带来新的成长机会。它通过减少成本、降低价格的方式。另一例子,电子产品市场的演进一直以来都依循着破坏性创新的轨迹,美国市场被日本的低价破坏,日本市场又被韩国的低价破坏,韩国市场又被中国的低价给破坏。可见在谈论破坏性创新时,绝大部分关注于低价格,低价格所隐含的就是低成本结构,如此破坏性创新理论便和 Michael Poter 的一般性竞争策略在本质上并没有太大不同。因此,破坏性创新理论的定义与应用仍相当模糊。一个完整的理论非得经过时间与实践的萃炼才能完备,破坏性创新亦如此,光是 Christensen 在其两本著作《创新者的两难》《创新者的修炼》中所描述的概念便产生了一些差异,在实践中也出现了多种类型的文献(Christensen & Overdorf,2000; Gilbert & Bower,2002; Rafii & Kampas,2002),在学术界中讨论更多,使破坏性创新理论变得更为完备。

现行破坏性创新理论面临三个主要问题:(1) 不明确的定义。随着破坏性创新理论的发展,众多学者对最初的定义提出了质疑,但 Christensen 却没有将定义加以修正以响应学术界的质疑,导致该理论在被应用与讨论时容易产生偏差与误解。(2) 难以解释"例外"的破坏性创新现象。Christensen 认为破坏性创新只有低级与新市场破坏两种类型,有学者提出了曾发生但现有理论无法解释的新破坏类型,如 Markides(2006)提出的商业模式破坏与 Govindarajan(2006)提出的高级破坏,在现行的破坏性创新理论下都无法被解释。(3) 理论缺乏预测与应用功能。大部分企业家认为破坏性创新理论比较像是产业演化后所总结的一段结论,具有警示的功用,实践中难以作为策略应用。

2.2.1 破坏性创新理论发展历史

破坏性创新理论的历史源自于 Christensen 的一系列科技创新研究（Bower & Christensen,1995；Christensen,1992,1993,1997；Christensen, Anthony & Roth,2004；Christensen & Overdorf,2000；Christensen & Raynor,2003）。破坏性科技（disruptive technology）一词最早可追溯至 1995 年，Christensen 发现当市场与科技发现重大变动时，不同市场中的现有企业，即在位者往往会被此市场中的新进入者打败，研究后发现，拥有资源与市场等多重优势的在位者，往往不在意初期看似渺小的商机，使新进者有了进入市场与发展的机会。1997 年，Christensen 出版了《创新者的两难》一书，在书中分析了破坏性科技的发展与原因，理论偏重于科技创新与破坏情形的提出。2003 年出版的《创新者的解答》将破坏性科技一词扩大涵义，重新命名为破坏性创新（disruptive innovation），将之定义为不能被大众市场的消费者使用的创新。他进一步将破坏理论从原有的单一性能平面，扩大到解释不同性能考虑的其他方面，以此将破坏性创新分为低级市场破坏与新市场破坏。2004 年出版的《创新者的修炼》提供了一套方法来分析与应用破坏性创新理论，同时列举了多种产业的破坏性创新，以此证明理论的广泛性。Christensen 认为破坏性创新理论需在两个重要前提下才会出现。第一是市场上永远存在过度满足与尚未满足的消费者，他认为过度满足的消费者来自维持性创新，虽能帮助企业追赶尚未满足的消费者，但同时也使企业改进的速度大于市场需求的速度，因此会发生产品性能超过低级或一般消费者需求的情况。第二是不对称动机保护的存在。新进者做了在位者不想做或不能做的事，因资源和流程上的配置不同或是价值观上的差异，产生了在位者觉得无利可图但新进者想要追求的矛盾市场空间，这样的矛盾即称为不对称动机，它能保护新进者在成长初期拥有足够的时间与空间。

Christensen 提出 RPV 理论用以解释不动称动机的产生，认为企业面临破坏性创新时，会从拥有的资源、运作的流程与价值主张三个角度，决定是否投资破坏性创新，而在位者经过考虑后通常不会投资与现有 RPV 不吻合甚至冲突的破坏性创新，因此产生了不对称动机保护。RPV 理论可细分为资源（Resources）、流程（Process）与价值观（Value）三方面。资源是企业可购买、出售、建立或摧毁的有形与无形资产，流程是企业将生产要素转化成价值的现有作业的产出方法，价值观是组织长久以来所遵循的文化。

Drucker 认为,企业成功的关键在于一次只处理一件事,专注于一个任务能使组织发挥最大的效能。一个成功的企业,往往专注于自己的本业,以丰富的资源进行投资与研究,以最有效率的流程处理生产元素,当组织因优良的资源分配与流程效率而逐渐扩大成长时,能使全体员工遵循价值观做出一致的行动与判断准则。RPV 中以价值观影响为最大。价值观决定了企业在面临众多投资计划时选择的标准,大部分的企业都有两种标准:决定企业可以接受何种标准的投资报酬率、决定企业至少需有多大的潜在市场才愿意投资。如果同时有两种投资方案,维持性创新的投资报酬率高且市场规模与潜力大,同时也符合现有的 RPV;而破坏性创新的投资报酬率低且市场规模与潜力不明显,又有可能与现有的 RPV 冲突,那么,在理性评估过后,在位者会选择投资维持性而不是破坏性创新。

　　Christensen 认为促进不对称动机产生的因素有很多,可归纳为五项:① 市场规模相对于企业规模。破坏性创新的初始市场规模小且潜力也未明,不合乎在位者的成长要求,一个资产数百亿的大企业不可能专注只有几百万规模的市场,但对于新进者来说,几百万规模的市场已经给初期成长提供了足够的资本。② 初始目标客户群的不同。破坏性创新虽然便宜,但初始只能提供低级性能,无法满足大众消费者的基本要求,只能从价格敏感度最高的低级消费者开始发展,而通常低级市场也是在位者觉得最可有可无的市场。③ 新进者事业模式不同于在位者。对于在位者来说,如果想要模仿新进者的事业模式,等于要将自己过去赖以成功的经验与规则推翻掉,这样的行为具有高风险也不理智,故即便在位者看到了破坏性创新带来的利益,碍于现有商业模式也难以模仿。④ 投资报酬率过低。只要是现存企业都有成长压力,在利害关系人要求下,企业不得不追求比过去更高的投资报酬率以满足与留住股东,而破坏性创新瞄准的是低级消费者,在投资报酬率上通常是很低的,难以符合在位者的成长要求。⑤ 风险趋避。企业的规模越成长,越会趋避风险,维持性创新根植于现有市场,企业有过去累积的营销研究与市场调查资料供评估风险,但破坏性创新所强调的产品性能与过去不同,难以用过去的数据评估风险。

　　Christensen 提出了应用破坏性创新理论时必须知道的四项关键:① 破坏是一种流程,而非单一事件。用破坏流程一词涵盖从新进者过度满足消费者开始到最后破坏在位者的整个过程,强调破坏为一种具有持续性的流程,而非某一个时点的单一现象,用以说明破坏需要时间酝酿,而非瞬时出现的。② 破坏是相对现象。同一项创新,对 A 公司而言是破坏性创新,但对 B 公司来说可能只是维持性创新。③ 不同或急需的技术，并不必然是破坏性创新。只要能满足低级顾客所想要的，即便是些微的产品变化，也能产生破坏。④ 破坏性创新并非仅限于高科技市场。它可能发生于任何的产品或服务市场，这也是为何将破坏性科技改为破坏性创新的原因。

Christensen 提出运用破坏理论的三步骤：变化迹象、竞争战役、策略选择。变化迹象，即找出是否有企业正在利用市场上的机会。市场上总是存在着三类顾客群：尚未有的消费者、尚不满足的顾客与过度满足的顾客，这些顾客群创造了机会，诱使在位者以维持性创新吸引尚不满足的顾客，也吸引了新进者以破坏性创新进入低级市场。非市场性情况可从政府或管制机构近年来的动作中发觉，如碳法案就会影响到机会的出现。竞争战役，即评估自身与竞争者的能力。新进者需检视自身能力能否抓住市场变化的机会，再判断不对称动机保护能否使自己有足够的时间成长与改善性能。策略选择，即选择正确的策略以提高破坏成功机率。新进者初始的准备工作与价值网络的决策会影响到成功机率，如果瞄准了错误的顾客群或建立了与在位者重叠的价值网络，会陷入不利。破坏性创新理论在概念上非常简单易懂，但无法完整解释现实世界中的复杂破坏现象。Danneels(2004)整理了破坏性创新理论的五大问题(表 2-1)。

表 2-1 破坏性创新理论的五大问题

破坏性创新的定义
还有其他的破坏类型吗？
破坏科技与一般科技的演进有什么不同？
科技是天生就具有破坏性还是依据不同企业面对破坏时的背景而有差异？
破坏必须存在什么样的特点？
科技改变影响企业和产业的机制是什么？
科技破坏的影响会因市场不同的架构有所差异吗？
破坏性创新非要到取代或破坏在位者时才能算成功吗？(Tellis,2006)
是否有特定的产业条件会使破坏性创新难以发生与成功？(Droege & Johnson, 2010；Pauly,2008)
破坏理论源自尚未受到大范围样本支持的 S 曲线，会否因此造成误差？(Hauser, et al.,2006)
大部分的科技演化是历经多次停滞与改善的多重 S 曲线，这是破坏性吗？(Sood & Tellis,2005)
新旧科技同时存在与演进现象是否也会出现破坏性创新？(Hauser et al.,2006；Sood & Tellis,2005)

续表 2-1

创立新组织面对破坏的必要 　　创造独立分离组织追求破坏性创新的优缺点是什么？ 　　这些优缺点在不同的科技与商业化阶段上有何差异？ 　　分离组织和母公司间要有什么差异？又要有什么连动？ 　　分离组织和母公司应保持怎样的关系才能使干扰最小化与效益最大化？ 　　在怎样的情况下分离组织才是追求破坏性创新的最佳方式？
破坏如何预测或使用 　　影响科技变化的理论能否在事前就预测到特定产业即将面对的命运？ 　　这些预测在不同产业界中具有一般性吗？ 　　这些预测能成为管理的基础方法吗？ 　　在早期阶段如何发现破坏迹象？ 　　预测方法能否帮助新进者找到进入市场的成功点？ 　　预测方法是否能帮在位者找出最佳的反击破坏性创新时点？（Lucas Jr & Goh, 2009） 　　破坏性创新是否只是事后论？（Hüsig, et al., 2005; Hauser, et al., 2006）
在位者面对破坏仍然成功之因 　　面对破坏创新，存活下来的在位者与失败者之间各有什么样的特性？ 　　成功者跟失败者间的创新流程有何差异？ 　　在位者过去的经验如何影响或阻碍他们在科技改变上的能力？ 　　新进者从哪里来的？他们成功的基础为何？ 　　资源并购模式如何影响到在位者和新进者的命运？ 　　破坏性创新会对在位者现存的营销能力造成什么影响？ 　　在位者中高管理阶层的个人能力在破坏创新中扮演了什么样的角色？
消费者倾向与破坏的关联 　　消费者倾向的企业面对科技转变时是否更容易失败？ 　　聚焦于现有顾客或未来潜在顾客怎样影响着在位者的未来？ 　　现有消费客群的意愿会对科技替代方案的投资有什么影响？ 　　哪一种消费者调查方法会阻碍或促进破坏性创新成功？ 　　在位者是真的被新进者破坏或只是因为产品生命周期、消费者偏好改变所致？ （Hauser, et al., 2006; Henderson, 2006）

数据来源：根据 Danneels(2004)整理。

2.2.2 破坏性创新的定义

Christensen 对破坏性创新理论定义不明确,导致理论容易被混淆与误用。Christensen 可能也发觉了定义上的困难性,他在 2006 年时说,也许当初应该命名为 Christensen's effect,以此避免跟毁灭式创新等混淆(Danneels,2004;Droege & Johnson,2010;Hauser et al.,2006;Henderson,2006;Utterback & Acee,2005;Dan Yu & Hang,2010)。如将破坏性创新定义为使新进者能用比市场在位者更低的成本供应产品或服务的创新,此定义的重点为成本面,破坏性创新本身将不再重要,而这绝非 Christensen 的本意(Baden-Fuller,Dean,McNamara & Hilliard,2006)。对于破坏性创新定义的讨论可分为两种:第一种试着直接定义破坏,第二种则是用破坏性创新发生的流程定义。如果以 Christensen 曾强调四个关键中破坏本身为一种流程而非单一事件来看,以破坏发生的流程来讨论破坏性创新,也许更符合他本人的初心。

1) 直接定义破坏

(1) 改变竞争基础与市场结构

大部分学者皆认为破坏性创新会改变现有的竞争基础与市场结构。Christensen 将竞争基础定义为改善后能向消费者索取溢价的创新层面,在产品生命周期初期会注重于功能性,随着产品逐渐往可靠性、便利性与价格面向移动。竞争基础的改变是一种自然现象,即便是在维持性创新下也会发生,但破坏性创新能促使这种改变更快发生,由足够好的基本性能搭配低价与其他附属性能,促使低级消费者快速地从最初的功能性考虑转向最后的价格,以此加快改变竞争基础。市场结构则包括了现有供应链上下的关系、价值链上会影响到的利害关系人或传递价值给消费者的方式,产品、流程或服务上都有可能改变,当破坏发生时,市场会发生范式转移的现象,原先重要或奉为经典的竞争法则变得过时,市场规则的主导权逐渐从龙头在位者转向破坏新进者(Hruby,Kassicieh & Walsh,2000;Kassicieh et al.,2002;Christensen et al.,2004;Utterback & Acee,2005;Assink,2006;Padgett & Mulvey,2007)。

(2) 扩大整体市场与提升消费者效用

虽然破坏的发生会使现有市场发生混乱,然而随着新兴或利基市场的开拓,破坏性创新能扩大原有的消费基础,使整体社会与消费者效用增加。以低级破坏为例,以低成本贩卖可接受的产品性能,能吸引过去想买却买不起的消费者;以新市场破坏为例,Sony将收音机微型化,使年轻人可以随身携带,大幅将消费群从成年人扩张到追求时髦的年轻人。故破坏性创新在破坏现有市场的同时也建设了新兴市场,扩大了整体市场与消费者效用(Kassicieh et al.,2002;Christensen et al.,2004;Utterback & Acee,2005;Assink,2006)。

(3) 改变社会或消费者的过去习惯与使用行为

成功的破坏性创新会导致社会或消费者的习惯与使用行为发生变化。破坏性创新强调的特色与现有产品不同,当破坏发生时,原先适用的规则与习惯将成为过去,导致消费者需要学习新的科技或认知以适应破坏(Moore,1991;Padgett & Mulvey,2007)。例如UPS的隔日送达,便改变了美国人长久以来认为邮递需花一天以上时间的认知,也破坏了长期以来疲弱的美国邮政。当然,究竟是破坏性创新导致消费者改变行为?还是消费者偏好改变才导致破坏发生?Henderson(2006)从健康食品的个案中发现是消费者偏好改变导致破坏现象的发生;Markides(2006)则从历史资料中归纳出破坏性大都是从供给方发生的科技推力,而非消费者偏好导致的市场拉力。不管是哪种原因,目前能确定的是当破坏性创新发生后,社会与消费者的使用行为会发生部分变化。Myers等(2002)认为破坏性创新一词源自它破坏的本质,而非它本身的创意或计划,因此,破坏性创新所破坏的对象相当广泛,如现有的科技、产品、服务、流程或商业模式,还有市场的产业结构与供应链,破坏长久以来的消费习惯或认知(Linton,2002;Myers et al.,2002)。Gilbert(2003)甚至认为,破坏性创新什么都能破坏,就是不破坏消费者所能得到的价值。

2) 破坏性创新发生的流程

破坏性创新一定会有不同于现有产品的性能或服务特色,并以此种优势创造成长。可将低级或初始性能较差视为破坏性创新的特色,但过分强调这些特色,一是会使人误以为破坏性创新的科技研发都相当简单,然而现实世界中想将产品简单化,往往需要进行极为困难的科技研发,如将产品小型化变得更方便携带,当年 Sony 尝试将晶体管应用至收音机便花费了大量的精力在研究上才得以实现(Chieh,DAN & Hin,2007;D. Yu & Hang,2008);二是会使人误以为破坏性创新只会发生在低级市场,事实上破坏性创新也会发生在高级市场(Govindarajan & Kopalle,2006)。

(1) 站稳低级或新市场立足点

新进者在破坏初期站稳立足点后,才能获取足够的资金来营运与改善产品性能。破坏性创新的初始立足点可分为现有低级市场或新市场,现有低级市场的破坏发生在现有产品性能过好,过度满足的消费者不再购买现有产品,使新进者有了立足市场的机会;而新市场的破坏则靠着不同特色的产品性能,满足过去尚未消费或未被服务的消费者。这两种市场的投资报酬率通常低且规模与潜力不大,无法吸引在位者进入,但却足够新进者在破坏初期存活下来并获取足够资金改善产品性能。在整个破坏流程之中,站稳立足点是最重要的一个步骤。Christensen 认为当新进者成功获得市场立足点后,下一步就是改善现有产品性能以符合大众市场需求,其行为是维持性,而非破坏性了。可以说,破坏的种子隐藏在初始的市场立足点,经过长时间的维持性酝酿成熟后,最后才具有挑战在位者的能力。

(2) 不对称动机保护

不对称动机保护能使新进者拥有更多的空间与时间去改善性能。破坏性创新理论的两大前提之一即为不对称动机保护的存在,在位者会考虑破坏性创新对于现有顾客群和财务面的影响,基于财务面的考虑,破坏创新的初始市场规模小、投资报酬率低;基于顾客群的考虑,现有大众消费者不会想要破坏创新。结合财务面与顾客群两个考虑,在位者会选择不回应破坏性创新,因此保护了新进者,使新进者有足够的空间与时间成长。不对称动机保护是 Christensen 破坏性创新理论中最有特色的一点,却也最容易被忽略。在直接定义时,没有学者刻意提到不对称动机,在破坏流程中,除了少数将流程详尽分割或强调在位者为何难以响应破坏的学者外,大部分试图简化破坏流程的都选择忽略不对称动机,也许是因为不对称动机是基于在位者的理性反应,所建立的各种假设缺少实证上的支持。然而如果试着从博弈角度看,在位者的理性反应可视为个人利益极大化的最适选择。无论如何,只要有越多越久的不对称动机保护,市场新进者就越有机会成长。

(3) 侵入大众市场

新进者将创新产品的性能改善到足以使大众消费愿意接受。初始的低劣性能表现,在新进者站稳立足点、获得足够资金后,将逐渐改善性能以符合大众市场要求。破坏流程走到这一阶段时,破坏迹象已经明显,在位者开始感受市场受到侵蚀,大众消费者也开始接受破坏创新。在这一阶段,在位者会明显感受到新进者带来的威胁进而作出反击。新进者将在位者的中低级客群夺走,侵蚀在位者赖以生存的大众市场,使双方产生直接竞争。新进者如果想在这一阶段获胜,必须要有将破坏创新从利基市场带往大众市场的能力,而这种能力其实是在位者所擅长的,故在破坏迹象已经明显的时候,决胜重点在于谁能将破坏创新转为大众商品(Markides,2006)。

(4) 取代在位者

破坏流程的最后一个步骤是在位者被新进者取代。在位者的反击可能会是试图引进或模仿破坏,然而碍于成本结构或产品强调的性能不同,在位者难以在中低级市场上与新进者抗衡,于是选择往更高级的市场迈进,然而高级市场发展空间亦有极限,使在位者的市场逐日萎缩,最后被新进者所取代。这一阶段是破坏的终点,却也是争议最多的地方。(1) 新旧创新应是共存而非取代:依历史的数据来看,科技共存并同时发展是常态,当科技系统越趋复杂时,市场上越容易出现新旧科技并存现象,彼此间的完全取代反而少见,破坏性创新应具有同样的现象(Nair & Ahlstrom,2003)。(2) 破坏性创新只夺取部分市场占有率而非取代。(3) 在位者仍具有多种选择:在破坏的最后一阶段,在位者并非只有模仿创新或往高级市场迈进两条路而已,有文献提供了多种选择,如更专注于投资现有事业、完全忽略破坏创新、破坏成熟的破坏者或建立两面性组织(Charitou & Markides,2002),故在位者面对破坏的最终步骤时依然充满了应对弹性。(4) 破坏理论的预测价值:Rafii 和 Kampas(2002)将破坏流程分成六步骤,认为每一步骤完全成功后才算达成破坏;然而 Tellis(2006)认为如果需要等全部流程完成后,即破坏创新已侵入并取代在位者后才认定其是破坏性创新,则该理论将不具有任何预测意义。

2.2.3 破坏性创新的分类

1) 容易与破坏性创新混淆的创新理论

Schumpeter(1934)所提出的创新理论中,将创新定义为创意(Invention)商业化,即将创意转化成为消费者接受且至少能带来经营活动所需的基本利润。创意可为任一新想法、新知识或新技术,但只有具有商业价值的创意才能被视为创新,也因此,一项成功的创新必有其市场利基且能为消费者带来或增加价值。创新分成新产品、新生产方式、新供给来源、新开发市场与新企业组织五类,创新是一个动态竞争过程,而古典经济学中将生产要素视为静态,长期下来将会达成平衡,创新的本质即在于打破市场平衡,将生产要素通过新的方式重新排列,以提高效率或降低成本,这段过程称之为创造性破坏。创造性破坏与破坏性创新是否一样?赞同者认为破坏性创新破坏市场的特性与创造性破坏重新组合生产要素所引发的市场动态相似,但 Walsh 和 Kirchhoff(2000)认为 Christensen 所指的硬盘产业破坏,只是一种典型的持续性科技近似,而非创造性破坏。在 Schumpeter 之后,学术上出现了丰富的创新分类与词汇。每种创新都各有其适用性与分类的理论背景。但仍有部分相似的创新分类没列在表上,如突破式创新(Breakthrough Innovation),但在现有的文献中大多将之视为与激进式破坏同义,故不重复列之。

表 2-2 现有创新理论中较为重要的创新类型

英文名称	中文名称	定义与内涵
Discontinuous Innovation	不连续创新	跳出现有产业下的技术改善逻辑,在产品、服务或流程上有大幅改善,能使消费者获得更多的价值
Continuous Innovation	连续创新	持续地升级或改善现有的产品或技术,通常不会对产业或市场造成重大影响
Radical Innovation	激进式创新	高复杂程度的创新,使用外部知识为基础者开发创新技术,不确定性高且需大量投资,只有掌控整个产业价值链的整合型企业才有资源与能力去实行,一旦成功能大幅改变市场的竞争情况
Incremental Innovation	渐近式创新	较不复杂的创新,使用现有知识与技术进行改良,不确定性低,聚焦在成本或产品特色上的改进,以增加竞争力
Disruptive Innovation	破坏性创新	不能被大众市场的顾客使用的创新,推出不同于既有创新的新层面性能,界定了一个新的产品性能轨迹与竞争基础。把新特色带给尚未消费者,创造了新市场;或是为既有的低级市场提供更大的便利性或更低价格

续表 2-2

英文名称	中文名称	定义与内涵
Sustaining Innovation	维持性创新	改善现有产品或服务的性能,使企业沿着既有产品性能轨迹前进的创新
Architectural Innovation	结构创新	改变了市场上的结构知识,包含整个系统设计的改变,或部件彼此互动方式的创新改变,但仍保有产品部件的知识
Modular Innovation	模块创新	改变了主要的设计观念,但没改变整个产品结构,由彼此间关联性较小的模块组成,即便改变其中一个也不会对整个系统结构产生影响
Competence-Enhancing Innovation	能力强化创新	建立在企业现有的能力之上,能强化企业现有的知识与技术的创新
Competence-Destroying Innovation	能力毁灭创新	建立在企业现有的能力之外,会使企业现有的知识与技术成为过时的创新
Business Model Innovation	商业模式创新	企业将新的方式传递价值给顾客以创造营收与利润的方式,其要素包括了顾客价值主张、利润公式、关键资源与流程
Destructive Innovation	毁灭式创新	创新带来更好的效能与更低的成本,是科技发展上的大跃进

(1) 破坏性 vs 不连续

① 与现有产品的比较:破坏创新在初始的性能表现较差,但不连续创新能在产品、流程与服务上为顾客价值提供指数等级的重大改善(Hruby et al.,2000;Kassicieh et al.,2002)。

② 对现有科技的影响:破坏性创新改变竞争基础使现有科技过时,而不连续创新则是从原先的科技学习曲线跳到另一条更有吸引力的科技学习曲线并以此获得重大进步(Kassicieh et al.,2002)。

③ 对竞争基础的影响:破坏性创新会加速改变竞争基础,不连续创新虽然会产生重大的科技改变,但不会因此加速竞争基础的转换。

④ 不对称动机保护的有无:破坏性创新会产生不对称动机保护,使在位者难以响应,而不连续创新因需要大量资金与技术投资,且回报也大,能吸引在位者进行投资,故不具有不对称动机保护。

⑤ 预测难度:破坏性创新比不连续创新更难以预测。预测一项科技需

要有潜在使用者、潜在竞争者与市场规模三个变量,不幸的是破坏性创新的变动本质让上述变量难以捉摸,它改变了市场的竞争规则,使过去的市场知识难以沿用(Linton,2002)。不连续创新之所以较容易预测,是因为它包含了类似的市场与消费者及因产品性能改善后所得到的新市场,而这些都可通过原有市场知识下的延伸做研究(Hruby et al.,2000)。

(2) 破坏性 vs 激进式

① 与现有产品的比较:破坏性创新在初始性能表现上不佳,但激进式创新则会表现得比现有产品更为突出(Govindarajan & Kopalle,2006)。

② 对现有科技的影响:破坏性创新以不同的基础破坏现有的科技,而激进式创新则能提供重大改善。

③ 不对称动机保护的有无:破坏性创新会产生不对称动机保护,使在位者难以响应。而激进式创新需要具有整合价值链的能力才有办法做到,且一旦成功所能得到的投资报酬率极为可观,会吸引在位者进行投资,故不具有不对称动机保护(Govindarajan & Kopalle,2006)。

④ 初期锁定的目标市场:破坏性创新早期追求的是低级或利基新市场,利基新市场的特色为更加的价格敏感且不会影响到大众消费者。而激进式创新更为注重早期接受者市场,其特色为不对价格敏感且会对大众消费者造成影响(Rogers,1995)。之所以会有这样的差异,原因在于破坏性创新初期所凭借的是低成本吸引价格敏感者,并希望尽量不吸引到大众消费者,以降低在位者反击的可能性。

破坏性创新是一种从低级开始的创新类型,在初始性能与价格上都较为低端,有如中国的山寨机;而不连续与激进式创新则是跳脱现有的科技性能轨迹,加速往下一个世代的产品性能迈进,如从黑白电视进化到彩色电视机。破坏性创新的主要特点有:初始性能表现比现有产品差、会加速淘汰现有的科技基础、存在不对称动机保护。另外,破坏性创新难以预测且会加速竞争基础的改变,在初始时所锁定的目标市场也与其他创新类型有所差异。

2) 高级市场破坏与商业模式破坏

Christensen 在 1997 年聚焦科技创新,将硬盘产业演化历史中的破坏迹象归纳成低级破坏性科技,2003 年进一步将破坏性创新分成低级破坏与新市场破坏两种,此即为 Christensen 对破坏性创新的所有分类。以营销研究的标准来看,这样的分类方式太过粗糙(Droege & Johnson,2010),Tellis

(2006)认为 Christensen 过于强调由下而上的攻击模式,忽略了市场中也存在着由上而下的破坏。

(1) 高级市场破坏

Danneels(2004)对破坏性创新提出了两个疑问。① 是否只能从低价位开始:是否只会由下往上攻击市场。像数码相机的破坏即是从高价市场往下入侵低价市场,对于消费者来说,数字相机是高价位但在影像质量的表现方面劣于传统底片相机,违反了破坏理论的低价位论点。② 是否在传统性能表现上一定较差:大众消费者在破坏初期是否真的不被吸引。像 DVD 最初问世时便是以较高的画面质量破坏了传统录像带市场,违反了传统性表现较差的论点。

Govindarajan 和 Kopalle(2006)提出了以科技变化程度来区分高级和低级市场破坏,以补足破坏理论。破坏性创新依科技变化的程度不同,分为低级破坏与高级破坏,低级破坏为渐进式的科技改良,而高级破坏则为激进式的科技变化。他们认为消费者会愿意为了大幅度的科技改良而付出更多,可将高级破坏视为具有高价位或高科技特性的破坏。他们也强调,并非所有的激进式科技变化都是高级破坏,分辨两者差异的重点在于会否产生不对称动机保护,犹如 Christensen 所说:喷射引擎相较于活塞引擎是种激进式的科技变化,然而却无法产生破坏,关键在于两种科技的消费客群太过类似,无法产生不对称动机保护。至于为何在高级市场上仍会有不对称动机的保护,大概有四种可能:大众消费者认为破坏创新的新特色没有价值、大众消费者认为破坏创新的传统性能表现低劣、创新最初吸引的是新兴或不显著的高级利基市场、创新也许有高投资报酬率但总体市场规模或潜力太小。上述四种可能与低级市场破坏十分相似,所持论点皆着重在破坏创新早期吸引不到大众消费者,以降低在位者反击的可能性,唯一的不同在于高级破坏的高价格与科技能在初期带来较高的投资报酬率。

Schmidt(2004)则从经济模型中的线性保留价格模式解释,依消费者愿意支付的价格来区分高级和低级市场破坏。他认为破坏创新在大众市场所关注的传统性能上表现较差,因此会被大众消费者视为低级产品,只愿意支付低价格,但破坏创新的附属特色却能吸引愿意支付高价格的高级利基市场。以手机为例,手机上市之初,其在稳定性方面表现得非常差劲,家庭或企业习惯于固定电话稳定性的大众市场便无法接受,然而对于需要移动办公的业务员或经理人来说,手机提供的移动特点,增加了工作速度与弹性,他们便愿意为手机付出高价格。

将 Govindarajan 与 Schmidt 的概念结合在一起,可解释 Danneels 的第一个疑问:破坏性创新是否只能从低价位开始。将上述两人的概念结合在一起后可得知,高级破坏的特性为高科技、高价格,虽在传统性能上的表现较差无法吸引大众消费者,但有独特的附属性能可吸引高级利基消费者。低级破坏亦有可能来自高科技,且在传统性能表现上也较差。综合发现,低级破坏与高级破坏的最大差异点应为消费者愿付的价格,低级破坏吸引的是支付意愿低的低级利基,高级破坏则能吸引支付意愿高的高级利基,由此可解释为何市场上存在着高价位的破坏性创新。但 Govindarajan 与 Schmidt 的高级破坏仍然无法解释 Danneels 的第二个问题:破坏性创新是否在传统性能表现上一定较差?Utterback 和 Acee(2005)也提出过类似的问题,他们从价格、传统性能与附属性能三方面来细分八种破坏性创新,其中有四种类型的破坏性创新在传统性能上的表现较高,他们认为 Christensen 的破坏性创新只能解释类型1,而其余七种类型成为破坏理论的空白。

表 2-3 破坏性创新的八种可能情况

类型	价格	传统性能表现	附属性能表现	低级或高级破坏
1	较低	较低	较高	低级破坏
2	较低	较高	较高	毁灭式创新
3	较低	较低	较低	低级破坏
4	较低	较高	较低	高级破坏
5	较高	较低	较高	高级破坏
6	较高	较高	较高	高级破坏
7	较高	较高	较低	高级破坏
8	较高	较低	较低	特殊情况

数据来源:根据 Utterback 和 Acee(2005)整理。

到目前为止,还只可解释类型1、2、3、5,以及属于特殊情况不讨论的类型8。类型1与3可被 Christensen 的破坏性创新理论解释,虽然 Utterback 和 Acee(2005)的分类中将价格与附属性能分开讨论,但在 Christensen 的观念中,价格低本身就是一种能吸引消费者的附属性能,故类型3其实不与破坏理论冲突。类型5符合Govindarajan与Schmidt概念下的高级破坏,即价格高、传统性能低但附属性能高。类型2为低价格、传统与附属性能表现皆高,Dan Yu和Hang(2010)将此情形称为毁灭式创新(destructive innovation),认为在这样的条件下,与其说是破坏,不如说是一种科技上的大胜利。类型8发生的情况极为特殊,Utterback和Acee(2005)举例为战争时的替代品,战时产品的价格都高且两种性能表现皆差,然而这并非商业社会的常态,故研究将之视为例外。剩下的类型为4、6、7,其共通点为传统性能表现较佳,而这点与绝大部分的文献冲突。几乎所有的文献皆认定破坏性创新在传统性能的表现上较差,故如果在传统性能表现较佳,是否仍可视为破坏?这正是Danneels的第二个未解问题。但Schmidt(2009)提出的激进式破坏性创新可用来解释类型4、6、7。将激进式创新与破坏式创新的界线模糊,把两者的特色融为一体,有独特的附属性能可吸引到高级利基消费者,或在传统性能上的表现较好能吸引现有的高级或大众消费者。他认为消费者愿意支付的价格是由传统性能与附属性能相加而得,只要其中有一项性能使任意消费者愿意支付高价,即为高价格。他也强调,激进式破坏只会发生在高级市场,其能被大众消费者接受的特色与低级破坏完全不同。加入Schmidt的激进式破坏后,便能解释Danneels的第二个疑问,即破坏性创新仍可在传统性能表现上较好,Schivardi也指出在位者不会没有理性地拒绝新科技或技术,只要破坏创新能带来比原本更佳的大众性能,便会有高度意愿接受,由此可解释类型6、7。至于类型4,虽然价格低,但因其传统性能表现好,消费者愿意支付高价,故仍可视为高级破坏。

(2) 商业模式破坏(Markides)

Markides(2006)认为商业模式的破坏性创新有两个特点:能吸引各种类型的消费者、需要有不同或与在位者冲突的营利模式。其中第一个特点会导致新进者在破坏初期便侵入大众市场,第二个特点则能产生不对称动机保护,一个企业难以同时拥有两种相互冲突的价值链模式,不同的商业模式需要极为不同的能力,在位者如果想试着模仿,会大幅增加营业成本和降低现存商业模式的价值(Porter,1998)。商业模式创新能大幅改善企业绩效,但是充满了风险与不确定性。商业模式相当于传递与取得顾客价值的方式,如果要成功经营企业,商业模式创新远比产品或服务创新更为重要,同样的科技与产品,在不同的商业模式之下会有完全不同的经济成果。但是,商业模式创新极难实现。

首先将商业模式创新独立视为破坏类型的是 Markides(2006),他将破坏性创新分类为激进式产品创新和商业模式创新。Christensen(2003)曾提出过商业模式创新,但他没有特别强调也没有试着将商业模式创新独立为一种破坏类型。而 Markides(2006)认为低级破坏与商业模式创新之间有相当大的差异,应分开讨论,他将破坏性创新重分为两类:激进式产品创新,即 Christensen 破坏理论中所提的低级或新市场破坏;商业模式创新,指重新定义与组合生产元素,将原有的产品或服务用更有价值的方式传递给消费者。两者的差异在于,商业模式创新并不会发明新产品或服务,如亚马逊书店并没有发明卖书,只是使消费者能用不同于传统书店的方式买到产品与服务。

研究认为商业模式创新下亦会产生不对称动机保护。Markides(2006)认为商业模式创新与低级破坏的最大差异在于特点———能吸引到各种类型的消费者,新进者可能会在破坏初期就吸引到大众消费者,引起在位者的反击,而在这种情况下无法产生不对称动机保护。但商业模式创新可从第二个特点中产生不对称动机的保护,Johnson 等(2008)将商业模式分为四个要素:顾客价值主张、利润公式、关键资源与关键流程,这四个要素与 Christensen 提出的 RPV 理论十分相似,企业价值观会影响到其所要求的利润公式和选定的顾客群,并以这些顾客所提出的价值主张为关键标的投入资源与流程。在破坏理论中,RPV 理论说明了不对称动机保护的发生,而由 RPV 与商业模式要素的相似性推知,在商业模式创新下,也会产生不对称动机保护,故可视其为破坏性创新。

3)新进者破坏性创新理论应用与侵入模式

本段描述新进者如何运用破坏性创新理论,从找出市场破坏机会开始,到判断自身能力与评估不对称动机保护,确定创新所属破坏类型,最后选择最合适侵入市场的模式。

第一步骤:找出市场上的破坏机会。

将市场上的破坏机会依照破坏类型分成低级市场、商业模式与高级市场。低级市场与高级市场的破坏机会类似,从尚未消费、尚未满足与过度满足三种消费客群中找出机会,差别只在于消费者愿付价格高低。商业模式破坏机会较为不同,可从内部检查现有生产元素,将之重新组合或提出新的利润公式,或观察外部产业,将不同的科技或流程与现有模式合并,创造过去无法提供的服务。社会与产业的变化也会出现破坏机会。

新进者需进行自我能力评估,评估能否抓住破坏机会。新进者分为两种,第一种为新兴企业,它是全新的组织,在资金与技术上都受到限制,因而不应该追求须投资大量资本的破坏机会,而应该将目标定于能快速回收的投资小资本的破坏机会。第二种为旧有企业,为子公司或新部门团队,它拥有母公司大量的资金与技术支持,母公司既有的研发与市场研究使其更易发现破坏机会,但它也有可能受到母公司的限制,如母公司营运状况不良将资金调离或将优秀员工调去救援衰退产品。母公司给破坏性创新团队的自主性越高,旧有企业越比新兴企业更容易成功,也更有资源追求高成本的高级破坏。

表2-4 破坏机会评估表

社会与产业变化下的破坏机会	
维持性创新的意外失败,隐含了消费者所要求的变化 产业变化使过去的假设与经济现况出现差异 产业认知与消费者价值产生差异 政府法令变迁 人口变量带来的改变,如出生率、年龄、男女比例或教育、经济程度 社会价值改变,随着开发程度提升,消费者会以不同的角度看产品 新科技或新知识,多个领域相互结合,前置时间通常较长,但一旦市场机会明朗化后会吸引众多投机客	
高级、低级市场破坏机会	商业模式破坏机会
消费者想买但太贵或不方便买到 偏离原本所假设的产品使用方式 现有产品太过复杂或难以学习 消费者希望现有产品继续改善 消费者不再愿意为了较佳或额外的性能付出更多钱 消费者可用现有产品完成想做的事但明显不需要用到所有功能 消费者需要结合两种以上的现有产品才能完成想做的事	将产业界中已成规范的资源与流程重新配置 将不同产业的商业模式合并 在现有商业模式下利润过少而被忽略的市场 消费者对现有的服务流程产生抱怨 产业外出现更有效率的科技或流程

第二步骤:判断不对称动机保护,确定创新所属破坏类型。

经由步骤一找出破坏机会与评估能力后,新进者已具备进入市场的基本条件,接着进行不对称动机保护的判断。从两轴来判断,横轴为投资后所得的收益与成本间的百分比,纵轴则可从市场调查而来,在这两方面中还隐含了多种难以量化的变量,会影响到不对称动机的保护。

创新投资报酬率的背景源自 RPV 理论,主要判断依据为企业所要求的投资报酬率,其余可能影响不对称动机保护的因素包括四个方面。① 资源:企业拥有或能取得的,包涵有形资源与无形资源,新进者判断的重点为在位者对现有产品的资源承诺程度,承诺越高代表着越难退出,也越不想加入破坏性创新;② 流程:企业将需要重复解决的问题流程化,包含制式流程与非制式流程,新进者可观察制造业的标准化流程或服务业的内外场流程,思考在位者重复解决的问题与破坏性创新是否相似,由此判断不对称动机保护的有无;③ 价值观:企业决定策略或计划优先级的基准。除了投资报酬率外,新进者还可从在位者的使命愿景与长期策略中判断破坏性创新的价值诉求是否会与在位者有所冲突;④ 市场规模与潜力:如果现有产品仍有成长潜力,在位者会理性地选择风险较低的维持性创新,而非市场不明的破坏性创新。

消费者愿付价格的背景源自 Schmidt(2009),主要判断标准由传统性能与附属性能的消费者愿付价格相加而得,其余影响到不对称动机保护的因素以转移成本考虑为主。转移成本越高,消费者越不愿意接受破坏性创新,带来的不对称动机保护越强。转移成本有两个因素:① 在位者的品牌名声:消费者对熟悉的品牌会产生信赖,以降低购买时的风险与时间成本,破坏性创新带来的效用要能胜过这些机会成本,才会使消费者愿意转移;② 与过去经验的兼容性:越能与过去经验结合,不需太多时间学习就能兼容现有规格与使用习惯,越能吸引消费者。上述成本虽然难以量化衡量,但会影响到不对称动机的保护,新进者在判断完创新的投资报酬率与消费者愿付价格后,可从细项评估中发现是否有额外的不对称动机保护存在,由此影响到第三步骤选择的侵入模式。

第三步骤:判断破坏类型与选择侵入策略。

经上述两步骤,新进者在初期成功取得市场立足点后,要决定后续的性能改善方向,选择正确的目标市场与侵入模式,使不对称动机保护延伸,获得成长的时间与空间。

破坏性创新因类型的差异有多种不同的进入与侵入市场模式。进入市场指的是产业中的新进者成功获取市场立足点,侵入市场则是指新进者改善产品性能,从立足点推向另一块市场。Christensen 认为破坏性创新都是由下往上的侵入市场,但 Schmidt 认为侵入模式至少有三种类型:① 现有市场:市场已存在,可明确衡量规模大小与投资利益,能获得比新市场更多的利润;② 边缘市场:新出现市场,所要求的产品性能与现有产品差不多,可能在创造新消费者的同时亦吸引到部分现有市场消费者,其规模与投资利益通常比现有市场小;③ 分离市场:新出现市场,所要求的产品性能与现有产品差很多,会创造新消费者但难以吸引现有市场消费者,其规模与投资利益最小。

当前,美国对华"脱钩"举措层出不穷,尤其是针对中国制造业的薄弱环节。从信息技术、电子设备、高端制造、光学、武器等先进制造业领域看,美国对华"脱钩"程度与中国对美依赖程度呈正相关,并且这些"脱钩"的领域正是此前中国产出大量技术创新,以逐渐与美国技术相融合的产业部门。如何利用破坏性创新实现中国"关键"制造业的突破,是凸显中国制造业的策略智慧。

表 2-5　美国部分"关键"制造业部门对华"脱钩"具体举措

制造业部门	具体举措
半导体	扩大实体清单;修改"外国生产直接产品"规则;缩紧外国投资审查;推动半导体制造业重返美国;加强盟友与伙伴国合作
数字通信及设备	出台战略指导文件;签署和颁布多份涉及数据保护、设备和技术使用与出口管制以及投资审查等环节的行政令和法案;抛出多轮实体清单制裁中国相关企业
关键矿物制备	通过行政命令与政策文件提供政策指导;强化多边主义合作;加大联邦拨款力度以加强国内产业基础;基于《国防生产法》加强半导体工业能力
生物医药	发布行政令强化基本药物供应链韧性;通过联邦投资计划鼓励国内生产药物;提出立法草案以切实减少美国对外依赖

2.3　知识创新理论

1) 个人知识创造的模式

个人知识创造是组织知识创造的基础。Merali(2001)提出个人知识创造分为新知识的探索与现有知识的利用两部分。新知识的探索是指在分析中学习,可分为直觉与创意、逻辑分析两种方式。直觉与创意是经过启发或自由联想而产生新想法、新概念;逻辑分析则属于理性分析方式,主要采用归纳与演绎这两种知识产生方法。现有知识的利用是指员工在实践中学习已存在的知识,通过学习曲线,使工作更有效率。

2) 组织知识创造的螺旋模型

Nonaka 和 Takeuchi(1995)敏锐地察觉到默会知识在企业知识创造中的重要性,提出了知识创造的螺旋模型(也称 SECI 模型)。该模型认为知识创造的关键在于默会知识的调用和转化,对企业重要的是组织知识创造,而不仅仅是个人知识创造。

Nonaka 的知识创造理论由认识论、本体论、时间与活动以及有利的组织情境四个维度组成(Nonaka & Takeuchi,1995)。其中认识论维度基于默会知识与明晰知识,以及随之组合而成的四种知识转换类型:社会化(Socialization)、外化(Externalization)、组合化(Combination)、内化(Internalization)。基于本体论的观点认为知识创造可以看作个体知识和群体知识在同一层面和不同层面的创造。时间与活动维度分为五个阶段:分享默会知识、创造观念、确认观念、建立原型、跨层次的知识扩展。在有利的组织情境中,有五种有利于知识创造的状况:意图、自主权、波动/创造性混沌、重复、多样才能。这四个维度共同组成组织知识创造的过程模式。

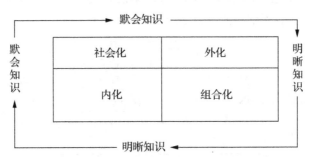

图 2-1 默会知识与明晰知识的转化

资料来源:Nonaka 和 Takeuchi(1995)。

Nonaka 和 Takeuchi(1995)将组织内知识的创造概括为四种知识转化模式。① 社会化,即默会知识向默会知识的转化。这种转化是通过人们之间的社会化过程实现的,如现场观察、共同劳动,典型情况是传统的师徒关系。②外化,即默会知识向明晰知识的转化。这种转化是通过外部化过程实现的,即将默会知识总结、概括、表述为易于沟通的概念、理论、方法等。③组合化,即明晰知识向明晰知识的转化。这种转化是通过对现有明晰知识的组合实现的,具体表现为将明晰知识系统化的过程。例如,在企业内部,中层管理者将企业的使命、经营理念等具体化为对员工行为的要求及新产品开发的技术要求等。④内化,即明晰知识向默会知识的转化。这种转化模式具体表现为内部化过程,即人们将通过社会化、外化、组合化等过程学到的明晰知识转化为只能意会不可言传的个人默会知识,如新的思维方式和技术诀窍。组织通过社会化、外化、组合化与内化这样一个知识螺旋交互作用来持续进行知识创造。从主体上看,组织知识的创新不仅发生在个人层次,而且发生在群体、组织、组织间等层次。组织知识的创造是一个螺旋过程,从个人层次开始,逐渐扩大到组织层次,在不同的层次上都存在默会知识和明晰知识间的相互作用。

Nonaka 和 Takeuchi(1995)认为组织知识创造需要经历五个阶段的循环演化。①分享默会知识:将默会知识转换为另一种默会知识,即知识的社会化,是一种通过观察、模仿、体会或练习来累积知识与分享经验的过程。在此阶段,重视的是知识的累积、分享与传递。②创造观念:将默会知识转化为明晰知识,即知识的外化,是一种通过模拟或隐喻将默会知识编码化与表达的过程。在这个阶段中,重视的是集思广益及知识的编码、演绎与归纳。③确认观念:评估与判断新知识的价值,即知识的内部化,过滤并确认

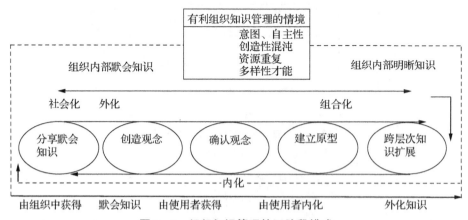

图 2-2 组织知识管理的五阶段模式

资料来源:Nonaka 和 Takeuchi(1995)。

具有附加价值的明晰知识,并将其概念化为个人的知识。在这个阶段中,重视的是知识的过滤、识别与判断。④建立原型:将明晰知识加以系统化形成另一种知识体系或操作原型,并加以验证,即知识的组合化,是一种由已知的知识转化为系统知识的过程。在这个阶段中,重视的是知识的应用与整合。⑤跨层次知识扩展:将个人或组织所创造的知识,在组织内部或组织间作横向或纵向的扩展,是一种知识创造的循环过程。这个阶段中,重视的是知识的扩散与组织学习。

3) 对组织知识创造螺旋模型的改进和扩充

Nonaka 和 Takeuchi((1995))的 SECI 模型虽然对知识在企业内的动态演化有很好的解释,但忽略了外部环境力量。

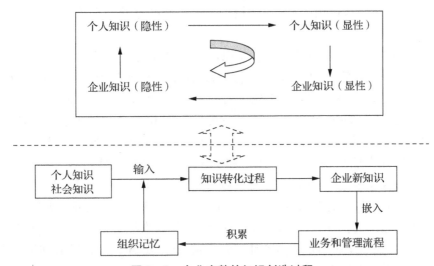

图 2-3　企业完整的知识创造过程

资料来源:任庆涛,王蕾.知识型企业知识创造的动态模式.上海管理科学,2003.6:6-9

任庆涛、王蕾通过对知识型企业的崛起及其主要特征的描述,探讨了知识型企业的主要资源要素——知识的特征,在修正 SECI 模型的基础上提出了知识型企业知识创造的动态模式。该模式认为知识创造除了 Nonaka 所描述的知识螺旋外,还包括知识的输入、知识的积累和知识的嵌入等环节。

完整的知识创造过程应该包括:通过知识转化过程对无序的企业内部个人知识和外部社会知识进行辨别和筛选,使之有序化、流程化,形成新的企业明晰知识和默会知识。这些知识一方面嵌入企业的业务和管理流程,另一方面直接进入"组织记忆"即企业的知识库,组织记忆中的知识积累又随同初始的个人和社会知识进入知识转化过程,由此形成知识创造的循环。

耿新(2003)认为企业知识的创造既包括内部知识的转换,又包括外部知识的吸收与转化。他从知识的分类与分布角度出发,以 SECI 为基础,提出了知识创造的 IDE-SECI 模型。该模型认为知识创造必须吸收企业外部知识,而企业外部知识可分为外部个人明晰知识、外部个人默会知识、外部组织明晰知识和外部组织默会知识,但其输入组织的方式只有三种,即外部个人或组织默会知识的潜移默化、外部个人明晰知识的直接引入和外部组织明晰知识的直接引入。在引入外部知识这一输入因素后,企业知识的转化与创造链条被延长了,其完整的过程包含了外部引入、传播共享、解释内化、潜移默化即社会化、外部明示即外化、汇总组合即组合化和内部升华即内化这七个阶段,称为 IDE-SECI 模型。该模型扩充并丰富了 Nonaka 的知识螺旋模型。

党兴华等(2005)提出了基于知识位势的知识创造模型,将个人或组织之间的知识差异定义为知识位势,将个人、团队和企业视为具有特定知识位势的知识主体。该研究从知识位势角度出发,以 Nonaka 的 SECI 模型的认识论、本体论为基础,修正与改进了 SECI 模型,构造了知识创造 O-KP-PK 模型。该模型以 O、KP 和 PK 为三个维度。其中,O 分为个人、团队、企业和企业网络几个层次;KP 分为 LKP 和 HKP,是从知识主体所具有知识位势高低的角度来描述的;PK 分为 IPK 和 EPK,是从知识主体知识存量的来源(内部还是外部)来进行描述的。在每个平面内部基于知识位势差进行 SECI 知识转化过程的同时,各个平面之间存在着交互的基于知识位势差的知识创造活动,在组织中形成众多的环型知识流,企业的知识库也随着知识创造进程的发展,不断充实新的知识。

元利兴等(2002)对知识创造过程从认识论和本体论的角度进行研究,建立了基于认识论和本体论的知识创造模型(E-O-SECI);芮明杰等(2004)在评价 Nonaka 知识创造模型的基础上,引入动态知识价值链,提出了高技术企业的知识创新模式,指出高技术企业知识创新与一般企业的主要差异,进一步对这一模式运行所需的知识场和知识库进行了描述,形成了一个完整的高技术企业知识创新的理论体系。

4) 组织核心知识创造模型

Leonard-Barton(1995)认为组织可以通过"问题解决、实验与原型设计、引进与吸收、实施与整合"四种方式来创造其核心知识。① 问题解决:以组织内现有的知识来创新解决之道,经过不断地试误、学习后,便会开发出一套新的方法或知识。② 实验与原型设计:实验是指组织利用现有的知识不断地进行实验,以创造新知识的过程。原型设计是指组织通过快速、低成本建立产品原型的方法,对新产品进行实验及开发,以建立研发新产品的能力。③ 引进与吸收:引进是指组织通过聘请专家、专利权的转移、员工的外部教育培训、在网络上获取外部新的知识并将之引进组织。吸收是指组织通过与外部科研机构、顾问公司或战略伙伴的共同合作项目或标杆学习吸收对方的知识。④ 实施与整合:组织可以通过项目的实施从实践中学习经验与新知识,也可以通过整合现有的各种知识进而发现新的知识。

5) 组织知识创造的五阶段模型

von Krogh(1998)认为快速地创造新知识并且将新知识扩散到组织的各个角落包含五个阶段:第一阶段为组织成员间分享各自的经验与知识;第二阶段为依据组织成员分享的知识,有效地创造新产品或新服务的概念;第三阶段为从公司的愿景、目标、战略出发,通过市场调查来验证此概念是否符合市场需求;第四阶段为利用已经确认的概念开发产品或服务的原形;第五阶段为组织将所创造的新知识、新概念与新原形扩散到整个组织。

6) 基于复杂性的知识创造模型

王毅等(2005)把复杂理论与知识创造相结合,提出了基于影子系统和合法系统矛盾作用的知识创造机理,研究了处于混沌边缘的创造性空间、创造性空间中的破坏、影子系统和合法系统的相互作用机制。该研究通过案例分析发现在影子系统和合法系统的作用下,企业能够占据创造性空间,获得知识创造;而不适应性学习的存在、影子系统和合法系统对创新的规避,致使企业不能占据创造性空间,从而抑制知识创造。

7) 基于研发过程的知识创造模型

胡婉丽等(2003)将研发划分为五个阶段,建立了基于研发过程的知识价值链模型和知识转移模型,详细论述了研发中的知识创造和转移过程,以及知识转移通道的建设。该模型认为知识的价值增加表现在两个方面:一是新的知识被创造出来,即知识量增加;二是知识的扩散,即知识使用范围的扩大。在知识的价值链模型中,知识增值通过知识的创造过程和知识的流动过程来实现:知识的创造是指知识从无到有的过程;知识的流动是知识已经存在,从知识源向知识接受点转移的过程。

8)基于知识发酵的知识创造模型

刘洪伟等(2003)从知识发酵的角度研究创造,提出了知识发酵模型。该研究认为知识活动的核心环节与生物发酵过程具有很大的相似性。知识的获取、创造和传播都是在已有知识的基础上,通过人的一系列能动的思维逻辑活动,导致某些局部的知识增长。该模型解释了知识螺旋模型中的要素构成,吸收了基于愿景的知识创新理论和实践团队的思想,并将组织战略或愿景引入到知识过程中。

9)对知识创造理论的比较分析

综合上述理论,知识创造应该具备如下特征:① 知识创造是一个复杂的演化过程,知识演化系统微小涨落在特定情境下被放大而进入新的耗散结构分支就会产生新的知识。② 企业内部的知识创造是通过不同性质的知识相互转化产生的,如明晰知识和默会知识的相互转化、构架知识和元素知识的相互转化等。③ 个人知识创造是组织知识创造的基础,知识创造首先来源于个人的想法、直觉、经验、灵感,在此基础上利用大量的明晰知识(包括结构化和非结构化知识)和默会知识,在他人的帮助和某种环境的影响下,将这些想法、直觉、经验、灵感等具体化,产生新的知识。组织知识创造并非个人知识创造的简单叠加;知识创造在个人、团队、企业、企业间等层次内部及层次之间都存在,组织中同一层次及不同层次之间的知识互动使得组织中形成了无数个环行知识流,这也是组织知识创造具有复杂性的原因之一。④ 知识创造必须以一定的组织内部知识存量为基础,创造出来的新知识又增加了组织的知识存量,从而增强了组织的知识创造能力。⑤ 知识创造必须在一定的条件下才能顺利地进行,这些条件包括知识创造的硬件设施、组织结构、企业战略、愿景、文化等。⑥ 组织知识创造是一个开放的系统,必须从外界吸取必要的知识,并与组织内部的知识相融合。

Nonaka 和 Takeuchi(1995)的知识创造螺旋模型是迄今为止对知识创造研究最深入、最全面的一种理论。当然,该理论也存在一些缺陷。① 没有区分"创造"与"创新"。创新与创造之间是存在差异的,知识创造是在组织内部产生全新的知识,而知识创新则包括采用新知识和创造新知识。实际上 Nonaka 探讨的知识创造是知识创新的一个子集。② 该模型尽管阐释了知识由隐性到显性、由个人到组织的转化过程,但并没有揭示这一转化是如何带来企业内在效率差异的,即企业是如何通过知识管理拥有竞争优势的。Nonaka 所阐释的仅仅是知识转化的一个常规过程而已。③ 该模型强调了企业内部高度个人化的默会知识,但在实践中我们不难观察到,来自企业外部的社会知识对于企业知识的生产也有非同寻常的价值,尤其是在信息技术高度发达的今天,任何企业都必须善于快速学习社会知识,快速做出反应,而知识创造螺旋模型忽视了明晰知识在组织中的重要性。

10) 制造业的知识战略

由于组织战略的不同,营销、文化和组织管理的结果亦会截然不同,加之知识战略主导知识的资源配置、运用与组合方式,即战略方面的知识管理研究对企业将产生严重影响。因此,理论和实践都需要对企业的知识战略进行研究。

Zack(1999)将知识战略分为系统化战略与个性化战略两大类。前者注重时效,急于短期内成功;后者则允许较长的知识活动。Cohen(1998)比较东西方对知识优势的态度,指出东方较西方强调长期耕耘以获得知识优势。Bierly 和 Chakrabarti(1996)认为知识战略属性之一为学习新知识的速度,主张学习速度愈快愈好,但受到是否有产业规范、新知识的困难程度、组织本身的资源等因素的影响,经常使学习速度不易加快。

Hedlund(1994)将组织对知识努力的程度区分为 A 型战略与 T 型战略,分别指深化战略与整合战略。深化战略指组织倾向于专注、深化其本身擅长的知识,不轻易转移其知识核心,即纵向的知识发展。整合战略则指组织有能力将本身擅长的知识与本业相关及不相关的知识予以整合,形成有利于组织本身运用的新知识,或发展横向的知识。关于深化或整合属性的文献颇多,角度亦不同。深化战略与整合战略所需的组织知识能力并不相同。既有知识程度较高、知识本身较不易广泛运用、商品化程度或产品线增加的可行性较低、企业多角化程度及其多角化的相关度较低者,较适合深化战略。而横向发展的组织则相反。就实际而言,近来较倾向整合的知识战略。

Teece(1998)认为新经济时代的特性之一是科技间不断融合,善于整合者将较专业领域者更具优势。Leonard 和 Spensiper(1998)提出创新漏斗模式,指出在不同创新阶段,对问题的思维模式并不相同,创新初期多为发散性思考,中期为收敛性思考,最后又会再发散出去。此处的发散与收敛和整合与深化的观念类似。

Bierly & Chakrabarti(1996)认为知识战略的属性之一为本质性学习和非本质性的、小幅学习或微幅学习。前者接近深化战略,后者则与整合战略类似。属性之二为知识的广度,指广而浅的学习或集中而深入的学习。Hargadon(1998)认为企业在寻求知识前,最好应广泛地搜寻各类知识,再考查组织应介入产业的广度,最终决定知识的深度与广度应该如何。

知识战略的集体性与个别性指组织倾向由特定、专门性单位进行知识性活动,或由众多员工、单位、功能集体进行知识性活动。知识战略的分类包括一般知识与特有知识(Sarvery,1999;Zack,1999)、独有知识与公共知识(Teece,1998)、机密知识与公开知识(Teece,1998)等。事实上,高科技产业倾向精英式的知识活动,企业的全部知识性活动系由极少数研发部门员工担任,一般员工几乎不涉及(Sarvery,1999)。相反的,有些企业则组织全员参与,从价值链上游至下游,全体全程介入。集体性较高者,通常机密性与专业性较低、组织成员普遍知识基础较好、市场与顾客介入知识性活动的比重较高。

Senge(1990)认为集体学习、集体合作是组织学习的重要修为之一。Nonaka 和 Takeuchi(1995)强调不同类型的知识创造应由不同阶层的员工来担任,其中外部化知识等应由集体共同介入。Nonaka & Konno(1998)以个体、小组、集体组织在知识扩散过程中的关系,补充说明知识螺旋的观念。Zack(1998)将知识分为特定部门专用的专用知识与公共所有的一般知识,以及个人知识和集体知识。O'Connor(1998)通过实证调查企业中知识学习的负责人,包括市场人员、工程师、科学家、科技与营销人员的结合、营销与外部顾问组织、战略联盟、研发部门人员等。

知识战略环境的稳定性指知识活动是处于稳定不变的状况还是极度波动的状况。Nonaka 和 Takeuchi(1995)认为波动的环境有助于刺激知识的创造,故应给员工一个混沌而变动性的环境。Tushman 和 O'Reilly(1997)认为组织应具有自我更新的文化,不应沉湎或受限于过去的经验。知识环境的稳定或波动并非单一组织所能主宰或期望的,多半受制于环境调整。不过其确为组织制订知识战略的重要因素。知识环境的稳定与否绝对影响其知识活动。例如常年处于波动情境下的组织,其较倾向短期投入,并需要立即可用的知识。目前文献多强调组织应有不断变动、更新的环境,甚至主张主管应尝试营造这样的环境。

Leonard-Barton(1995)将知识分为员工技能、实证系统、管理系统、价值观等。Hedlund(1994)将知识分成 T 型知识和 A 型知识等。Nonaka 和 Konno(1998)提出组织可通过三种空间来刺激知识形成,包括有形空间、虚空间与心智空间,三种空间通过知识本身的显性化程度来构成。Leonard 和 Sensiper(1998)说明了默会知识和明晰知识间的互动性与关系,并强调默会知识并非全然无法明文化。Hargadon(1998)主张可标准化的知识应将之外显表达,较难标准化的知识则应将从前解决类似问题的方式套入现今的问题。Blumentritt 和 Johnston(1999)用无形—有形连续线来表示知识—信息,并强调知识管理战略的核心问题在于寻求知识—信息连续线的平衡点。

综上,企业知识战略主要包括:第一,对于知识的需求,是否急于取得而不允许延宕,或可容忍较长的等待时间。第二,企业取得知识后可长期应用,或很快无应用价值。第三,企业的知识活动由专门部门专职负责,或由集体共同参与。第四,知识战略的环境是稳定少变化,或常处于波动状态。

知识战略来源于战略管理中的资源基础理论,是为了适应 20 世纪 90 年代以来环境的急剧变化,试图建立企业的竞争力。在对知识战略研究时,采用的变量与方式虽然不同,但都必须考虑到几项基本的知识战略属性,诸如上述的企业对于知识的需求、如何获得知识资产(由企业内部研发或从外部取得)、知识战略环境的稳定性等。

许多企业虽然都认识到为了维持竞争优势,有必要采用知识加强的政策,然而很少认识到其与企业战略结合的重要性。企业知识管理需建立在相关知识信息基础上,所有的活动必须加以记录并接受评估,然后回馈知识战略系统。应将知识战略系统作为循环的起点,成为实践知识管理的基础。

Zack(1999)认为知识战略最重要的背景因素就是企业战略,并提出知识战略与企业战略的属性关系。可通过两方面来研究知识战略,一是企业对知识的使用情况(知识的创造者或使用者),另一方面为知识的来源,并进一步提出积极战略与保守战略,认为采用知识积极战略的企业主要是在市场上处于落后地位的企业。

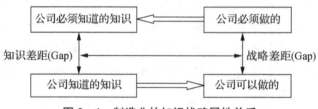

图2-4 制造业的知识战略属性关系

Hansen、Nohria 和 Tierney(1999)认为,企业知识战略可分为系统化战略与个性化战略。对于前者,企业的知识活动以系统化、文字化的资料、档案为主导,企业只要将所创造或获得的知识加以系统化地编码、储存、利用,即可维持本企业的运营和生产活动,并获得低成本的竞争优势。一般而言,这种战略多出现于产品生命周期的成熟期,企业需要依赖大规模生产来创造最大的效益;反之,若企业内存在着大量难以言喻或只能通过个人心智模式认知的知识,就该采取个性化战略。这些新知识大都以隐性的方式存在,且往往不易予以系统化编码,产品创新多在这种知识战略中诞生,所以企业会着重以具有独创性的产品或服务来吸引顾客,以获得较好的绩效。

第3章
中国制造业的商业模式创新：
以智能手机业为例

Chandler(1962)认为策略是决定企业的长期目标及达成目标所需采用的行动方针和资源分配。Ohmae(1983)认为策略是竞争优势,策略规划的目的是让企业能够有效率地获得超越竞争对手的持续性优势。Porter(1996)说策略就是一种取舍。然而,通过取舍与定位,寻找长期的竞争优势,真的是不变的原则吗?20世纪90年代开始,市场边界变得模糊,产品生命周期逐渐变短,产业环境变动越来越快,技术、产品不断更新,通过建立优势来防堵竞争者进入市场变得越来越困难。如果一味地想维持现有的竞争优势,可能会让企业忽略发展新优势的重要性,同时竞争优势会随着时间而逐渐耗损。

在高质量发展时期,持续竞争优势是否存在?如果存在,是建立在什么基础上?如果不存在,那又要如何应对?智能手机是目前发展速度最快、竞争最激烈的一个产业。本章将针对超优势竞争时代的持续性竞争优势问题进行文献分析,并以智能手机业为实例进行探讨。超优势竞争(Hyper-competition)是由D'Aveni(1994)提出的概念,他认为Porter(1996)理论只适用于变动缓慢的产业,在一个变化快速的环境中持续性竞争优势的策略是不存在的,要取得长期的成功,需要的是一种动态的策略,不断地去创造、毁灭并重建短期的竞争优势。Porter(1996)针对他的竞争策略不够动态的批评回应,认为运营效益不等于策略,企业间竞争可以是运营效益的竞争,若大部分企业都采用这样做法,朝同样的方向竞争,所有的产品就会大同小异,会进入D'Aveni(1994)的超优势竞争的状态。但企业还有另外的选择,就是策略竞争,也就是朝不同的目标前进,去创造独特的价值,这样就可以避免超优势竞争,同时有机会建立持续性的竞争优势。

3.1 超优势竞争理论与商业模式创新

Porter(1996)提到的优势竞争至少是十年以上周期。但由于科技进步、客户偏好的改变、市场边界模糊等因素,整个产业的变动速度越来越快,因此对于尝试建立持续性竞争优势的企业来说,就算筑了高墙防堵竞争者进入市场,一旦面临替代产品的挑战,结果常是客户的全面出走,而不是逐渐流失,这时竞争优势是优势还是负担,就是值得讨论的问题。D'Aveni 提出的超优势竞争概念,认为持续优势是不存在的,只有通过打破现状才能获得一系列短暂优势,因此长期的成功需要的是一种动态的策略,不断地去创造、毁灭、重建短期的优势。Porter的策略理论强调建立竞争优势,并期望这样的优势可以延续一段够长的时间,直到遭遇反击或产业发生根本的变化为止。然而,在优势快速瓦解的环境中,一味地维持优势可能会使企业忽略发展新优势的重要性。所以,D'Aveni认为维持既有的策略是一种收割的策略,而不是寻求成长的策略,这种策略的目的是榨取现有的资产,而不是努力去产生新的资产。例如Nokia在iPhone问世后的策略,明显是要去延长Symbian作业系统的寿命,其下场是被使用者所淘汰。在变化快速的超优势竞争环境中,比较好的方式是采取一连串小规模、容易遭人模仿的策略,而企业若能串联这一系列的短暂优势,就可以在市场中维持一段较长时间的优势。

D'Aveni认为长期的成功需要有特殊的控制动态互动的能力,也就是要有破坏市场的能力,这些能力主要包含三个方面。① 预见未来市场破坏的能力,也就是要有破坏的远见,而破坏的目的是满足客户的需求,提供客户比竞争对手更好的服务或产品。② 迅速执行市场破坏的能力,迅速且出奇制胜地创造新的优势。③ 规划市场破坏战术的能力,通过改变游戏规则,或者一连串的出击来达成目的。拥有上述能力后,企业就可以利用这些能力完成下列四个目标:① 破坏现状——跳到新的竞争领域,以此打破竞争的现状。② 创造暂时的优势——在新的领域,基于对客户、科技和未来的了解,创造暂时的优势。③ 掌握先机——在新的领域,积极向前迈进以掌握先机。④ 维持动能——继续破坏现状,并发展新的优势,而不能坐等竞争对手来瓦解自己的优势。D'Aveni认为Porter的策略理论提供的是一种静态的分析工具,可以用来分析竞争环境以及在某一特定时点的优势来源,然而它却没认清竞争优势其实是一个变动的动态过程,所以Porter的理论只适用于变动缓慢的产业。因为产业变动速度加快已经是常态,所以需要不断破坏现状来建立优势。

Moore提出了商业生态系统(Business Ecosystem)概念,认为产业这一概念应该用商业生态系统来取代,因为现在大部分的经济活动都是跨产业的活动,既然是跨产业的活动,里面的成员也就不全然是竞争,也可以是合作的关系。Brandenburger和Nalebuff从博弈理论的角度思考,提出竞合策略的概念,他们认为企业之间应该是有时候竞争、有时候合作的动态关系。

竞合策略最重要的贡献是提出了有关创造价值与争取价值的理论,创造价值的本质是合作的过程,争取价值的本质则是竞争的过程。同时他们提出了价值网,作为分析商场赛局的架构。

将生态系统的概念运用在商业管理领域,如演化经济学与组织生态学等领域,早已引用生物学中演化及族群生态学的观念来探讨经济的变迁或者是组织的演化。Moore首次建议以商业生态系统来取代产业的概念,主张企业应该跳出以个体为主体的竞争思维,通过构建包含企业本身、客户、供应商、主要生产者、竞争者以及其他的利害关系者的系统成员,以合作演化为主要机制建立成功的商业生态系统。他同时也提出商业生态系统生命周期的概念,将商业生态系统的生命分成诞生、扩张、领导、自我更新四阶段,在每一个阶段,企业有不同的竞争或者合作上面的挑战,所以应该采取不同的管理活动。Moore主要针对在生态系中占有领导地位的枢纽物种(Keystone)提出建议,重点在如何和自己所主导的生态系统中的其他族群合作,并防止他们发展或投靠到其他的生态系统,来维持自己的生态系统不被其他生态系统所取代。Iansiti和Levien进一步阐述了商业生态系统中不同角色适合的策略,引入生态系统中枢纽物种与利基物种(Niches)的概念,根据其是否具有主导角色,以及主导角色在价值创造与获取的过程中所采取策略的不同,将企业分成四类:① 枢纽者,具有主导地位的角色,对生态系统创造价值,也与利基者分享价值。② 支配者,具有主导地位的角色,对生态系统创造价值,但获取大部分的价值。③ 网络中心业主,具有主导地位的角色,不创造价值,但获取生态系统创造的价值。④ 利基者,企业本身不具有主导地位的角色,但就质与量来说,却是生态系统的主要构成分子。

研究发现,在三种具有主导地位的角色中,选择扮演枢纽者,通常是最成功的策略。以 Microsoft、Wal-Mart、台积电等企业为例,它们在商业生态系统中建立平台,为许多利基者创造了生存空间,并致力维护整体商业生态系统健康。支配者的角色,可以苹果一手包办了计算机硬件、作业系统以及各种应用软件为例,其在计算机市场上的失败,说明了支配者会面临的问题。至于网络中心业主是最不可取的策略,他们因为占据了商业生态系统中一个重要的位置而能够获取价值,却不愿意相对负担维护整体商业生态系统健康的责任,最后导致整个商业生态系统崩溃,危害到自己的生存。表3-1总结了Iansiti和Levien(2004)所描述的商业生态系统中的角色分类、作为及其策略上的挑战。

表 3-1　商业生态系统中四种不同角色的定义与挑战

策略	定义	存在的范围	价值创造	价值获取	重点与挑战
枢纽者	积极改善生态系统的健康,以增进自身企业的绩效	范围很小,占据网络的节点也不多	将大部分创造出的价值留给网络,分享创造价值的机会给其他企业	广泛地与网络其他成员分享价值,并选择在某些领域获取价值以达到平衡	重点在于创造出平台以及在网络中分享解决方案。如何在分享价值的同时还能持续创造价值是其挑战,选择哪一个领域来支配生态系统则是另一个挑战
支配者	通过垂直或水平整合以管理控制大部分的网络	范围很大,占据网络中大多数的节点	自己负责大部分的价值创造工作	为自己获取最大价值	专注于控制与拥有,定义并掌控网络中的大部分活动
网络中心业主	榨取所处网络中心的价值,但不直接掌控网络	不常看到,占据网络的节点很少	几乎不创造价值,依赖网络中其他成员创造价值	为自己获取最大价值	缺乏一致性的策略,无法长期生存
利基者	发展专业能力以与网络中其他公司产生区别	个别公司的范围很小,但整体却占据大部分生态系统	共同创造出健全生态系统中的大部分价值	获取自己创造出来的大部分价值。	运用枢纽者所提供的服务;致力于特定领域的专业化,以发展出独特的能力

资料来源:Iansiti 和 Levien(2004)。

Brandenburger 和 Nalebuff(1996)提出了一个工具来描述整个博弈的概要,也就是价值网。价值网的纵向是企业的顾客和供应商,原料和人力等资源从供应商流到公司,产品和服务从企业流到顾客,钱的流动则是相反的方向,从顾客到企业,再从企业到供应商。价值网的横向则是企业的竞争者和互补者,其定义是:① 顾客会因为某参赛企业的产品而降低对企业产品的评价,该参赛企业为竞争者。② 顾客会因为某参赛企业的产品而提高对企业产品的评价,该参赛企业为互补者。传统竞争者都是相同产业的其他企业,但就像 Porter 的五力分析所述,会有所谓替代品的威胁,因此以顾客的角度去辨认竞争者才是正确的方法,有生产替代品的企业就会被归类到竞争者的角色。互补者则是不同的商业思维,它设法将饼做大,而不是和竞争者争夺固定大小的饼,这和商业生态系统的概念是一致的,只不过价值网提供了更容易理解与操作的工具。

3.2 智能手机产业的竞争优势

本节将针对智能手机产业的演化方式与竞争态势进行分析。由于智能手机产业结构的改变方式与计算机产业如出一辙,因此可以利用计算机产业的发展趋势来预测智能手机的发展方向,并且其中一部分似乎也已经得到验证。本节还将利用产品生命周期的概念,针对智能手机产业的一些关键转折进行分析,以便对智能手机的超优势竞争态势有一个全面的认识。

现在的移动电话是由车用移动电话发展而来的,一开始重30多kg。20世纪70年代,摩托罗拉的Martin Cooper所率领的团队研发出首支手持式移动电话,重量缩减到1 kg左右。80年代到90年代初期,整个移动电话产业由几家大企业所推动,例如摩托罗拉、爱立信、诺基亚和西门子等。这些企业不只投入了大量的研发资源,而且从产品设计、制造、营销乃至于整个移动通信的基础设施都一手包办。这样的产业形态,就像第2章所描述的早期计算机产业一样,属于垂直整合的形态,能够进入这个高度竞争产业的公司,都不是中小企业。然而就像计算机产业的发展一样,由于某些驱动因素的存在,例如技术的标准化、知识的流动、客户的压力等,整个产业的结构也逐渐往水平分工的模式发展,Anderson和Jonsson(2005)就提出了许多例子,说明了这中间的演变。例如在手机芯片方面,Qualcomm本来是一家专门做CDMA系统的公司,从基地台设备到手机都有生产,但是由于Qualcomm本身的规模相对当时的电信设备业的主要企业有一段距离,因此Qualcomm在1999年决定将重心放在通信技术的研发上,通过技术授权以及芯片销售来获利,其他业务逐渐脱手;将基地台设备业务卖给爱立信,手机研发业务卖给Kyocera。由于专注在技术本身的开发上,今天Qualcomm已经成为手机芯片的龙头。在手机芯片领域,类似的例子还有如西门子将其半导体部门在1999年独立为Infineon Technologies,Freescale Semiconductor从原来摩托罗拉的半导体部门变成为独立的公司。除了硬件

表3-2 全球智能手机市场主要品牌企业的产品出货量比较

项目	2007年	2008年	2009年	2010年	2011年	2012年	2013年	2014年	2015年	2016年	2017年	2018年	2019年	2020年
全球手机市场总出货量(百万台)	124	151	173	305	494	727	1,019	1,301	1,438	1,469	1,465	1,403	1,372	1,280
全球手机出货量成长率(%)	—	21.7	15.0	75.8	62.3	47.0	40.2	27.8	10.5	2.2	−0.3	−4.3	−6.4	−8.7
前五大品牌出货量合计(百万台)	95	122	148	241	329	453	596	687	750	776	837	867	904	853
前五大品牌出货量成长率(%)	—	28.4	21.7	63.1	36.6	37.4	31.7	15.2	9.2	3.5	7.8	3.6	8.0	−1.5
前五大品牌占比(集中度)(%)	76.4	80.6	85.3	79.1	66.6	62.3	58.5	52.8	52.2	52.8	57.1	61.8	65.9	66.6
非前五大品牌出货量合计(百万台)	29	29	25	64	165	274	423	615	688	693	629	536	468	427
Samsung(百万台)	2	5	6	23	94	220	316	317	320	311	318	292	296	257
Apple(百万台)	4	14	25	48	93	136	153	193	232	215	216	209	191	203
Xiaomi(百万台)	—	—	—	—	0	7	19	58	71	53	93	119	126	141
Huawei(百万台)	—	—	0	2	17	27	48	60	67	97	99	133	177	140
OPPO(百万台)	0	0	0	0	0	3	12	31	43	100	112	113	114	111
vivo(百万台)	0	0	0	0	0	2	12	28	38	77	88	101	110	112

续表 3-2

项目	2007年	2008年	2009年	2010年	2011年	2012年	2013年	2014年	2015年	2016年	2017年	2018年	2019年	2020年
Honor(百万台)	—	—	—	—	0	2	1	14	40	43	56	73	64	49
Lenovo(百万台)	0	0	0	1	4	24	45	59	43	28	10	2	2	0
Motorola(Lenovo)(百万台)	—	—	—	—	—	—	—	—	30	22	40	39	39	33
Motorola(百万台)	8	9	6	14	19	16	12	—	—	—	—	—	—	—
Nokia(百万台)	61	61	68	100	77	35	31	39	9	0	10	19	14	8
Windows(百万台)	15	16	15	11	9	20	1	18	5	1	—	—	—	—
BlackBerry(百万台)	12	24	35	49	51	33	19	6	4	—	—	—	—	—
LG Electronics(百万台)	0	0	1	8	21	26	48	59	60	55	56	40	30	25
SONY Ericsson(百万台)	4	3	1	11	21	30	38	40	29	15	14	8	4	3
HTC(百万台)	3	7	8	22	44	32	23	21	19	14	7	2	1	0

数据来源：IDC 整理。

的垂直整合转为水平分工的改变外，软件方面也产生了变化。由于原来手机的主要功能是打电话，需要的是一个符合通信规范与标准的软件，由于如果产生时间误差，手机与基地台便无法沟通，所以需要实时作业系统，ENEA、Wind River、Integrity 等都可以提供。虽然实时作业系统也可以提供一些简单的应用，例如联络人、日历、小游戏等，但是如果希望提供一些像上网、看影片甚至自行安装软件等功能时，便需要一个额外的开放式作业系统，如诺基亚开发的 Symbian 作业系统或者微软提供的 Windows Mobile 作业系统等。所以整个手机产业演化到智能手机的过程，也是一个由垂直分工转化为水平分工的过程，这就代表 Grove 所提到的不管是那两点教训或者是水平分工产业的游戏规则都适用在智能手机产业上。

1）手机作业系统

智能手机的组成要件是一个开放式作业系统，因为作业系统不但决定了所需的硬件规格，也决定了可在其上执行的软件及开发环境，而这些软硬件组合就构成 Moore 的商业生态系统，其中作业系统的提供者主导整个商业生态系统的运作，该企业可能扮演枢纽者的角色，也可能扮演支配者的角色，这涉及作业系统提供者的策略选择。

（1）第一代智能手机作业系统

所谓第一代智能手机作业系统，就是 2000 年左右针对商业人士的需求，将传统手提式计算机（PDA）的作业系统与手机功能整合在一起推出的智能手机作业系统。这些系统主要承袭了原先手提式计算机作业系统的操作方式，有的加入了拨号键盘，有的则维持原来手提式计算机的操作模式，主要的系统有 Symbian OS、Windows Mobile 以及 BlackBerry OS。

Symbian OS：2000 年上市的 Ericsson R 380 是第一支以 Smartphone 为宣传口号的手机，也是第一支使用 Symbian OS 的手机。由于 Symbian OS 只提供了作业系统的核心，本身并没有提供完整的图形界面，所以 Nokia 在 2001 年基于 Symbian OS 自行开发了 S 60 的图形界面（Series 60 User Interface），并开始推出 Symbian S 60 的智能手机。早期 Nokia 的智能手机，大部分配备一般的拨号键盘，而且没有触控屏幕，同时第三方软件的数量也很少，所以很多人都不晓得他所使用的 Nokia 手机其实是智能手机，大部分人主要还是被 Nokia 的品牌所吸引而购买的。

Windows Mobile：嗅到智能手机的商机，微软在 2002 年以原有的 PDA

作业系统为核心,发展出两个版本的智能手机作业系统。一个版本是在原来的 PDA 作业系统基础上加上电话的功能,由于原来的 PDA 就是使用触控笔与触控屏幕,但它需要用两只手才便于使用。另外一个版本则类似一般电话的造型,使用传统电话按键输入,适合单手操作。Windwos Mobile 主要目标客户为商务人士,所以提供电子邮件、行事历、IE 等功能。由于微软只提供软件作业系统,所以由微软的合作伙伴(主要是 HTC)提供硬件并通过电信公司来销售。这两个版本手机的销售量,以具有触控功能的占多数,因为使用者如果要选择传统电话按键式的智能手机,通常会以 Nokia 为优先考虑对象。

BlackBerry OS:这是由 Research In Motion(RIM)在 2002 年推出的智能手机作业系统,其最大的特色是将实体的 Qwerty 键盘与手机做了完美的结合。由于具有实体 Qwerty 键盘,非常适合文字输入,而且系统会在通信过程中将传输的资料做加密处理,所以早期 BlackBerry 的手机都是由一些大型企业或政府单位集体采购,提供给其雇员使用。到了 2005 年,许多常使用短信的青少年,也因为其容易输入文字的特性,而开始使用 BlackBerry 手机,并且蔚为风潮。从这里可以推论,大部分选购 BlackBerry 手机的用户,是因为喜欢实体的 Qwerty 键盘,而不是因为其作业系统。

第一代智能手机虽然都具有上网或者安装第三方软件(通过 PC 安装)的功能,然而在实际操作中,因为软硬件的限制,都没有达到很好的效果,所以使用人口以创新者和商务人士为主。根据调查,到 2007 年为止,全球智能手机的渗透率只有 3%,大致与创新者占人口比率 2.5% 相符。如果考虑各个作业系统的占有率,到 2007 年第三季度为止,还是以 Nokia 的 Symbian OS 为最高,达 63.1%。

(2) 第二代智能手机作业系统

随着互联网的蓬勃发展,越来越多的网络应用出现,如 2005 年有 Youtube、Facebook、Google Map 等重量级应用,这些应用的使用者当然想要随时随地使用这些服务,然而当时智能手机所配备的浏览器都无法方便地使用这些服务,Apple 在产业转型的重要时刻切入了这个市场,开始了新一代智能手机的战争,主角就是 iOS 和 Android。

iOS 是 Apple 在 2007 年推出的 iPhone 上搭配的作业系统,后来也配置在 Apple 其他的移动产品上,例如 iPod touch、iPad 等。iOS 与苹果的电脑作业系统 Mac OS X 使用同一个基于 Unix 的作业系统核心 Darwin,但针对移动产品,尤其是使用者界面的部分,采取了全新的设计,大幅降低了使用者的进入障碍。其中最主要的特点有三个方面:① 多点触控:多点触控可以说是 iPhone 问世后最令人惊艳的一个特色,利用两只手指,可以轻松地在屏幕上做放大、缩小以及滑动的动作,即使是一个 3.5 英寸的屏幕,也可以方便地浏览相片、网页、地图等信息。这个突破要归功于 Apple 所采用的电容式触控屏幕,与传统电阻式触控不同,电容式屏幕能感应手指接触屏幕所产生的电容变化,因此使用者不需要额外施力,非常适合利用手指的滑动来进行输入。② 类 PC 的网络浏览器:在 iPhone 推出之前,许多企业为推广移动上网做了许多努力,如制定针对移动上网的 WAP(Wireless Application Protocol)标准、推广适应手机屏幕大小的移动网站等。然而这些努力都没有成功,因为如果没有足够多的行动上网用户,网站业者就不愿意针对移动用户重新设计网站;如果没有足够好的移动上网体验,就不会有足够多的移动上网用户。Apple 解决这个问题的方式是通过一个具有完整功能的浏览器(Safari)加上多点触控的操作界面,来提升使用者的上网经验,如此,只要移动网络的速度够了,用户就可以有接近 PC 的网络体验,而网站业者也不需要重新设计网站。③ 应用程序商店:iPhone 刚推出的时候并没有提供第三方程序安装的功能,但在 2008 年 7 月 iPhone 3G 上市的时候,便预载了应用程序商店(App Store),这是 Apple 暨 iTune Store 之后另一个成功的商业模式创新。在 App Store 出现之前,智能手机也可以安装软件,然而使用者要自己到网络上搜寻应用程序,下载到 PC 后,将手机连接到 PC 进行安装,整个程序不但烦琐,而且付款机制也没有一个标准,对用户和应用程序开发商来说都没有很好的使用体验。由于 Apple 已经成功地在网络上贩卖音乐,且有跟手提式装置整合的经验(iTune Store),所以将之复制到手机上,马上就获得了用户及应用程序开发商的支持,经过短短一年多一点的时间,Apple 便通过媒体宣布在 App Store 上架的应用程序已经超过 10 万个,而下载次数也超过 20 亿次,充分说明了应用程序商店的成功。

Android 作业系统最初由 Andy Rubin 创立的 Android Inc. 所开发,而 Android Inc. 在 2005 年 8 月被 Google 所收购,也就是说 Android 作业系统某种程度是跟 Apple 的 iOS 同时进行开发的。但跟 Apple 不同的是,Google 与 34 家硬件制造商、软件开发商以及电信运营商共同成立了开放手机联盟(Open Handset Alliance),并以开放原始码的方式,免费授权给手机制造商,以推出搭载 Android 作业系统的智能手机。第一部 Android 手机是由HTC研发制造,在2008年10月通过美国T-Mobile进行销售的。在作业系统方面,Google针对前述iOS的几个重要的功能,也有相对应的解决方案,包含支持原始的多点触控与各种触控手势。Android作业系统提供基于Webkit的浏览器,并支持iPhone不支持的Flash网页。2009年3月推出Android Market的在线应用程序商店,并在2010年10月有超过10万个应用程序上架,只比iOS多花了三个月的时间。因此可以说,iOS具有的功能,Android也都有,并且Google努力扩充开放手机联盟的会员,单单手机制造商的部分,就从一开始的4家增加到2013年3月的23家(www.openhandsetalliance.com)。相对于Apple独占了大部分iOS所产生的价值,Google采取了与参与者共同分享的方式,也因此Android手机可以快速地吸纳其他作业系统的企业,并在2011年超越Symbian作业系统,成为全球第一大智能手机作业系统。

如果引用Teece的概念,iPhone及其所搭载的iOS可视为是智能手机的主导性设计。iPhone之前的智能手机设计,每家企业都有其独特的地方,例如Windows Phone会有一支触控笔,BlackBerry会有实体的Qwerty键盘,Nokia的智能手机则长得像一般手机。但是在iPhone之后,智能手机就朝着同一个方向发展,全部是电容式多点触控,实体键盘都不见了,而在软件方面,icon的配置、解锁的方式也都大同小异。因此在iPhone这个主导性设计出现之后,互补性资产的重要性将会越来越高,也就是说,后期智能手机的竞争重点,不是独占性机制,而是互补性资产。

2)智能手机的商业生态系统

部分智能手机企业的竞争策略是针对所处的环境,选择一个对它有利的作业系统,跟扮演相同角色的企业进行竞争,基本上就是商业生态系统中的利基者角色。然而在生态系统中,最重要的是该生态系统的主导企业,如iPhone生态系统中,Apple当然是其中的主导企业;如果是Android系统,那就是由Google所主导的。仔细分析这两个企业在其商业生态系统中所扮演的角色,就会发现有一些根本的不同。Apple创造并建置了整个商业生态系统的主要架构后,只开放了部分的接口与特定企业合作,并且控制了主要的收费来源(包含软体与硬件),所以Apple获取了大部分商业生态系统所产生的价值,这是支配者的角色。Google从一开始建立Android商业生态系统就是采用开放式的架构,并且通过开放手机联盟(OHA)这个组织,串联了相关的企业，在利益分配方面，则是由企业依其个别实力争取应得的利润，Google 只负责制定基本的游戏规则，这是枢纽者的角色。下面针对这两个主导企业在扮演两种不同角色时的策略选择，以及相对应的运营活动，从超优势竞争的观点进行比较分析。

(1) Apple 的商业生态系统策略

从个人计算机时代开始，Apple 就一直保持其独特且封闭的生态系统，因此 Apple 在全球个人计算机的市场占有率一直没有超过 5%。然而，Apple 通过不断扩充其商业生态系统中的产品类别与服务，有效提升了各个产品类别间的连接性与互补性，因此在讨论 Apple 的商业生态系统策略时，就不能只聚焦在智能手机产业，而必须以更宏观的角度来观察其整个商业生态系统的成长，分析 Apple 的商业生态系统策略及其产生效益的方式。

① Apple 的商业生态系统与产品演进

Apple 由 Steve Jobs 和 Steve Wozniak 在 1976 年成立，成立之初的名称是 Apple Computer, Inc.，但在 2007 年时，因为推出了智能手机 iPhone，公司营业范围不再局限在个人计算机这个领域，因此改名为 Apple Inc.。Apple 的 Apple II 计算机在 1970 年代促成了个人计算机的革命，其后 Macintosh 计算机的图形界面，刺激 Microsoft 发展了视窗系统，让一般的使用者脱离了必须背诵许多文字指令的时代，让整个个人计算机产业跨越早期使用者的鸿沟，慢慢演进到目前成熟商品的阶段。然而，因 Apple 在个人计算机市场具有独特的商业生态系统，与主流的产品不兼容，因此在整个个人计算机产业迈向成熟之际，Apple 在个人计算机的市场占有率反而在十年内从 20% 下降到不足 5%。

2001 年 10 月 Apple 推出了 iPod 音乐播放器，由于其精美的设计，以及搭配了使用方便的 iTunes 音乐下载系统，成功击败了 Sony 的 Walkman 系列，成为全球市场占有率最高的音乐播放器，这是 Apple 商业生态系统跨出个人计算机领域的第一步。促成 iPod 成功的因素，除了软硬件的高度整合外，最重要的是创新的商业模式——iTunes Music Store。当时 Apple 与美国五家主要的唱片公司签约，后来又加入了 600 位独立歌手，所以能在商店中提供超过 1 000 万首歌曲供用户下载，每首歌售价 0.99 美元，并至少提供 30 秒的免费试听，这样的商业模式不但促进了 iPod 的销售，也让 Apple 在 2008 年打败 Wal-Mart 成为美国销量最大的音乐零售商。而 Apple 将营收的 70% 分配给音乐供应商，是让唱片公司和音乐产业在当时可以持续发展的

表3-3 Apple手机在全球主要国家的出货量，Apple手机及Samsung、Xiaomi在全球主要国家和地区市场占有率

出货量（百万台）	2007年	2008年	2009年	2010年	2011年	2012年	2013年	2014年	2015年	2016年	2017年	2018年	2019年	2020年
美国市场合计	20	34	46	70	105	120	133	163	167	175	176	163	152	137
中国市场合计	11	11	18	36	92	217	353	423	430	467	444	397	367	326
欧洲（不含东欧）市场合计	23	32	39	72	96	123	137	146	152	139	131	127	123	112
日本市场合计	24	20	17	20	28	34	34	31	30	31	34	34	31	33
印度市场合计	4	4	2	6	11	16	44	80	104	109	124	141	152	150
其他地区合计	41	50	51	101	162	216	317	458	555	548	556	541	548	523
全球市场总计	123	151	173	305	494	726	1,018	1,301	1,438	1,469	1,465	1,403	1,373	1,281

出货量（百万台）	2007年	2008年	2009年	2010年	2011年	2012年	2013年	2014年	2015年	2016年	2017年	2018年	2019年	2020年
Apple-美国	4	7	10	14	33	48	53	62	65	66	67	72	67	68
Apple-中国	0	0	0	2	10	24	26	37	58	45	41	36	33	36
Apple-欧洲	0	4	8	16	22	27	27	31	36	37	37	34	33	37
Apple-日本	0	0	1	3	5	9	14	16	14	16	16	16	14	16
Apple-印度	0	0	0	0	0	0	1	1	2	2	3	2	1	3
Apple-其他地区	0	2	5	13	23	27	34	45	56	49	52	49	42	44
Apple-全球合计	4	14	24	48	93	135	155	194	231	215	216	209	190	204

第3章 中国制造业的商业模式创新：以智能手机业为例

续表 3-3

业绩组成占比	2007年	2008年	2009年	2010年	2011年	2012年	2013年	2014年	2015年	2016年	2017年	2018年	2019年	2020年
Apple-美国	94.5%	51.6%	40.3%	29.5%	35.1%	35.1%	34.3%	32.3%	28.1%	30.7%	31.0%	34.3%	35.1%	33.2%
Apple-中国	0	0	1.5%	4.9%	10.8%	17.5%	16.7%	19.4%	25.2%	20.8%	19.1%	17.4%	17.2%	17.7%
Apple-欧洲	5.5%	27.4%	33.4%	32.7%	23.2%	20.0%	17.5%	16.0%	15.5%	17.0%	17.0%	16.2%	17.4%	18.2%
Apple-日本	0	2.6%	5.2%	6.3%	5.8%	6.9%	9.1%	8.1%	6.2%	7.4%	7.4%	7.5%	7.6%	7.7%
Apple-印度	0	0.4%	0.1%	0.1%	0.3%	0.3%	0.5%	0.7%	0.8%	1.1%	1.3%	0.8%	0.7%	1.3%
Apple-其他地区	0	18.0%	19.7%	26.6%	24.9%	20.1%	21.9%	23.5%	24.2%	22.9%	24.2%	23.7%	22.0%	21.8%
Apple-全球合计	100%	100%	100.2%	100.1%	100.1%	99.9%	100%	100%	100%	99.9%	100%	99.9%	100%	99.9%

品牌市场占有率	2007年	2008年	2009年	2010年	2011年	2012年	2013年	2014年	2015年	2016年	2017年	2018年	2019年	2020年
Apple-美国	17.4%	20.9%	22.1%	20.1%	31.1%	39.8%	39.5%	38.2%	38.9%	37.7%	38.0%	43.8%	44.2%	49.4%
Apple-中国	0	0	2.2%	6.4%	10.9%	11.0%	7.3%	8.8%	13.6%	9.6%	9.3%	9.2%	8.9%	11.1%
Apple-欧洲	0.9%	11.7%	21.5%	21.7%	22.4%	22.1%	19.6%	21.2%	23.6%	26.4%	27.9%	26.7%	27.0%	33.0%
Apple-日本	0	1.8%	7.5%	15.1%	19.2%	28.0%	41.0%	50.0%	47.3%	51.4%	47.3%	46.8%	46.3%	47.3%
Apple-印度	0	1.5%	0.5%	0.5%	2.4%	2.5%	1.7%	1.6%	1.9%	2.2%	2.3%	1.2%	0.9%	1.8%
Apple-其他地区	0	5.0%	9.6%	12.5%	14.4%	12.6%	10.6%	9.9%	10.1%	9.0%	9.4%	9.1%	7.7%	8.5%
Apple-全球合计	3.0%	9.1%	14.5%	15.6%	18.8%	18.7%	15.1%	14.8%	16.1%	14.7%	14.7%	14.9%	13.9%	15.9%

续表 3-3

品牌市场占有率	2007年	2008年	2009年	2010年	2011年	2012年	2013年	2014年	2015年	2016年	2017年	2018年	2019年	2020年
Samsung-美国	6.3%	6.4%	3.2%	10.2%	16.1%	26.8%	30.3%	26.2%	22.7%	24.0%	24.6%	23.8%	22.7%	23.9%
Samsung-中国	2.0%	3.5%	3.5%	3.8%	16.0%	17.2%	18.6%	12.1%	7.8%	5.5%	2.9%	0.8%	0.8%	0.6%
Samsung-欧洲	1.9%	4.8%	3.0%	5.8%	23.4%	42.9%	42.6%	34.4%	34.0%	32.4%	32.8%	31.5%	32.9%	32.4%
Samsung-日本	0	0	0	1.7%	7.8%	7.9%	5.9%	4.0%	4.6%	1.5%	5.4%	7.4%	8.0%	8.2%
Samsung-印度	0	2.3%	2.5%	4.9%	26.4%	42.5%	34.3%	27.2%	25.3%	24.8%	24.7%	22.6%	20.3%	19.8%
Samsung-其他	0.9%	2.6%	4.4%	9.4%	21.6%	40.6%	42.5%	32.8%	30.6%	31.3%	33.4%	32.5%	33.7%	29.3%
Samsung-全球	1.8%	3.6%	3.2%	7.5%	19.1%	30.2%	31.1%	24.4%	22.3%	21.2%	21.7%	20.8%	21.6%	20.0%
品牌市场占有率	2007年	2008年	2009年	2010年	2011年	2012年	2013年	2014年	2015年	2016年	2017年	2018年	2019年	2020年
Xiaomi-美国	—	—	—	—	0	0	0	0	0	0	0	0	0.1%	0
Xiaomi-中国	—	—	—	—	0.3%	3.0%	5.2%	12.5%	15.1%	8.9%	12.4%	12.8%	10.9%	12.0%
Xiaomi-欧洲	—	—	—	—	0	0	0	0	0.1%	0.1%	0.3%	3.0%	4.9%	10.1%
Xiaomi-日本	—	—	—	—	0	0	0	0	0	0	0	0	0.1%	0.8%
Xiaomi-印度	—	—	—	—	0	0	0	1.6%	3.2%	6.6%	20.9%	28.3%	28.6%	24.1%
Xiaomi-其他	—	—	—	—	0	0	0.1%	0.8%	0.5%	0.8%	2.0%	4.5%	6.5%	10.5%
Xiaomi-全球	—	—	—	—	0	0.9%	1.8%	4.4%	4.9%	3.6%	6.3%	8.5%	9.2%	11.1%

数据来源：IDC 整理。

重要因素,因为在 iTunes 出现之前,唱片公司对于泛滥成灾的盗版音乐根本无能为力。所以,通过 iTunes Music Store 的商业模式,Apple 创造了一个三赢的局面:使用者得到了方便的音乐服务,音乐供应商赚到了钱,可以持续开发新的商品,Apple 也卖了许多 iPod,让 Apple 跨出了转型的第一步,从此以后,Apple 便不断复制这个成功模式在新的产品上。

2007 年 Apple 推出智能手机 iPhone,它跟之前的智能手机最大的不同是采用了适合手指触控的新界面,并有较大的屏幕以显示较多的信息,降低了智能手机的使用门槛,这让 iPhone 一上市便引发了全世界的热潮。

2008 年 Apple 延续了 iTunes Music Store 的模式,推出了 App Store,让 iPhone 的使用者可以付费或者免费下载各类应用程序,同样的 Apple 将其中 70% 的收入分配给开发者,利用这样的模式,刺激软件开发者很快针对 iPhone 开发了许多应用,也因为有这些应用,增加了消费者选择 iPhone 的意愿,并刺激更多的软件开发者投入开发 iPhone 的应用,这种双边市场(Two-sided markets)平台模式刺激了 iPhone 的销售,让 iPhone 很快变成 Apple 营收的主要来源。

但 Google 稍后也发展了 Android 智能手机系统,并结合众多硬件企业,推出各式机型与 iPhone 竞争,成功压制了 iPhone 市场占有率的成长。但 Apple 在 2010 年推出 iPad,继续使用同样的作业系统与程序平台,迅速创造了一个新的平板计算机市场,并造成 PC 市场的衰退。不过就像 iPhone 一样,各式各样的 Android 平板很快在市场上推出,Amazon 和 Google 相继主导了低价平板的市场,让 Apple 不得不思考对应的策略,这段过程可以说是商业生态系统超优势竞争的一个实际案例。

从 Apple 的产品演进来看,Apple 的商业生态系统策略就是不断地推出新品类的产品,并将之整合到原有的商业生态系统中,让营收有机成长,如果跟联发科做比较,则联发科不同的产品类别在应用上是无关的,导致新品类无法增加旧品类的营收,但是 Apple 新品类会带动旧品类的销售,所以 Apple 在 Desktops 或是 Laptops 的市场成长率,因为 iPhone 与 iPad 的畅销,而超越了个人计算机市场整体的成长率,在 2011 年 Q3 正式突破 5% 的市场占有率。

② Apple 如何反败为胜

Apple 反败为胜重要的是背后的决策过程是如何形成的,以及是否可归纳成一个可说明与执行的架构。本节尝试从一些次级资料进行分析,找出

Apple 反败为胜的关键因素。

1997 年 Steve Jobs 回 Apple 担任临时执行长,根据 Rumelt 描述,当年 Apple 濒临破产,Steve Jobs 所做的第一件事,就是把营业项目精简至核心业务,以脱离财务困境,只以一款 Power Mac G3 来满足大部分使用者对于台式电脑的需求。同时为了与一般个人计算机进行区别,在 1998 年推出 iMac 这款将主机跟屏幕结合在一起的计算机,获得市场的好评,当年实现 3.09 亿美元的获利。然而,这样的策略很难让 Apple 开创未来,因为当时 Wintel 阵营已经等同于业界的标准,所以在个人计算机领域,Apple 只能继续留在微小的利基市场。

在 2001 年 1 月的 MacWorld 上,Steve Jobs 提出了数字枢纽的概念。当时正是网络开始蓬勃发展的年代,所有的内容开始往数字化的方向迈进,包括文字、声音、相片以及影片等,所以是一个难得的机会。所谓的数字枢纽,就是通过 Mac 连接各式各样的数字行动装置,获取其中的内容,然后利用计算机上的软件,将内容进行编辑后在网络上做进一步的应用;或者反过来,将网络上的内容下载到数字移动产品后,供使用者应用。但是 Apple 发现 Rio 公司生产的音乐播放器,因为缺乏相关软件与内容的配合,所以用户局限在少数熟悉计算机的先期使用者。为了解决这个问题,Apple 先在 Mac 上开发了 iTunes 软件,跟 Rio 这一类音乐播放器配合,来解决软件不好用的问题。Apple 又进一步发现当时市面上的音乐播放器,不是大而笨重(使用 2.5 英寸硬盘,体积太大),就是小而无用(使用 Flash,容量太小),所以当 Toshiba 发展出第一个 1.8 英寸硬盘并推荐给 Apple 后,Apple 就用以开发出第一代 iPod,从此 Apple 进入了一个新的领域。

Apple 的下一步就是把其他功能也整合进来,例如 PDA、相机、摄影机、影片播放器等,这不就是 iPhone 所提供的功能吗?同时如果 iPhone 也可以上网,那 PC 就不是这数字枢纽的中心,网络才是。因此在 2011 年的 MacWorld,Apple 推出了 iCloud 的云端服务,正式让云端成为数字枢纽,从此 Mac、iPhone 以及 iPad 都变成 Apple 数字生活里的一种连网装置。

可以发现,Steve Jobs 实际上就是要建构互联网基础上的连网数字生活方式,使用者可以通过不同的硬件装置,在网络上存取各种不同类型的数字内容。在这样的目标下,Apple 的实际做法就是建构出专属于 Apple 的商业生态系统,Apple 一方面提供平台给内容开发商开发使用者想要的内容;另一方面提供硬件装置给使用者,让使用者存取这些内容。内容的服务或者

第3章 中国制造业的商业模式创新：以智能手机业为例

硬件装置的形式都可以逐步增加，只要硬件装置与内容服务间连接紧密，且使用体验一致，那么每次有一个新形态的产品或服务，不但可以马上吸引到原有的客户群，还同时吸引了原来不是 Apple 的用户但对这个新形态产品有兴趣的新客户，所以 Apple 的基本客户群会逐渐成长，营收也会因为产品线间的互补作用而呈现近乎指数形态的成长。可以发现，Steve Jobs 看到的是一种通过网络产生的连接性及在这种连接性之下的商业模式。

Apple 通过一个半开放式的软件平台连接数字内容的制造者与消费者，而这些内容只有通过 Apple 销售封闭式的硬件才能存取，因此 Apple 可以通过锁定来避免与其他企业竞争，而使用者也不能轻易切换到其他的平台。Apple 在利用 iTunes 与 iPod 验证了上述商业模式的可行性之后，就开始将其衍生到不同的产品与内容，在硬件产品方面，就是后来的 iPhone、iPad 及 Apple TV；在内容方面则从音乐延伸到影片、电子书以及应用程序等。通过这样的运作模式，Apple 某种程度实践了超优势竞争时代的可持续性竞争优势。

③ Apple 的价值主张与营运活动

从上述的分析可以了解到，1997 年 Apple 面临的问题是，个人计算机产业已经进入成熟期，开放式的产品标准让 Apple 的封闭式系统成为一个利基型的产品，虽然通过聚焦策略让公司重新获利，但长期缺乏成长的机会，因此其挑战便是找出长期成长的机会。如果留在个人计算机产业，只能朝规模经济与低价化的方向竞争，但 Apple 的核心竞争力并不在此，而且长期来说，所有连接网络的终端装置都会是个人计算机的替代品，因此，合理的思考方式是将竞争范畴扩大到连网装置，而不要局限在个人计算机的框架内。对于是否应进入连网装置这个产业，我们可以尝试进行六力分析，探索其中的机会。

产业内的竞争：除了个人计算机和游戏机的市场外，其他像 PDA、连网手机、数字机上盒等都还处于刚开始发展的阶段，企业停留在寻找使用者需求以及技术解决方案的阶段。

潜在进入者：手机业者、网通业者、家电业者等都是即将进入这个市场的竞争对手，由于企业本身的专业不同，竞争的方式会非常多元，差异化的空间较大。

供应商：各种标准尚未完备，每家软硬件供应商的技术专长与能力也不同，提供了差异化的机会与各式可能的应用方式。

客户：早期大众逐步拥有笔记本电脑，并开始习惯随时随地上网的生活形态，然而笔记本电脑的体积与重量，以及WiFi无线网络并非无所不在，仍旧造成使用的局限。

互补品：固定网络的速度与普及率不断提升，移动网络的发展虽才刚开始，但预期成长的速度会很快。

替代品：连网装置的替代品就是让每个设备都具备上网的能力，而不需要靠其他的连网装置，例如音响本身可以上网，便不需要iPod；电视本身可以连接网络，便不需要靠数字机顶盒；汽车本身可以上网，便不需要靠手机导航等。

通过六力分析，这个连网装置的产业，以差异化的方式来竞争的空间很大，重点在于如何提高装置本身的便捷性及应用的多样性，这些特性其实是与Apple原来的竞争优势互相吻合的。由此，可以得到Apple的策略指导方针，相当于Porter的价值主张：Apple可以从一个计算机公司，逐步转型为一个提供连网数字生活方式的公司，考虑网络环境的发展状况，整合不同的装置与服务，以提供一个完整且独特的使用体验给使用者，并以多元的方式来获取利润。如果套用Porter的概念，这是一个利用生态系统达到差异化的策略。

(2) Google的商业生态系统策略

① Google的商业生态系统与产品演进

Google是一家提供网络搜寻服务产品的公司，创办人佩吉（Larry Page）和布尔（Sergey Brin）本来是斯坦福大学的博士生，在学校从事一项关于搜寻的项目时，开发出称为PageRank的技术，因为这个技术，其搜寻引擎的精确度远胜于当时其他的搜寻引擎，所以在1998年他们以私营方式成立了Google公司来维护Google Search这个网站，并在2004年进行首次公开募股，于Nasdaq上市，其市值在2012年超越Microsoft，成为全世界第2大上市科技公司（仅次于Apple），市值约2 500亿美元。Google营收主要来自其广告系统，这又分成两个部分，大部分的营收来自Google Search提供的广告（AdWords），少部分来自第三方网站上放置的广告（AdSense）。为了扩大来自搜寻方面的广告，Google除了提供基本的文字搜寻功能之外，还提供各式各样的特殊搜寻功能，例如天气预报、新闻、地图、机场信息、翻译、语音以及图片等。另外，为了更了解使用者的个人偏好，达到个性化广告的目标，Google于2004年开发了免费电子邮件服务Gmail，提供每个使用者10 GB

的邮箱容量,用户需付出的代价是 Google 可以由你的邮件内容了解你的个人偏好,并提供定制化的广告给你。另外,Google 在 2007 年开发了自己的浏览器 Google Chrome,并同时提供各种平台的版本,如 Windows、Mac OS、iOS 及 Android 等。当使用者通过 Google Chrome 在网络上进行浏览时,他所去的每一个网站、点击的内容,都会被记录下来,Google 希望通过分析这些记录,为使用者提供更好的搜寻结果,同时也提高搜寻广告被点击的比例。

Apple 在 2007 年推出 iPhone 的同时,传言 Google 也计划开发自己的移动装置与之对抗,但最后证实只是一个名为 Android 的手机作业系统。Google 在 2005 年就已经收购了一家名为 Android 的手机软件公司,随后邀请世界上多家手机制造商、电信营运商、半导体供应商、软件开发商等,筹组了开放手机联盟(Open Handset Alliance,OHA),目标是共同开发并制造 Android 系统的手机。2008 年 9 月,通过 T-Mobile 发行了第一款由 HTC 制造的 Android 手机 G1。由于 Android 系统的手机提供了类似 iPhone 的功能,且有更多厂牌、屏幕大小、性能以及价位上的选择,因此很快在市场占有率上超越了其他作业系统,在 2011 年成为全世界最畅销的智能手机作业系统,2013 年的市场占有率达到 74%,而同期 iOS 的市场占有率是 18.2%,其他作业系统的市场占有率总共不到 8%。

虽然 Android 在 2011 年成为全世界市场占有率第一的智能手机作业系统,但因为 Google 是免费授权给其他企业使用系统,所以除了通过 Google Play(类似 Apple 的 App Store)产生的营收外,Google 没有办法从智能手机上直接赚到任何一毛钱。因此,分析 Google 的财报可以发现,Google 的营收虽然不断成长,但主要来自 AdWords(Google 自己的网站)和 AdSense(第三方网站)两个系统。

② Google 的成长策略

在讨论 Google 的成长策略时,我们可以先到 Google 的官方网站看看它的公司使命:整合全球范围的信息,使人人皆可存取并从中受益(Google's mission is to organize the world's information and make it universally accessible and useful.)。这个使命看似简单,就是整合信息方便人们存取,但是挑战在于怎么将它转变为一个长久的商业模式。Google 在成立之初是靠着授权搜寻引擎的技术来维持的,而真正开始成长是因为找到了一个与众不同的广告营利模式。

在网络世界里，广告是一种常用的营利模式，网站经营者免费提供使用者需要的内容或服务，然后在其中放置由广告主付费的广告，让使用者浏览并点选。在这样的模式下，广告对使用者是一种干扰，使用者点选的欲望很低，为了留住使用者，网站经营者必须提供对使用者更有吸引力的内容或服务，以增加流量，让广告主愿意付钱。但是广告主虽然付了钱，却没有保证能达到广告的效果，因为广告做的版面越大，对使用者造成的干扰越大，有时反而是反效果，网站经营者必须在取悦使用者与取悦客户（广告主）间求取一个平衡。

Google 的做法跟一般网站有很大的不同，Google 在成立之初就订下了十大信条，其中第一条也是最重要的一条是"只要以使用者为中心，一切就会水到渠成"。所以 Google 并不对外出售搜寻结果的排名位置，因为这会破坏搜寻的精准度，而这是传统搜寻引擎的营利模式，它是一把双面刃。Google 的应对方式是，一方面，Google 将广告放在特定的位置，并标示为广告，而且要求广告必须与搜寻结果相关，不得偏离主题，所以既不干扰使用者，有时甚至就是使用者要搜寻的目标，也就是说广告的相关性越高，点击率就会越高。另一方面，广告主只有在使用者点击广告之后，才需要针对点击的数量付费，这是一个创新的商业模式。在这样的模式下，Google 只要把搜寻引擎做好，就会有越来越多的使用者与广告主，也就会有越多的获利来投资，以把搜寻引擎做得更好，这也符合十大信条的第二条"专心将一件事做到尽善尽美"。总结来说，Google 的策略就是从使用者的角度，将搜寻引擎做到最好，这正完美的呼应到 Google 的公司使命。

那么 Google 所面临的挑战是什么呢？我们可以从 Landry 整理的资料发现，根据 2011 年的统计，除了少数的国家外（中国、日本、韩国、捷克与俄罗斯），Google 搜寻引擎的占有率都是第一，且以悬殊的比例领先第二名，这代表 Google 在 PC 的搜寻引擎市场已经饱和，所以 Google 需要的是另一个成长机会。又由于广告主会将广告预算分配到不同形式的广告上面，Google 在个人计算机搜寻引擎的广告占有率已经渐趋饱和，所以必须以不同的方式来提供广告，而移动网络就是这个机会。

也就是将竞争范畴扩大到连网装置上的广告产业，只要装置连上网络，就有搜寻的需求，就有提供广告的机会。这就是为什么 Apple 和 Google 最后会在同一个产业里面竞争。Apple 原本是一个硬件公司，卖计算机赚钱，当它创造了一个连网装置的商业生态系统时，其目的是通过服务来锁定客户,以便于卖更多的硬件,所以它需要控制整个生态系统的价值链,以保障它的利润。而 Google 是一个广告公司,它创造的连网装置的商业生态系统,目的是让使用者可以接触更多的广告,因此开放整个商业生态系统,让更多人进来提供软硬件的服务,Google 就可以间接从中获得利润。因具有各自经营的商业生态系统,这两个公司均获取了超越同业的利润。

③ Google 的价值主张与营运活动

从以上的分析来看,Google 现有的广告客户族群日趋饱和,但如果从替代品的角度切入,便可以扩大客户的族群,将竞争范畴扩大到连网装置的广告产业,而不是局限在个人计算机搜寻的框架内。因此,我们就连网装置的广告产业这个概念进行六力分析,探讨其中的机会。

产业内的竞争:如果说 PC 的搜寻引擎广告市场已经被主要企业占领,那么连网装置的广告市场,就像是一块尚待开垦的白地,重点在于如何开垦与经营。

潜在进入者:由于除了计算机以外的连网装置通常缺乏鼠标及键盘,所以会有较多以专业搜寻方式的应用程序存在,因此面对的是长尾且差异化的竞争。

供应商:如果要提供各式专业搜寻,需要有提供内容或信息的企业,例如图资、天气、路况、新闻等,因此除了付费的模式外,还可以尝试建立一种互惠伙伴关系。

客户:由于搜寻广告的客户很多都是中小型企业,这些企业本身没有能力建构完整的网络商业系统,因此除了提供广告,让使用者点击客户网站外,如果能提供更多的附加服务给客户,例如帮客户管理用户资料、通过手机做用户识别,提供付费机制或运送服务等,以降低客户的营运成本,提高其营收,客户也会愿意贡献更多的广告收入。

互补品:各种网络的基础建设、连网的装置及其作业系统本身,都是重要的因素,最重要的是要有满足使用者需求的服务与应用,所以如果 Google 想要获得成功,必须想办法让业者都能成功。

替代品:广告是一种营销的手法,其他有类似广告作用的网站,例如像 Mobile 01 类型的网络论坛,或者脸书这种社交网络,都是广告的替代品,这其中尤其以脸书产生的威胁最大。

由此可以发现,如何让连网装置的使用者增多是策略成功的重点,因此在硬件上要有多样化的选择,而且以便宜的价格供应,才会带来较多的用户。越多用户使用网络,就有越多企业在网络上提供服务,而这些用户都是 Google 的潜在使用者,这些企业也都是 Google 的潜在客户,所以 Google 的策略选择就与 Apple 大不相同,其策略指导方针或者是价值主张为:Google 将从一个网络搜寻公司逐步转型为一个提供连网数字生活方式的公司,考虑网络环境的发展状况,由其提供开放式的平台,整合伙伴的多元装置与服务,提供不同体验给不同类型的使用者,并通过广告方式来获取利润。可以看到 Google 与 Apple 价值主张的不同主要体现在获利模式上面,Google 实现获利的基础在于拥有的使用者的数目,因此必须将使用者取得服务的成本降到最低,套用 Porter 的概念,就是利用生态系统达到整体成本领先地位的策略。

(3) Apple 与 Google 在商业生态系统策略上的比较

首先,Apple 的生态系统策略是架构在产品领导的创新上,Apple 先推出 iPhone 这个产品,以创新的使用经验吸引了首波早期使用者。之后推出了 App Store,吸引开发者的加入;开发 App 吸引更多新的用户。在这种模式下,产品本身非常重要,如果没有好的产品来吸引首波用户,这个生态系统就无法继续下去,所以 Apple 非常小心地控制整个生态系统,以维护产品单纯地使用体验。但在产品进入成熟期后,使用者间的差异就会加大,单一产品便无法满足所有用户的需求,因此只能维持特定族群的客户,市场占有率无法提升。这时候 Apple 的策略就是进行品类更新,通过新品类吸引新的用户,同时通过其与旧品类的连接,延长旧品类的生命周期。要做到这样,必须对整个生态系统有严密的控制,因此 Apple 扮演的是一个支配者的角色。

如果以 Moore 的创新类型来分类的话,Apple 致力于产品领导与品类更新两种不同形态的创新,通过对这两种创新类型的交互应用,Apple 成功地从个人计算机产业转换到联网装置产业,并在这场超优势竞争的战役中获得初步的胜利。但 Apple 面临的挑战是,在智能手机产业进入了成熟期之后,Apple 必须进行下一波的品类更新,因为成熟期的产业不是 Apple 擅长的战场。不过,Apple 已经建立了一个稳固的生态系统,增加品类成功的机率越来越高,也就是说,Apple 在这个超优势竞争的年代,可以通过商业生态系统来建立它持续性的竞争优势——聚焦于产品成长期的差异化策略。

其次,Google 开发 Android 产品的方式,与 Apple 有很大的不同。Google 通过一个松散的组织(OHA)来建立 Android 的生态系统,同时对于

第3章 中国制造业的商业模式创新：以智能手机业为例

最后到达使用者的终端产品并没有严格控管，因此在 Android 产品的使用经验上会有相当程度的落差，但这正是满足各种不同使用者的方法，也是 Google 可以迅速扩大市场占有率的原因。就像 Qualcomm 是通过标准赚钱一样，越多人使用 3G 手机，Qualcomm 的收入就越高。同样的，Google 是通过广告赚钱，越多人使用 Android 手机，Google 的收入就越高，这也表示，Google 所做的是一种商业模式的创新，而不是产品创新。事实上，Google 真正的产品是它所提供的服务，例如 Gmail、Google Map 等，Google 由这些服务来锁定使用者，至于 Android 手机，只是增加使用者的一个工具而已。

如果以 Moore 的创新类型来分类的话，Google 的创新是顾客亲密与经营卓越两个类型，顾客亲密指的是通过个人化的服务锁定用户，而经营卓越指的是其"三赢"的广告商业模式。Google 通过这些创新，建立了它在超优势竞争时代的持续性竞争优势，因为不管是 Apple、Samsung 或者是 HTC 所做的任何努力，最后都会变成 Google 的广告收入，所以说 Google 没有从 Android OS 的开发上赚到钱不是事实，只是价值难以估计罢了。如果以 Porter 的概念说明 Google 的持续性的竞争优势，就是聚焦于产品成熟期的成本领先策略。

（4）Apple 与 Google 在发展策略上的比较

① 技术私有性程度

Apple 自创立以来，为保护公司最重要的资产——创新，特别重视知识产权，也竭尽所能地运用知识产权来对付其竞争对手，此种模式到了 iPhone 时代也仍然持续着。Apple 在推出 iPhone 之前，就已积极注册 iPhone 商标、iOS 作业系统名称等的所有权及使用权。而对于 iPhone 的创新功能或设计，亦在推出前后完成相关的智财布局，例如在 iPhone 采用多点触控功能后，触控技术成为杀手级的应用，改变了手机的操作习惯，Apple 自然不会放过掌控多点触控技术的机会，在 2009 年 1 月正式取得重要的触控面板专利，由此专利说明书达 300 多页足以了解 Apple 对多点触控技术的重视。在 iOS 方面，经过多年研究、开发而产生的比其他竞争者稳定、精良的作业系统，为保有长期竞争优势，Apple 不愿将该技术轻易授权他人，保留了原始码等核心技术，只将可以在 iOS 上使用的应用软件 SDK 释出。

Google 以终端设备移动上网的普及为目标，故将其主导的作业系统 Android 技术授权开放、应用软件 SDK 释出，加上 Android 由 OHA 共同研拟推出，受制于其他合作企业，虽 Google 拥有最核心架构的技术研发资产，但因开放的关系,技术私有性程度相对得低。而在 Google 已有的 500 多项专利中,有些专利是和其他企业共有的,且大部分专利与搜索或位置服务的技术有关,这样一种涵盖范围狭窄的专利组合说明 Google 在专利数量和多样性方面不足。

② 网络外部性

Apple 与 Google 两个系统的主导者皆将其应用软件 SDK 释出,目的是为了达到间接网络外部性的效果,以应用软件及内容服务等附加价值来吸引消费者购买使用其作业系统的智能手机。因消费者购买智能手机时会考虑现有适用的应用软件的多寡,此手机能使用的应用软件种类越多,手机的效用越大,消费者的购买意愿也越高。如今,Apple 约有 35 万个软件,而 Google 也已突破 15 万个。相关服务的增加也是间接网络外部性的来源之一。Apple 与 Google 分别成立了 App Store 及 Android Market,提供方便开发人员发表、消费者下载应用软件的渠道,并通过平台进行应用软件的统一管理,制订程序内付款的机制,为消费者提供多元、安全、便利的服务。

③ 互补性资产

手机是让作业系统发挥效用的终端装置,所以除应用软体开发商外,手机设备商为另一项重要的互补性资产。

Apple 将终端装置纳入自己企业的营运范畴,自行掌握手机的设计与开发,省去和手机设备商合作后可能被剥削的利润,但相对少了其他手机设备商的支持,甚至与它们成为竞争对手。在这种选择下,Apple 必须孤军奋战,在有众多竞争对手的移动终端装置市场中立足。

Google 致力于作业系统上的改善与开发,对于终端装置的部分并未涉略,其通过作业系统的开放号召各手机设备商采用 Android。

随着 Motorola、Samsung、Sony Ericsson 等国际知名大厂的支持及其他各手机设备商的响应,Android-base 的终端装置成倍数成长,甚至出货量在 2010 年第四季首度超越了过去一直保持领先的 Symbian,成了市场占有率第一的手机作业系统。

Apple 与 Google 在争取成为主流设计的发展轨迹中,重视的部分不同,所采取的策略活动也因此有所不同。Apple 在推出产品及服务时,为了掌握创新、技术等核心价值,多半是以较为封闭的态度去保护,此举虽不利于产品在市场的扩张,但通过第三方应用软件开发人员的支持,可以达到网络外部性的效应,增加消费者购买诱因。另外,Apple 因为自行开发部分硬件、软件,较能掌握产品质量的一致性及使用的流畅度,提升了顾客的使用体验,从而获得消费者的青睐。Google 则是通过大量外部资源的力量,整合出价值提供给消费者。除第三方应用软件开发人员的支持外,还拉拢了手机设备商加入阵营,扩大了势力版图,也强化了网络外部性的效果,Google 以机海策略快速扩张其在智能手机市场的占有率。

为何 Android 和 iPhone 在性能表现上接近,但是客户忠诚度差异这么大?可能的原因是 Android 的机海策略让它成功地打开市场,取得较大的市场占有率。但没有统一的管理系统,可能也会让 Google 及整个生态系统在未来发展上产生隐忧。

3.3 中国手机产业的创新发展

20 世纪 90 年代,中国出现了第一批以贴牌为主的手机企业。1998—2002 年,手机行业崛起第一批 IDH(Independent Design House)公司,包括中电赛龙、德信无线等。在当时的 2G 时代,夏新、波导、TCL、科健等厂商发展迅猛,打破了国内手机市场被国外品牌垄断的格局。但第一代国产手机迅速崛起后的 2005—2008 年,国产手机进入低潮期。此时,中国台湾的联发科掀起了一场革命。联发科为了和高通竞争而推出了集成化模块生产的交钥匙方案(Turnkey Solution),降低了设计手机的难度,提升了手机生产效率,由此推动 IDH 行业进入鼎盛时期,并助力白牌手机和山寨手机蓬勃兴起。据不完全统计,辉煌时期在深圳与上海的 IDH 公司数量多达上千家。IDH 行业的盈利方式开始从 NRE＋Royalty(研发费＋提成费)模式向 PCBA＋ODM(委托设计＋委托加工)模式转变。2009—2013 年,3G 时代来临,国产手机品牌开始成型,中兴、华为、酷派、联想等国产手机厂商依托运营商渠道,与 IDH 公司合作,在国内迅速崛起,形成"中华酷联"的格局,带动了闻泰、龙旗、希姆通、华勤等 IDH 厂商的出货量的增长,但随着智能手机时代的推进、行业盈利模式的转变,IDH 行业竞争日趋激烈。2011 年小米带着互联网模式横空出世,2014 年营改增后运营商补贴大幅减少,以小米为代表的互联网手机迅速崛起,国产手机品牌价格战初现端倪,传统 IDH 公司日渐边缘化,行业基本完成了向集产品规格定义、工艺设计、研发、供应链把控、制

表3-4 2015—2020年全球最畅销手机品牌款式

年度出货量排名	2015年		2016年		2017年	
畅销款	品牌	型号	品牌	型号	品牌	型号
1	Apple	iPhone 6	Apple	iPhone 6s	Apple	iPhone 7
2	Apple	iPhone 6s	Apple	iPhone 7	Apple	iPhone 7 Plus
3	Apple	iPhone 6 Plus	Apple	iPhone 6s Plus	Apple	iPhone X
4	Samsung	Galaxy S6	Samsung	Galaxy S7 Edge	Samsung	Galaxy J2 Prime
5	Samsung	Galaxy Grand Prime	OPPO	R9	Apple	iPhone 8
6	Apple	iPhone 5s	Samsung	Galaxy S7	OPPO	R9s
7	Samsung	Galaxy S6 Edge	Apple	iPhone SE	Samsung	Galaxy S8
8	Samsung	Galaxy S5	Apple	iPhone 5s	Apple	iPhone 8 Plus
9	Apple	iPhone 6s Plus	Samsung	Galaxy J3(2016)	OPPO	R11
10	Xiaomi	Redmi 2			Apple	iPhone SE
全球总出货量(台)	1 437 602 844		1 469 466 856		1 465 313 844	
第1名出货量(台)	91 892 697		61 976 056		40 767 090	
第10名出货量(台)	16 863 048		17 960 747		16 120 273	
前10名合计(台)	329 718 876		288 506 752		229 654 794	
前10名占比	22.9%		19.6%		15.7%	

第3章 中国制造业的商业模式创新：以智能手机业为例

续表 3-4

年度出货量畅销款排名	2018年		2019年		2020年	
	品牌	型号	品牌	型号	品牌	型号
1	Apple	iPhone X	Apple	iPhone XR	Apple	iPhone 11
2	Apple	iPhone 8	Apple	iPhone 11	Apple	iPhone SE(2020)
3	Apple	iPhone 8 Plus	Samsung	Galaxy A10	Samsung	Galaxy A51
4	Apple	iPhone XR	Samsung	Galaxy A50	Apple	iPhone 12
5	Samsung	Galaxy S9	Samsung	Galaxy A20	Samsung	Galaxy A01
6	Apple	iPhone XS Max	Apple	iPhone 8	Samsung	Galaxy A21s
7	Samsung	Galaxy S9+	Xiaomi	Redmi Note 7	Samsung	Galaxy A10s
8	Apple	iPhone XS	Samsung	Galaxy S10	Apple	iPhone 11 Pro
9	Xiaomi	Redmi 5A	Apple	iPhone XS Max	Samsung	Galaxy A11
10	Samsung	Galaxy J6			Apple	i11 Pro Max
全球总出货量(台)	1 402 512 720		1 372 585 095		1 280 358 675	
第1名出货量(台)	37 444 935		41 357 348		62 338 755	
第10名出货量(台)	15 459 113		15 848 804		14 498 625	
前10名合计(台)	230 240 749		228 610 853		231 446 199	
前10名占比	16.4%		16.7%		18.1%	

数据来源：IDC 整理。

造、交付为一体的 ODM(Original Design Manufacturer)模式转型,如闻泰、龙旗、华勤等转型成功的 ODM 厂商都深度参与了终端品牌的产品规划,只有少部分厂商继续走 IDH 之路,如沃特沃德、凡卓等。数据显示,2016 年中国前五大 ODM 厂商分别是闻泰(6 550 万台)、华勤(5 790 万台)、龙旗(3 200 万)、与德(2 500 万)和天珑(2 020 万)。2017 年,中茵股份正式更名为"闻泰科技",中国最大的 ODM 厂商成功转变为上市公司。闻泰的发展壮大得益于小米、魅族等品牌客户的推动,而小米、魅族等手机品牌的发展壮大也离不开 ODM 厂商在背后的支持。目前在手机产业链的各个领域,从 IDH 到 ODM,中国形成了全球规模最大的手机设计、加工产业链,全球 80% 的手机都产自中国。智能手机的竞争已相当激烈,国内外的手机制造厂商都必须以创新来维持市场份额。我们选取华为和小米这两个代表性厂商来展现中国手机制造业的两种典型创新模式。

1) 华为创新模式:以技术研发为基础的开放式自主创新

1987 年 10 月任正非与人合伙投资 2 万人民币成立华为技术有限公司,代销一家香港公司的 HAX 交换机。华为从香港进货,将配件组装成整机售出。代理虽然让华为赚到第一桶金,而且利润稳定,但华为无法掌握交换机的核心技术。两年后香港公司被国有企业并购,华为的代理权一夕之间被取消,从此之后任正非便萌生自己做产品的念头。当时中国邮电部旗下的国营单位已生产出 34 门和 48 门的单位用小交换机,华为迈向自制的第一步便是从国营单位买回散件自行组装,这便是华为第一个自有品牌产品 BH01,这是一个只有 24 门的低端机。华为自己控制散件的好处是可以控制备件,对客户的响应能力大幅提升。脱离代理模式后,华为不仅不需要付代理费,还能从代理商处获得代理费缓解现金压力。但相对的,订散件需要向工厂订至少几十件的订单,考验公司的现金周转和销售能力。此外,供应华为散件的工厂也自行销售产品,所以华为的货品经常得不到保障。即使 BH01 大获成功,华为却经常面对断货的窘境。1990 年开始华为决定按 BH01 的电路和软件自行研发,以在日后掌握生产能力,避免断货及退款的风险。此时的华为将资源均投注在生产和研发中,现金压力沉重,曾长达六个月发不出工资,也无多余资金购买专业产品测试设备,最初的产品测试依赖华为员工以"土法炼钢"的方式逐一检查电路板上的焊点完成。1991 年 12 月华为开发成功,在市场上销售后深受好评。之后华为推出 HJD 系列的用户交换机,使得华为在1992年的年总产值超过1亿元人民币,正式成为电信设备生产商。

1992年任正非决定将先前赚得的资金投入开发局用交换机。开发局用交换机对华为是巨大的挑战。华为先前自主研发的是用户交换机,客户是企业单位,最多只需要开通一千多户,销售范围较广,销售量小;局用交换机的购买单位则是各级电信营运商,客户数量少但销售量大。跨入局用交换机市场意味着华为必须面对三个挑战。首先,华为必须建立新的客户关系,以往销售人员面对的是企业用户等个体单位,但现在必须面对中国邮电部辖下的电信局,华为并无这类市场的销售经验;其次,局用交换机一次至少需要开通几十万户,与先前只需要开通一千多户的用户交换机相较,技术上有相当的差距;最后,局用交换机市场已被易立信、阿尔卡特等国际大厂占据,华为必须直接面对国际级的竞争。华为最初是以模拟空分技术切入局用交换机市场,推出了交换机JK1000。采用空分技术一方面是受限于华为自身的技术能力,另一方面是因为推测新式的数字交换技术短期内不会在中国普及。然而,华为的预测与当时的实际情况严重不同,不只中国的电话普及率快速攀升,当华为于1993年推出空分局用交换机时,成本更低、功能更优异的数字局用交换机已经出现,加上国际通信大厂向电信局提出通信网建设一步到位的诉求,主张在采用光缆传输的同时,交换机与传输同步升级,避免重复投资。这个诉求正好迎合多数地区建设通信网络的想法,一步到位成为首要标准,并让数字交换机与一步到位画上等号。华为的空分局用交换机才刚推出便面临被淘汰的局面。

数字交换技术在1992年成熟后,1993年华为便背水一战,投入所有资源开发代号C&C 08的两千门局用交换机。此时的华为内部相当混乱,经常只能发出当月工资的一半,人员流动率极高,而新招募的人员有许多连通信的基本概念都没有,大多是边做边学。然而,在浙江义乌佛堂支局的大力支持下,华为的开发人员在义乌边测试边完成开发,历经波折总算开发成功。从对华为交换机的评价可以看出,能满足客制化需求是华为产品在农村受到热烈欢迎的主因,即使附属功能的开发难度不高,但国外大厂并不会像华为一样针对计费、话务统计和操作接口提供特殊功能。在1993年C&C 08两千门机尚在开发时,任正非已决意研制万门机。当时光传输技术尚未成熟,万门机的研发人员郑宝用、李一男便大胆决定以光纤作为万门机的连接材料,利用光纤适宜远程的特性满足中国广大的农村市场,并避开传统电缆对维护技术的高要求以及高昂的铺设成本。C&C 08万门机的开发成功，让华为得以顺利进入县级以上的电信局，从开发最初担心没有市场，到最后成为中国公用电话通信网的主流交换机，销售数量达几十万台，华为拉开了与其他中国同业（如中兴公司）之间的差距。

1987—1997年，华为在中国市场遵循着乡村包围城市的策略，一步步从农村电信局打入城市。对华为而言，一方面，产品技术的落后确实让他们不得不在早期只能主攻农村市场，因为城市的电信局并不会接受华为的产品。另一方面，乡村包围城市的策略的确让华为找到国际大厂无法企及的市场缝隙，得以累积资源壮大自己。以1995年华为与上海贝尔公司的竞争为例，当时华为虽然开发出万门交换机，但与已居市场领导地位的上海贝尔相比，竞争力差。华为选择在东北、西北和西南的落后城市，以利润补贴低价策略抢占农村市场，再抢夺城市的份额。不论"乡村包围城市"是华为被动的应对市场环境，抑或是主动的策略选择，在这样的策略指导下，华为成功累积了关键的资源和能力。

早期多国籍电信设备企业多以技术转让、与当地邮电部门或政府合资的方式进入中国市场，外商提供设备、技术和管理，中国企业则负责资金和土地。当时中国的国情鼓励产销一条龙的做法，邮电局可以让自己成立的合资公司供货，因此在当地设有合资公司的外商较容易受到保护，例如上海的交换机便是以贝尔公司为主，北京的交换机则以西门子为主。1993年，华为不仅资金紧张，其产品也无法获得县市级电信局的信任。为了缓解资金压力和建立销售渠道，华为决定仿照多国籍企业，游说17个省市级电信局合资成立莫贝克电源公司，向邮电部及其员工筹资，华为则承诺未来给予33%的高额报酬。与客户合资替华为找到了资金和打通了销售渠道。1997年四川电信管理局由工会出资与华为成立四川华为，华为在四川的业务量从1996年的4 000万元成长至5亿元，四川电信也取得丰厚的利润。在四川华为的示范下，华为陆续在中国各地成立9家合资公司，这些公司仅是销售代理公司，华为将产品销售给合资公司，再由合资公司销售给电信局，并由合资公司向股东收款和推销。在中国，用合资公司销售的模式，使华为的业务迅速成长。

1995年中国通信市场发生改变。2001年中国加入WTO，通信设备关税骤降。由于国际市场萎缩，许多国际通信大厂因此将中国广大的市场视为兵家必争之地，使得中国国内通信设备的价格竞争远较以往激烈。然而，

第3章 中国制造业的商业模式创新：以智能手机业为例

中国通信设备市场的成长也呈现放缓趋势。1996—2000年电信营运商固定资产投资的年平均增长率为24.9%，2000—2002年的成长率却仅为2.1%。1994年任正非便隐约察觉中国市场的竞争即将白热化，以及国际化对华为的意义。华为决意迈向海外之后，第一要务便是决定进入哪些国家，所以经常派人参加国家代表团出国考察。早期华为内部认为要跟着外交路线走，从中国外交上的重点国家开始拓展，但在了解到国家的外交路线与企业发展的路线不一定相符后，华为便由高层领军市场部和研发部组成的团队，到各国评估，选择可能的开发对象，再派一两位人员申请短期商务签证，在海外成立代表处后常驻当地。这些代表处往往是先开拓市场，之后视市场开拓的情况或是否取得标的，再进行正式注册登记。这样的方式能加快华为开拓海外市场的速度。

1996年华为选择香港作为开展国际经营的第一站。这一方面是由于正逢香港回归前夕，掌控香港第二大营运商和记公司的李嘉诚有意与内地企业往来，另一方面是因为香港客户群的需求与内地消费者较一致，香港回归后也较容易得到内地政府的支持。1996年华为开发市场规模较大的是俄罗斯和南美国家。根据华为市场部人士指出，发展中国家作为华为开发海外市场的首选，是因为发达国家的市场较成熟，进入门槛较高，难度相对较高。中国位于发展中国家之列，与其他发展中国家的需求相近，华为可以将中国的经验复制到发展中国家。即使如此，华为开拓发展中国家也并非一路顺遂，俄罗斯便曾因为金融风暴陷入经济衰退。在市场停滞期间，华为仍持续培训人才，建立营销团队，并不断拜访客户，持续参加国际通信展以开发客户。1996年华为参加莫斯科国际通信展相当成功，与俄罗斯唯一的电子交换机公司贝托的合作关系便是在此时奠定基础。华为为了配合俄罗斯的政策，与贝托公司成立合资企业生产交换机，另外，也与列宁格勒邮电科学研究院、莫斯科邮电科学研究院建立初步关系，后来它们也担负了测试华为传输设备的任务。2000年俄罗斯景气回暖，华为也顺利抓住商机，2003年销售额破亿美元，2013年在俄罗斯及周边国家的收益超过3亿美元。

1997年华为进入非洲市场。刚开始非洲国家并不熟悉华为品牌，也不相信华为有自己的技术能力，华为只能不断投标打破僵局。在非洲市场，成本和员工的坚持才是决胜关键，以刚果为例，阿尔卡特以高薪进行短期雇佣，并大量分包工程，使得成本高于华为，而当地艰苦的环境也让其员工不易久留，因此即使国际大厂先行进入市场，华为仍找得到市场空隙。

在非洲市场后，华为进入中东，虽然"9·11"事件后中东国家普遍对中国持友善态度，但沙特、阿联酋等富裕国家的营运商选择多，并对欧美设备商有一定的品牌崇拜，对此华为除了以素来的低成本优势突破，也以比对手更紧密的贴身服务给客户留下深刻印象。

欧洲电信营运商和设备制造商均发展成熟，早已建立起稳固的关系，因此欧洲市场对华为这类新进入者而言有较高的门槛，在早期必须通过代理商才能见到营运商。华为成功寻找到有力的代理商伙伴，通过与当地代理商的精诚合作，首先敲开德国市场，并在之后以优异的性价比和优惠价格赢得法国营运商订单，继而赢得荷兰、西班牙等欧洲国家的订单，2005年甚至挤入全球第九、以供货商认证严苛出名的英国电信供货商名单，证明华为的确具有一定的技术实力。虽然在欧洲苦尽甘来，但华为在美国市场却几经波折。2002年华为产品首度在美国展示，其性能与美国电信设备巨头思科(Cisco)相当，但价格低了20%～50%。此时有风声指出华为的产品不论外观和功能都与思科的产品极为类似。2003年1月思科对华为提起侵权诉讼，引起媒体和业界人士热烈讨论。诉讼虽然于2004年7月以双方和解收场，华为也一度在景气不佳时以低价优势吸引北美电信营运商，然而，华为在美国真正的阻力来自政府的不信任感。由于美国政府忧心通信网络受中国企业把持，加之觉得华为高管有解放军背景及资金来源不明等国安因素，2008年反对华为并购美国电信设备公司3 Com，2010年迫使华为放弃参与Sprint数十亿美元的采购案及与一家美国公司的专利采购协议。美国政府的介入终究逼迫华为于2013年宣布考虑退出美国电信设备市场，降低对美国市场的关注程度。

基于在中国市场的成功经验，华为对国际市场的拓展同样遵循乡村包围城市的概念，从市场、文化和发展状态与中国较接近的俄罗斯等地区和国家开始，逐步累积足够的经验和技术后，再开发较高端的欧美市场。在从发展中国家拓展至发达国家的过程中，华为也做出相应的变革，摆脱了过去以生存为优先的原则，引进了新的资源和能力，成为更制度化的现代企业，以符合环境和策略的变化。

(1)人力资源管理

1997年华为与英国国家任职资格委员会合作建立任职资格制度，因为华为原先的职位划分十分复杂，在职位前还加上行政级别，内部的政治色彩浓厚。华为新的任职资格制度包含职业能力等级标准、职业发展通道设计和职业等级认证三大部分。人力资源制度的建立有助华为淡化创业成功后带来的个人式英雄主义,并为日后的国际化奠定基础。

华为的薪酬体系由基本工资、股票、福利、加班费、补助和奖金构成,基本工资和股票占薪资组成的一半。除了基本工资之外,华为还给予员工许多特殊福利,包括国内外出差补贴、交通费,甚至新进员工报到时也会发放路费和行李托运费。华为的年终奖金在7、8月发放,约占总薪酬的1/4,研发和市场系统的员工得到的年终奖金较多,秘书、生产线员工则较少。

华为规定,当经济前景良好时,员工的人均收入应高于同业的最高水平,表3-5为2000年华为员工的薪资待遇,除基本工资外,还发放约10万～12万元的年终奖金,整体薪资水平超出深圳一般公司的10%～15%。高薪资帮助华为吸引到大量的技术人才。

表3-5 2000年华为薪资分配

学位	人民币
学士学位	7 150元/月
双学士学位	7 700元/月
硕士学位	8 800元/月
博士学位	10 000元/月

数据来源:赵凡禹、燕君,《华为与任正非》

1998年华为引进Hay Group的薪酬管理体系,坚持人与职位分开原则,采用三要素评估法评价员工的薪酬。三要素分别为知识能力(投入)、解决问题(做事)、应负责任(产出)。具体的评价标准视能否实现公司战略、提升公司战略及促进组织成长而定。此外,新的薪酬管理体系排除了年资、学历等因素,而是以个人能力和实际贡献而定。即使同样是副总裁头衔,也会因为贡献不同而有不同的薪资,力求使做出相同贡献的员工能有相对平等的收入。

(2) 研发人才

华为海外研发中心的区位选择可区分为获取人才与获取技术两种策略目标。一方面,为了获得大量优异的人才,华为将研发中心设于人力质量佳、成本低廉的地区,如拥有大量软硬件工程人才的印度;另一方面,为了增进技术,华为亦选择科技发达的先进国家,招募高端研发人才,如美国、德国。华为从1999年于印度班加罗尔设立第一个海外研发中心,取得印度丰富的人力资本和良好的研发环境;2000年至培养出爱立信公司的瑞典设立研发中心,获得高技术素养的人才。其后,华为一方面在美国、德国、比利时等先进国家进行高阶研发,另一方面也由中国、俄国等地的研发中心获得较便宜的技术资源。

(3) 关键产品:分布式基站、Single Ran

欧洲许多城市保留有大量历史遗迹,建筑物多有百年历史,增加了站址的租赁难度和架设费用,这些障碍却成为华为切入欧洲市场的转折点。2004年荷兰最小的电信营运商Telfort虽取得3G牌照,却受限于机房太小,无法摆入第二个机台。原先的供货商诺基亚不愿单独为Telfort开发新产品,爱立信也拒绝为它重新设计产品。Telfort被迫在破产的边缘与华为合作,华为在4个月内提出业界创新的分布式基站解决方案,将大部分的功能移至室外,室内仅留下DVD播放器大小的机台。根据推算,分布式基站可以降低60%的站址租赁费用、60%的运输和工程安装费用,同时可缩短50%的建设周期。分布式基站为Telfort节省了1/3的成本,并可继续使用90%以上的站点。在营运商Vodafone采用华为的分布式基站解决方案后,华为成功依靠这项产品切入欧洲市场。2008年推行的第四代基站Single Ran解决方案更采用与爱立信不同的架构,能在一个机柜内实现2G、3G、4G三种无线通信制式的融合,可节约50%的建设成本。这项革命性产品让华为的无线设备在西欧的市场占有率从2010年的9%升至2012年的33%。

(4) 关键能力

华为国际化初期的知名度不高,所以除了派遣营销队伍直接与当地的营运商建立关系之外,也积极参加世界论坛、通信设备博览会以提高曝光率,还主动邀请客户至中国考察华为的技术实力。在这些营销活动中,华为逐渐摸索出一套有效的营销方法:组织严密,参展人员准备充分,能确实掌握可能的机会;技术汇报会,华为会尽可能招揽潜在客户参加,并通过现场新闻发布会传达正面声音;答谢宴和回访,华为在通信展后会派出小组回访在通信展上接触到的潜力客户,进一步巩固客户关系并开发出商机。以华为参加1996年莫斯科通信展为例,华为的营销人员借回访之机了解俄罗斯通信设备的技术和制造能力,锁定潜在合作对象,了解进入俄罗斯市场的程序和业界相应的规则。

1998年以前,华为主要是通信产品,由于中国的营运商数量少,因此华为发展出与客户直接接触的直接销售模式,并与中国营运商和电信局设立许多合资公司,以利华为的销售。华为切入企业网络产品后,由于服务的企业数量多,订单规模和需求差异大,过去的直销模式不再适用,需要更广泛的服务能力。此外,即使是华为擅长的直销模式,在代理体系健全的欧洲市场也受到阻碍,因为新兴营运商不容易见到欧洲营运商,仅能依靠代理商建立关系。华为在1998年建立渠道拓展部,采用直接销售和代理模式并行的方式,逐步培养了一批中小型代理商,并在2001年开始引入具有规模的大型代理商,依靠代理商的协助进入欧洲市场。然而,虽然建立代理模式让华为得以降低部分销售成本,其营销费用比率仍高于以代理为主的欧美系厂商。

(5) 整合性产品开发

1997年华为正值高速成长时期,磨刀霍霍准备进军国际市场,此时华为内部的战略管理和项目管理之间也充满了矛盾,随着规模的扩大,研发管理的缺陷逐渐暴露出来。任正非察觉到华为研发人员重技术、轻市场的倾向,导致许多产品开发后却没有销路。同时,华为的投资审查不够严谨,各个产品没有一致的策略,因此即使华为的收益连年成长,但产品的毛利率却逐年下降。每年虽投入销售额的10%进行研发,但产品开发周期却是业界最佳实务的两倍,人均效益仅是IBM的1/6,也让配合的市场、销售和供应链等部门疲于奔命。研究过其他西方高科技公司之后,任正非决定引进让IBM重获新生的管理工具整合性产品开发。整合性产品开发是一种产品开发理念和方法,把新产品当成投资决策,分阶段评估投资是否继续进行,尽可能减少研发失败的损失,并强调必须基于市场需求开发项目,力求研发的效能。此外,还大量采用并行工程,缩短开发周期。IBM公司于1992年变革时便率先采用这项管理工具,重整流程和产品,达到缩短产品上市时间及减少研发费用的目标。1999年任正非大力推行的变革正式启动,并逐步提高在研发项目中应用的比例。推行之后,华为研发项目的负责人从原先单纯的技术人员,转为必须有市场经验,且产品开发也开始让各部门共同参与,不再只由中央研究所自行定夺,从而让华为克服了研发人员片面追求技术卓越,销售人员只顾销售、无视产品长期策略的短视现象,使得华为从技术驱动转为市场驱动。

1999年IBM的顾问经过调查指出,华为的供应链管理仅发挥了20%的效率,使得华为订单的实时交货率只有50%,其他先进国家的通信设备制造商则为94%;华为的库存周转率为3.6次/年,国际平均则为9.4次/年。供应链效率低垫高了华为的成本,因此趁着变革如火如荼,任正非又推动了供应链的改革。整合供应链的主要概念是公司间的竞争是供应链与供应链之间的竞争,要管控供应链的现金流、物流和信息流,并将公司的每个环节都看作供应链的一部分进行管理,达到提高顾客满意度和降低供应链总成本两项关键目标。华为调整组织结构,将生产部、采购部、发货部、仓储部、进出口部等部门合并为供应链管理部,统一管理。此外,IBM的咨询顾问认为华为的主要优势体现在技术和市场,因此主张将非核心的业务外包给专业公司。2000年前后,华为开始裁撤组装、包装、制造、发货和物流部门。虽然组织缩减通常会造成士气低落等不良影响,但华为以优惠政策和财政支持鼓励这些部门的员工创业,成立的公司仍替华为公司服务,但必须自负盈亏。这样不仅妥善安置了原部门人员,新成立的公司也替华为提供生产上的保障。市场和研发功能虽属于核心业务,但华为仍将这两项功能的部分业务外包,例如市场部门的工程安装、客户接待及培训等工作都交给专业公司,以减少相应的差旅费和工资支出。另外,华为在变革前雇用初级工程师的人均成本为每年20万元人民币,将研发工作中必须花费大量时间和人力的纯软件业务外包后,可以节省将近一半的成本。经过供应链整合后,华为已具备维持零库存、一周内交货的能力。

(6) 开放式创新

华为的技术开发奉行拿来主义,不断跟进既有的技术基础,并发展出相应的应用技术。任正非主张不应完全自主创新,而是利用其他企业已经开发的技术来迅速推出新产品。华为引进整合性产品开发方法后,研发部门与市场部门的合作使华为得以避免过度的创新和技术导向,而是以客户的需求为重,衡量自主开发对成本降低和产品上市周期的影响,再决定是自主开发或是购买相关技术。早期华为的核心专利不足时,经常受到专利战的威胁,因此华为开发应用型专利与其他企业交换,或是直接购买技术。华为的首席法务官宋柳平指出,虽然2008年的华为必须一年支付2亿多美元的专利许可费,却可以换得一年200亿美元的合同销售额。近年来由于华为研发能力提高,直接付费购买技术的比例下降,双方技术交叉授权的比例上升。

华为创立之初的成长关键在于能不断累积研发能力,虽然在缺乏设备和技术的环境下,许多方法要自己摸索,但华为仍以此发展出自己的一套研发方式,并写成文章在组织内传播。自己摸索加上刻苦耐劳的床垫文化,成为华为不断学习的动力。步入国际化阶段后,华为与其他电信设备厂商成立合资公司,共同研发新技术。2003年与3Com公司合作研究企业数据网络解决方案,2004年与西门子公司成立开发TD-SCDMA解决方案的合资公司。与其他企业的合作成为华为吸收新技术的途径。除了合资公司之外,华为还在先进国家设立研究中心,广纳优异的研发人才。华为的国际营销能力是通过各种大型通信展、客户拜访等实际作为磨炼而得。手机部门方面,华为从提供定制手机开始累积手机研发能力,但因最初依赖营运商协助销售,因此营销能力并不健全,直到2011年决意推出自有品牌后,除了另辟电子商务平台等销售渠道之外,更在试误的过程中掌握营销手法,了解如何推销自有品牌。

(7) 重构

华为创立时期的组织结构为直线结构,各功能部门以董事长为首,完全听从董事长的指挥。由于产品单一、组织结构简单,华为并未发展出复杂的机制进行整合和协调,直到1998年华为聘请IBM顾问进行整合性产品开发,组织内部开始有正式的工作模式让各部门得以参与产品开发,不同部门的员工得以用共同的语言和思考模式协同合作。华为的组织结构也随着业务深入世界各地而设立许多地区公司,与按市场、按产品划分的事业部交叉形成矩阵式组织。2009年在整合财务系统的辅助下,华为成立由客户经理、解决方案专家和交付专家组成的铁三角工作小组,可以更具弹性和效率地服务客户。

1998年开始,华为进行多次的变革和转型以适应变动的电信设备和手机产业。IBM顾问为华为建立的整合性产品开发方法成为转型的开端,由于这项变革,华为能够缩短产品上市周期并避免错误地投资没有前景的技术标准,大幅降低华为的研发成本。与整合性产品开发同期启动的整合供应链除了完善的整合供应链每个环节的物流、现金流和信息流之外,外包次要工作、留下核心业务也达到了组织精简的效果,降低了华为的成本。1997年华为寻求英国任职资格委员会和合益集团的咨询,建立任职资格制度和薪酬体系,从此华为有了明确的考核依据和畅通人才的晋升渠道,并能给予员工适当的薪资。至2008年华为进行最后一次主要变革,为了准确估计成本、提高订单的利润率,华为进行财务系统的变革,更精准的财务管理使得华为能够将金钱方面的权力下放至基层的工作小组。由于为营运商供应定制手机虽然能够提高销售量,但利润微薄,因此手机部门扬弃过去的机海策略,缩减推出的手机型号,并以华为、荣耀的双品牌策略分别切入高端市场和中端市场(表3-6)。

表3-6 华为的整合策略分析

过程		本土成长期 (1987—1997年)	国际成长期 (1997年至今)	多元拓展期 (2003年至今)
整合	内部整合	功能型组织	1. 通过整合性产品开发方法协调各部门共同开发新产品。 2. 组织结构调整为矩阵式组织。 3. 建立薪酬体系与任职资格制度	1. 独立出荣耀品牌,分拆为独立营运子公司。 2. 成立铁三角工作小组
	外部整合	1. 举办农村技术讨论会,与电信局建立关系。 2. 设立装机团队,至农村开通电信设备。 3. 与电信局成立合资公司。 4. 开放合资公司的员工认股。 5. 于中国各省设立29个办事处、技术支持和备件中心,提供优良售后服务	1. 成立合资公司或寻找代理商以进入海外市场。 2. 建立经销体系。 3. 通过大型通信展与客户建立关系。 4. 将非核心业务外包予专业公司。 5. 开放式创新原则,避免专利诉讼	1. 由过去建立的营运商网络将手机销售至全球。 2. 降低营运商销售比例,增加开放渠道和自营销售的比重
学习		1. 自主技术研发。 2. 床垫文化。 3. 产学合作引进新技术。 4. 压强原则	1. 通过合资公司研发新技术,并在海外设立研发中心。 2. 通过实战历练逐步发展国际营销能力	1. 经由为营运商提供定制手机获得手机设计的优良能力。 2. 与亚马逊公司及其他经销商合作销售,克服障碍并获得培养自有品牌的能力。 3. EMT高级管理团队使内部成员可以互相学习

续表 3-6

过程	本土成长期 (1987—1997)	国际成长期 (1997年至今)	多元拓展期 (2003年至今)
重构		1. 变革：整合性产品开发。 2. 变革：整合供应链管理。 3. 变革：任职资格制度和薪酬管理	1. 变革：整合财务系统。 2. 机海策略转型为精品策略，希望高级产品比例从18%升至30%。 3. 采用双品牌策略，主打华为、荣耀系列

(8) 资产定位

华为早期通过发行内部股份的方式向员工取得财务资产，通过与华中科技大学合作，取得高端技术人才，成功开发一系列新产品，但不稳定的质量仍迫使华为置办装机团队、各省办事处等互补性资产，以弥补华为的技术弱势。但相较中国市场内的多国籍企业，中国的经济发展阶段让华为可以取得相对廉价的劳力，政府对进口电信设备课征的高关税则让华为免于失去价格方面的竞争力。关税、廉价劳力这两项制度资产有助华为在强敌环伺的国内市场生存。华为开始国际化后，不仅将各国视为销售市场，更视为获得新技术人才的来源，在各国设立研发中心或研究所，每年投入销售收入的10%，积累研发能力，通过合资或交叉授权的方式不断更新技术资产。在设立多个地区分公司后，华为逐渐转为事业部和地区公司并行的组织架构。此外，即使国际化和技术研发所费不赀，但华为仍维持过往内部股融资的模式，让员工购买虚拟股票以间接获得银行资金注入。2003年后，华为的组织范畴延伸至手机业务，并取得不同于电信设备的技术资产，顺利多角化，包括大量的手机专利以及自制手机芯片的能力。中国发改委取消高通的反向授权后，专利的数量就显得重要，其不仅使华为免于专利诉讼的威胁，更有可能向其他在华手机业者挑起专利战。此外，华为过去与营运商建立的关系成为重要的互补性资产，营运商可获得华为优质的定制机服务，华为也能通过营运商网络销售。2011年华为执行首创的轮值CEO制度，由主掌不同部门的人员轮流上任CEO，以消除内部矛盾。不过由于2012年开始政府明令不得以个人贷款购买虚拟股票后，华为的员工无法再以优惠利率购得华为股票，也因此华为丧失取得低廉资金的渠道。

表 3-7 华为的资产策略分析

本土成长期(1987—1997年)	国际成长期(1997年至今)	多元拓展期(2003年至今)
1. 财务资产： （1）以发行内部股的方式，向员工及合资公司的员工进行内部融资。 （2）提供客户买方信贷。 （3）从合资公司取得资金。 2. 制度资产： 中国对多国籍企业的设备课征较高的关税，并拥有丰沛而价廉的劳动力。 3. 互补性资产： 建构装机团队，并于各省设立技术中心、培训中心和备件中心，有效弥补华为产品技术上的缺陷。 4. 技术性资产： 与华中科技大学产学合作，引进一批高技术人才，有助之后的技术发展。 5. 组织范畴： 专注于低级电信设备产业	1. 财务资产： （1）员工可以从中国银行、工商银行、平安银行和建设银行获得贷款购买公司的虚拟股票。 （2）客户可从中国建设银行获得贷款。 2. 技术性资产： （1）在国外设立多个研发中心，获得优秀技术人才，并与其他公司合资获得关键技术，每年大量投资研发技术。 （2）开发分布式基站技术，成为进入欧洲市场的关键。 3. 结构性资产： 从功能型结构转为矩阵式组织。 4. 组织范畴： 专注于低级、高级电信设备产业	1. 财务资产： 2012年相关部门明令银行不得以个人贷款名义购买股票后，失去由员工认股获得银行资金的渠道。 2. 制度资产： 国家发改委取消高通在中国反向专利授权协议，对拥有大量专利的华为相对有利。 3. 互补性资产： 与营运商的销售网络和手机补贴。 4. 结构性资产： 成立 EMT 高级管理团队用以消除内部矛盾，并采用轮值 CEO 制度，延续集体领导。 5. 技术性资产： 握有多项手机相关专利，并具备自制手机芯片的能力。 6. 组织范畴： 切入手机领域

（9）路径

华为的成长路径与产品发展和学习过程高度相关。华为初期由于产品质量较低，加之 1993 年对新技术的评估错误，使得空分模拟交换机不仅无法满足城市电信局对局用交换机的需求，更面临投资无法回收的窘境。因此选择技术门槛较低的农村电信局作为销售的开端，并设立各省办事处、装机队伍等相关配套措施。华为于日后相当著名的乡村包围城市的策略，其实是当时自身技术、资源不足的条件下，对环境变化的被动应对方式。1998 年由于中国市场将近饱和、价格竞争激烈，华为借由拓展国际市场寻求下一波的成长动能。由于乡村包围城市策略于中国本土市场获得成功,并且已积累许多开辟偏远地区的经验和措施,华为选择国际市场时,遵循类似的路线,首先进入门槛较低并与中国有外交关系的发展中国家,再投入门槛较高的欧洲和北美等发达国家。华为并非完全依赖过去的经验、方法来面对新的环境,而是通过IBM、Hays等顾问公司引进新制度和工作流程,成为更现代化的电信设备公司。华为的手机产品起初是为了满足营运商需求的附加服务,但随着重要性升高,已成为独立的事业体。虽然华为手机维持过去从低级到高级市场的发展途径,但其地理区位选择略微不同于先前电信设备乡村包围城市的策略,由于欧美市场的智能手机和3G市场起步较早,华为善用过去建立的营运商关系,手机反而先进入欧美市场,之后才在中国千元智慧机时期大放异彩,华为在电信方面的专利也成为华为手机的一大优势。然而,手机部门和电信设备部门的产业差异甚大,除了营运商关系和专利之外,两者可以共享的资源和能力较少,加上手机产业迅速成熟,使得华为手机的策略于近五年有重大变动,并拆分旗下品牌以获得更好的品牌定位。

华为成长策略三阶段:

1987—1997年为电信业高速成长的时代,设备产业欣欣向荣。身处中国政府扶植的重点产业,华为虽然在技术方面与国际设备大厂相去甚远,但由于将产品导入了国际品牌无法触及的乡村电信局,华为有了生根立命的空间。为了弥补产品的不足,华为一方面以快速反应能力和售后服务能力等优势争取电信局的青睐;另一方面与大学合作获得技术人才,又大量投入人力在关键产品C&C 08,以此获得关键性的成功。

1998年中国市场成长也趋缓和,华为迈向国际市场寻找新的成长契机。华为先进入俄罗斯、中东、非洲等发展中国家,积累实力后又以代理模式进入等级较高的欧美市场。国际化之后,华为可以于欧洲、印度取得优秀的研发人才,并以开放式创新原则避免专利战。另外引进任职资格制度和薪酬体系,成为更正式化的组织,但最重要的变革来自整合性产品开发和整合供应链,前者降低了产品开发失败的风险,后者则能提高产品周转率,降低整体供应链的成本。

2003年,华为的多角化策略成功培养手机成为营收来源。由于手机迅速成为成熟市场,华为由低级打入高级市场的策略相当成功。过去经营设备事业累积的营运商网络成为销售的一大助力,通信领域的专利避免其手机事业受到专利诉讼的威胁,自主创新的海思芯片更将成为差异化发展的优势来源。2007年开始,华为启动变革整合财务系统,使低迷的利润率回升。

纵观华为的成长历史,不论是地理区位的选择,或是产品价格区间的发展途径,都遵循着从低级往高级市场移动的策略主线。华为善用先天的资源(如高性价比的劳动力)以及后天发展出的能力(如售后服务能力),成功发展足以与多国籍企业竞争的力量。相较于本土成长期,华为进入国际化和多元拓展期之后的经济实力更稳固,对环境变动更为敏锐,主动选择变革的时机和需求,因此建构出更能适应变化的资产和能力,成为数一数二的电信设备商。

表3-8 华为成长策略三阶段状况

阶段	本土成长期	国际成长期	多元拓展期		
时间	1987—1997年	1997年至今	2003—2009年	2009—2011年	2011年至今
策略主线	乡村包围城市	从发展中国家到发达国家	由低级到高级		
产业环境	• 中国市场对固定电话的需求高速成长,呈供不应求的状态	• 中国通信设备市场成长趋缓	• 智能手机成为主流 • 手机价格下滑		
组织结构	功能组织、中央集权	矩阵式组织	矩阵式组织		
关键资源	• 财务资源:从全员持股、买方信贷及合资公司获得资金 • 人力资源:与华中科技大学产学合作,获得关键技术人才 • 高性价比员工 • 床垫文化	• 人力资源: (1)任职资格制度 (2)薪酬体系 • 于各国取得研发人才	• 与供货商的关系 • 手机相关专利		

续表 3-8

阶段	本土成长期	国际成长期	多元拓展期		
关键能力	• 营销能力:培养装机队伍,建立售后服务能力 • 快速反应能力:在各省设立办事处,可以快速响应需求 • 压强原则	• 国际营销能力 • 整合性产品开发 • 整合供应链 • 经销模式 • 开放式创新	• 自制手机芯片 • 整合财务系统(IFS) • 提供定制服务的能力		
关键产品	万门局用交换机	分布式基站、Single Ran	ODM 定制手机	千元智能机	最薄智能手机 P1
销售渠道	中国邮电部(合资公司)	电信营运商(经销模式)	依赖电信营运商		自营渠道

2) 小米创新模式:以互联网为基础的开放式产品创新

以小米、青橙、红辣椒等为代表的新一代智能手机企业依靠互联网思维重新定义了手机制造业的业务流程,他们将零配件的制造交由供货商完成,自己集中精力于产品的研发设计和手机生态圈的建设,通过互联网渠道进行产品的营销,大大缩减了产品的制造和销售成本。小米就是这类企业最成功的典型。小米成立于 2010 年 4 月,是一家以手机业务为主的新兴科技企业。小米公司 2014 年的销售额达到了 743 亿元人民币,成长超过 200 倍。2014 年,小米公司全年出货量占到国内市场份额的 12.5%,成为中国最大的智能手机厂商,三星、联想和华为分列第二~四名。经过 2015 年、2016 年的调整,2017 年全球手机市场出货量整体下滑 6.3%,小米却逆势上扬,同比增长率达 96.9%,营收破千亿元,是全球营收破千亿最快的公司。与此同时,小米的国际业务暴涨,目前已经进入 70 多个国家和地区。尤其在印度,2017 年第三季度,小米占印度的市场份额达 31.1%,位列第一。与华为追求核心技术的自主创新不同,小米主要是通过产品创新来创造出新的商业模式。2014 年,小米因"于全球最大手机市场中重塑智能手机商业模式"而入选美国知名商业杂志 *Fast Company* 当年度全球 50 大最具创新力公司第三名。小米的主要竞争力来源可归纳为互联网企业优势(强调用户体验)、互联

表3-9 小米手机全球出货量及市场占有率

出货量（百万台）	2011年	2012年	2013年	2014年	2015年	2016年	2017年	2018年	2019年	2020年
Xiaomi-美国	—	—	—	0.1	0.1	0.1	0.1	0.1	0.1	0.1
Xiaomi-中国	0.2	7	18	53	65	42	55	51	40	39
Xiaomi-西欧	—	—	—	0	0	0	0	4	6	11
Xiaomi-日本	0.0	0.3	—	1	3	7	26	40	44	36
Xiaomi-印度	—	—	0.2	4	3	4	11	24	36	55
Xiaomi-其他地区	0.2	7	19	58	71	53	93	119	126	141
业绩组成占比	2011年	2012年	2013年	2014年	2015年	2016年	2017年	2018年	2019年	2020年
Xiaomi-美国	—	—	—	0.1%	0.1%	0.1%	0.1%	0.1%	0.1%	0
Xiaomi-中国	100.0%	100.0%	99.0%	91.4%	91.4%	78.3%	59.4%	42.6%	31.8%	27.6%
Xiaomi-西欧	—	—	—	0.1%	0.1%	0.2%	0.4%	3.2%	4.8%	8.0%
Xiaomi-日本	—	—	—	—	—	—	—	—	0	0.2%
Xiaomi-印度	—	—	—	2.2%	4.6%	13.6%	28.0%	33.5%	34.7%	25.5%
Xiaomi-其他地区	—	—	1.0%	6.2%	3.8%	7.9%	12.2%	20.5%	28.6%	38.7%
Xiaomi-全球合计	100.0%	100.0%	100.0%	100.0%	100.0%	100.0%	100.0%	100.0%	100.0%	100.0%

续表 3-9

品牌市场占有率	2011年	2012年	2013年	2014年	2015年	2016年	2017年	2018年	2019年	2020年
Xiaomi-美国	0	0	0	0	0	0	0	0	0.1%	0.1%
Xiaomi-中国	0.3%	3.0%	5.2%	12.5%	15.1%	8.9%	12.4%	12.8%	10.9%	16.3%
Xiaomi-西欧	0	0	0	0	0.1%	0.1%	0.3%	3.0%	4.9%	15.1%
Xiaomi-日本	0	0	0	0	0	0	0	0	0.1%	1.2%
Xiaomi-印度	0	0	0	1.6%	3.2%	6.6%	20.9%	28.3%	28.6%	34.4%
Xiaomi-其他地区	0	0	0.1%	0.8%	0.5%	0.8%	2.0%	4.5%	6.5%	14.6%
Xiaomi-全球合计	0	0.9%	1.8%	4.4%	4.9%	3.6%	6.3%	8.5%	9.2%	15.6%

数据来源：IDC 整理。

网的后向收入/产品定位(定价)策略(快速取得规模巨大的用户数的优势)与得天独厚的国家竞争优势(中国有庞大的内需市场规模、完整供应链环境,企业可采用轻资产方式来经营,关键活动与投资重点是产品的开发设计,而不是生产制造)。

(1) 互联网企业优势

2020年Fortune世界500强企业排名,小米位居第422名;在互联网零售服务行业领域的排名,则是全球第7名、中国第4名。目前,小米的主要营业收入源自手机产品销售,并不是互联网服务(例如电子商务平台服务或广告等)。公司创办人想要建立互联网思维的"专注、极致、口碑、快"的企业文化,而公司所推出的第一个MIUI软件服务、小米手机产品(硬件)就是充分实践互联网企业思维的产物。

① 以产品口碑为核心的品牌发展策略:要做出超出用户预期的产品或服务,要把使用者变成粉丝、变成朋友、变成自己人(愿意推荐,并主动参与体验测试)。**专注**:新创企业资本虽较少,但因只做1~2款产品(精品),投入在单款产品的资金是竞争者的5~10倍,研发团队虽精简,但尽力征招、聘请最优秀人才(能力可以一抵十,甚至约为50个普通软件工程师的工作量)。**极致**:精心设计的产品,关键零部件采用顶级的高通核心芯片处理器,委托一流的EMS完成世界级的高质量产品,只要能在中国市场成功畅销(出货量巨大),平均分摊在每台手机/产品上的研发成本则会很低。

② 创新组织流程:互联网思维的群众路线,鼓励用户参与体验、检测作业。互联网产品的特性就是快速升级(迭代),2010年公司初创阶段,小米缺乏足够资源,尚无法独力完成MIUI系统升级的内部封闭测试(互联网、信息软件公司的作业原则,待确认软件系统功能稳定,再择期发表上市)。小米公司大胆尝试另一种更为高效且低成本的模式来优化产品设计流程,由公司联合创办人积极寻访100位种子用户,与用户一起设计属于中国人的手机接口,并且直接将产品设计团队的很多新想法、新功能公开在用户面前,吸引中国各地的用户参与到MIUI软件测试、使用验证流程中,通过口碑扩散,从100位种子用户(用户介绍用户)发展出荣誉开发组成员、活跃用户等10万人的互联网开发团队,帮助小米进行产品升级、体验。2011年小米手机只卖出30万台,却有50多万个MIUI用户,并成功吸引其他品牌手机使用者自行安装MIUI。小米还有橙色星期五的互联网开发模式,每个星期五固定发布MIUI内部测试版,通过四格体验报告调查用户的心声;让MIUI

米柚论坛活跃用户深入参与到设计和验证流程,除了收集建议(期待功能)之外,用户投票选择"最有爱更新""最不给力更新",公司获得实际体验心得,统计投票数据后,决定下周的更新功能项目或再修项目;不仅小米工程师、产品经理要每天上论坛浏览并至少回答2个用户的反馈问题,甚至公司创办人也用笔名参与论坛,直接与粉丝互动,进一步促使全体员工更加重视用户的口碑与反馈。

③ MIUI用户参与测试的互动过程,形成独特的米粉文化,几乎不需要投入广告或媒体宣传费用,小米手机在上市发表会当天(开放预订的一个小时内)就被超额抢购,屡次供不应求,开创互联网销售手机模式。

(2) 互联网的后向收入、产品定位(定价)策略,发展用户规模优势

策略思维将决定企业进行关键活动与运用资源的方式,小米计划通过手机与AIoT产品、MIUI服务等互联网入口,积极取得用户,再由互联网服务平台获取后向收入。

① 产品定位与定价策略

手机产品是小米最主要的收入来源,平价销售目的是先发展用户规模(互联网平台企业设法吸引用户关注,先获得浏览流量的优势),其自行限制硬件产品营业毛利(利润率)的运营方式,跟其他手机竞争者截然不同。

产品定位:2018年小米公司IPO公开招股书的董事长公开信声明价格厚道,永远坚持硬件的净利润率不超过5%的理念。

营销费用的优势:极致性价比的品牌形象已烙印在忠实小米顾客的心中。不需要投注大量的广告宣传经费,新产品上市发表会就可获得免费的公众报道、互联网社群粉丝关注。目前,直营或非直营渠道的Online销售比率,小米都是手机品牌企业之中最高的。

② 后向收入策略

2019年1月,小米宣布手机+AIoT双引擎战略(主要营收来源),因为硬件产品不追求短期的利润贡献,品牌产品经营的重点是争取大量的用户数,产品售出并不是买卖关系的结束,而是互联网用户(账号)服务的开始,忠实的MIUI用户可以贡献长期且稳定的业务收入/现金流。

2020年度小米公司营业收入2 458亿元,三大主营业务分别为:手机1 522亿元(占公司营收比重的61.9%,从2015年的80.4%逐年下降)、IoT与生活消费产品674亿元、互联网服务238亿元(主要来自广告和游戏收入);MIUI月活跃用户3.96亿(比去年增长28.0%)、IoT设备(不包括手

机、笔记本电脑)接入数达 3.24 亿(同比增长 38.0%)。另外,2020 年度小米广告收入 127 亿元,已超过爱奇艺 iQIYI(以免费视频流量变现获取广告收入的互联网企业),使得小米的互联网属性更加强。

(3) 国家竞争优势

① 创立时期,小米公司可依附的国家竞争优势:天时:2011—2015 年是中国智能手机市场需求快速起飞的成长期,2012 年中国市场的手机出货量超过美国,跃升为全球数量最大的市场;地利:中国生产供应链的完整性与竞争力是无可匹敌的;人和:小米第一代手机定价 1 999 元,入门款/平价产品的目标客群是早期大众、晚期大众,这两类消费属性的群体人数最多,低价位(100~200 美元)、中价位(200~400 美元)的手机产品市场规模也是最庞大的。

② 竞争者虽非互联网企业,也同享中国的天时、地利、人和,也趁势而起。Huawei(2018—2020 年中国市场手机出货量与销售金额第 1)、Oppo(2016—2017 年中国市场手机出货量第 1,2018—2019 年中国第 2)、vivo 等中国本土品牌的经营模式与小米公司不同,也不是互联网企业,但这些新崛起的中国品牌手机企业都有能力竞争、问鼎中国第 1 并争抢全球第 3 大品牌,而且 Huawei、Oppo、vivo 品牌在中价位(200~400 美元)、中高价位(400~600 美元)手机产品的出货量长期高于小米,小米品牌手机只有在超低价位(100 美元以下)的产品出货量才遥遥领先其他中国竞争者。

③ 如因生产供应链问题导致无法如期上市、销售,将严重影响品牌业绩:小米在 2015 年成功登顶(全球手机品牌第 3、中国品牌第 1),但因采购等问题影响,2016—2020 年中国手机出货量只能抢到第 3 名。2016 年 Samsung 曾停止供应 AMOLED 屏幕,小米被迫紧急调整手机屏幕采购对象、产品设计相关配套方案,小米 Note2 延迟将近 1 年才上市,红米 3、红米 Note3 产品缺货,全球出货量退步为第 7 名(退居中国品牌第 4 名)。不幸中的大幸是小米公司创办人亲自接管手机产品供应链,及时挽回业绩下滑的颓势,恢复供货商的合作信心。2017 年小米手机出货量大幅成长 74.8%并持续成长,市场占有率进步为中国第 3 名(全球第 5)。

综上,拥有得天独厚的国家竞争优势(中国有庞大的内需市场规模、完整的供应链环境),也是小米公司成功的关键因素之一。

(4) 如何维持竞争优势

与 Samsung、Apple 一样,小米持续升级产品(自我淘汰)、扩充产品组合,以维持产品的竞争力与品牌价值、巩固中国市场占有率、发展海外市场,同时,也借助采购规模的议价能力来充分利用外部制造资源,并且提供品牌与营销渠道资源平台给策略合作伙伴,互利发展销售 AIoT 智能生活产品。

① 极致性价比的后向收入定价策略:小米公司并没有硬件产品的制造成本优势,但策略运用得当。从 2018 年起,其超低价位(100 美元以下)产品。全球出货量已超越 Samsung,连续获得世界第 1,目前累积 3.09 亿 MIUI 用户可持续贡献(后向收入)营利。**精品爆款的规模经济优势**:精心设计的入门低价手机除了有产品差异化优势外,高额研发费被千万台产品(出货量)分摊后,平均单位成本也可降到很低。**低毛利定价策略的护城河**:小米手机有差异化设计、有质量保障、有价格竞争力,因此畅销全球仍有利可图;潜在进入者即使有资本市场的资金挹注,若采用相同价格来销售类似规格配置的手机,则会缺乏采购规模的生产成本优势,冒险进入低价手机产品的市场区隔,几乎是没有胜算的机会。**营销费用率最低的优势**:竞争者需支付广告宣传、传统渠道促销等费用(新品牌缺乏售后服务的保障,无法充分利用 Online 渠道来销售手机)

② 利用采购议价能力提升产品竞争力:强化与世界级供应厂商的策略合作。2018—2020 年,小米手机全球出货量都超过每年 1.19 亿台,已发展出五个手机品牌、更多元化的产品组合,整体采购议价能力与日俱增。小米加强与 Qualcomm 高通的策略合作,争取全球首先发表,提高产品吸引力。2017 年 8 月,小米成立美国研发中心,在高通宣布 Snapdragon(骁龙)855 手机核心处理器设计元素(立项)时,就进行全程跟踪和芯片验证,对手机设计方案进行优化,并投入数倍于历代小米旗舰机的研发人力和测试资源。2019 年 2 月发布会,小米 9 手机是全球首发搭载骁龙 855 芯片的产品。2020 年 12 月,红米 Redmi K30 产品发布会,是全球首发搭载骁龙 765G 芯片(中高级产品、5G 通信平台、3D 超音波指纹辨识技术)的手机。2020 年 12 月初,高通在其技术峰会上公布骁龙 888 芯片是采用 5 nm 工艺、支持 5G 毫米波通信标准、性能提升且功耗降低的最高级旗舰处理器,2020 年 12 月底,小米 11 产品发布会宣称,小米是全球首发的骁龙 888 处理器芯片的第一个手机产品,比 Samsung 旗舰机更早发布、上市。

③ 建设拓展营销渠道与发展扩大海外市场:企业的发展不总是一帆风顺的。2015 年,小米手机在中国市场的出货量(内销)约占 91%,由于互联网 online 销售渠道的效率高且成本低,因此,门市零售、运营商渠道出货量占比

相对偏低，但当时主要的手机销售渠道，尤其是在第 3、4 线城市，是门市零售店、运营商（营业厅）。2016 年，小米手机因为产销问题，销售量从中国第 1 退步到第 4（落后于 Oppo、Huawei、vivo），全球出货量也从世界第 3 退步到第 7（落后于韩国 LG）。2017 年后，小米更加积极建设营销渠道、拓展经营海外市场。

小米商业模式最特别之处在于通过以互联网为基础的开放式产品创新，重新定义了硬件制造企业与用户的关系。在互联网出现之前，制造业企业的商业模式大同小异，也很少变化，而互联网的出现为企业在商业模式上的创新提供了崭新的空间。产品创新是企业价值创造的核心部分，小米通过构建一套寻找、管理、激励发烧友成为领先用户的机制，通过搭建互联网平台，推动自我管理的用户组织，形成一套让用户和员工互相激励的措施等，使传统意义用户从"产品用户和回馈者"转为"产品创新的驱动者和过程参与者"。而以产品创新为中心，小米的整个商业模式也全部发生相应革新，与传统手机商业模式大相径庭。

第4章
中国制造业的市场创新：
以TFT-LCD产业为例

4.1 引言

  企业技术扩散,部分来自消费者的需求拉动,部分来自创新者的技术推动。国家创新理论认为,技术演化程度主要取决于本国的经济环境。一国长期关注并建立的某些技术轨迹,是决定其在该产业技术上能否有较好表现的关键因素。而国际化理论认为,不同国家间技术发展主要遵从比较优势原则,取决于在全球产业链中的分工角色。20世纪80年代初,我国因家电、IT等产业发展所产生的市场需要,与我国发展半导体产业的技术积累相类似的薄膜晶体管液晶显示器(Thin Film Transistor Liquid Crystal Display,TFT-LCD)前段工艺所产生的技术发展推动,促使我国积极跨入TFT-LCD产业技术领域。由于新兴技术轨迹与企业竞争优势存在较多技术差距,我国TFT-LCD制造企业大多以技术转移方式,通过市场创新实现TFT-LCD技术的发展。

  TFT-LCD面板产业主要包括液晶监视器、笔记本电脑、液晶电视、大尺寸平板计算机、工业计算机和户外显示器等终端产品。目前国内面板主要三大出货类别是液晶电视、液晶监视器及笔记本电脑,其中液晶电视为出货主流。除全球已开发国家液晶电视市场占有率很高,印度和印度尼西亚等新兴市场对液晶电视需求也呈现稳定的成长,加上消费者有换机需求,故出货比重逐年成长。TFT-LCD面板零部件为TFT-LCD面板主要关键零部件,受到全球经济成长疲弱影响,近年下游应用产品趋向饱和,需求减弱,成长量逐渐减缓。加上技术门槛低、新生产线持续量产及低价竞争,严重压缩面板上游零部件厂的生存空间。

表 4-1 全球 TFT-LCD 面板产值变化趋势

项目	2014 年	2015 年	2016 年	2017 年	2018 年	2019 年
大尺寸 TFT-LCD（亿美元）	961.82	742.19	739.22	812.46	613.99	570.38
中小尺寸 T-LCD（亿美元）	278.00	279.77	284.20	287.05	287.12	288.27

续表 4-1

项目	2014 年	2015 年	2016 年	2017 年	2018 年	2019 年
OLED(亿美元)	58.95	74.69	101.58	132.21	148.62	181.66
其他(亿美元)	17.08	16.55	15.41	14.79	14.05	13.50
合计产值(亿美元)	1,327.20	1,113.19	1,140.41	1,248.02	1,063.78	1,053.81
合计产值年增率(%)	−0.53	−16.12	2.45	9.44	−14.67	−3.07

目前全球显示器设备分为液晶显示器(Liquid Crystal Display,LCD)及有源矩阵有机发电二极体(Active-Matrix Organic Light-Emitting Diode,AMOLED)两种主要产线。LCD 产线建置主要以 8 代生产线和 10.5 代生产线,甚至 11 代生产线为主。LCD 工艺稳定且良率高,在成本、产量和利用率方面可达最佳效益;AMOLED 工艺良率不及 LCD 且材料成本相对较高,由于全球景气前景不确定,其投资脚步有放缓趋势。

中国大陆[注]2020 年 8.6 代线面板厂出售重组,2021 年 10.5 代线厂投资达高峰;对于 6 代线有机发光二极管显示器(Organic Light Emitting Diode,OLED)面板市场的投资仍将持续一段时间,但最终将转向 8.5 代线喷墨(IJ)OLED 面板工艺。截至 2020 年 11 月,在中国大陆营运中的液晶面板和 OLED 面板厂的数量已超到 50 座。由于韩国企业撤回产线和中国台湾企业投资停滞,中国大陆面板厂独占绝大市场。中国大陆面板业者依赖地方政府的财政支持和量产带来的规模经济,为了抢占全球市场而持续降低面板价格,迫使韩国和中国台湾企业减产或转向利基市场。面板厂重组方面,三星已将其位于江苏苏州的 7.5 代线厂房出售给 CSOT(华星光电)。中国大陆面板重组方面,CEC(中国电子集团)将出售两座液晶面板厂(江苏南京和四川成都)给京东方(BOE)。CEC 南京工厂为 8G 产线,月产能 9 万片;成都厂为 8.6G 产线,月产能为 14 万片。CEC 将逐渐退出液晶面板制造,仅在陕西省咸阳市留下 8.6G 产线。至 2020 年,中国大陆对大尺寸面板厂的资本投资居龙头的是京东方(BOE)和华星光电(CSOT),其中,京东方年增 4~5 座,产线为 8.6G~10.5G;华星光电过去三年在湖北武汉与广东深圳盖了三座全球最大的 10.5G 厂房。鸿海集团投资的 SIO(前身为 SDP)在广州市设有

注:本章因有与中国台湾数据比较的需要,所以统计及叙述上将中国大陆与中国台湾分开。

10.5G 厂房,深圳惠科是大陆本土首家成功自行生产监视器用面板的公司,已在安徽滁州和四川绵阳盖了生产技术成熟的 8.6G 产线。以上产线合计月产能 10.5G 为 40 万片,8.6G 为 55 万片。大尺寸液晶面板厂的投资在 2020 年达到顶峰,在 2021 年开始趋缓。2021 年 CSOT 深圳厂 T7 线扩建计划为 10.5G,月产能为 3 万片,惠科(HKC)长沙厂的安装计划为 8.6G,月产能 15 万片。大陆各面板厂 10.5G 厂房的具体增设计划截止到 2022 年。

2020 年迄今,面临新冠疫情冲击,虽然全球经济陷入衰退困境,但因疫情发展改变生活与工作模式,使得宅经济、远距离教学、零接触等商机反而兴起,带动笔记本电脑、台式计算机、液晶电视及车用显示器需求,因相关零部件缺货影响供给,产能供给成长速度有限,整体看面板产业景气有逐渐好转迹象。过去每年都是负成长的笔记本电脑市场逆势增长了 5%～10%。生产 5 代线面板的昆山龙腾光电,于 2014 年之前开始运营,产线较为老旧,面对疫情对笔电屏幕的需求,2020 年持续满载生产。生产中小尺寸液晶面板和触控面板的莱宝高科技(广东深圳)也计划投资兴建新工厂,以应对笔记本电脑屏幕不断增长的需求。莱宝将在武汉市建一座 8.5G 工厂,开始月产能 6 万片。许久未有扩厂计划的信利光电(广东汕尾)计划将在四川眉山扩建 5G 工厂,其先从三星电子购入二手设备,之后将首次购买新设备,月产能达 1 万片。2018 年,大陆面板厂尚无法量产智能手机用 OLED 面板,但经过数年努力及韩国企业合作技术转移,现在能提供 OLED 面板给大陆品牌智能手机。从 2021 年起,对大尺寸面板厂的投资达到顶峰并开始降温,但对智能手机面板厂的资本投资持续。到 2021 年为止,武汉华星光电、上海和辉光电和合肥维信诺三家 OLED 面板厂的月产能都将扩大至 1.5 万片,友达昆山厂也已开始考虑增产 1 万片。京东方重庆厂和天马微厦门厂于 2021 年启动新的 6G 产线。另外,OLED 面板已持续替代 TFT-LCD 面板,而由于 TFT-LCD 面板具有自发光和屏幕较薄优势,也降低了对 LCD 零部件的需求,连带影响业者获利。

4.2 TFT-LCD 产业技术发展

LCD 产业起源于 1970 年代,最早是美国 RCA(Radio Corporation of America)公司发布的一款以液晶为材料的手表,从此 LCD 正式迈上商业化及实用性道路。当时彩色电视机显像管先驱的美国 RCA 公司认为发展液

第 4 章 中国制造业的市场创新：以 TFT-LCD 产业为例

晶显示产业存在两个困难：第一，相比其他半导体产业，技术并未完全成熟，大企业不愿投资；第二，由于液晶显示产业后段生产需要较多人力，并且其规模经济要求比较高，美国的制造成本难以与之抗衡。1972 年初，日本 SHARP 公司买下美国 RCA 公司的 LCD 技术，次年即推出了第一款采用 TN-LCD 显示面板的计算器（SHARP EL-805），在市场上得到巨大成功，推动了企业 LCD 的研发。到了 1990 年，日本薄膜晶体管（Thin Film Transistor, TFT）液晶面板占据全球市场的 90%，1994 年上升至 94%，而美国只占了不到 3%。在液晶显示技术商业化和产业化上，日本、韩国、中国台湾和中国大陆的企业互相合作、竞争发展。面板技术从早期的 CRT 映像管、电浆面板，到 TFT-LCD 面板、OLED 面板等。新开发技术都具有优劣势及需克服的成本问题，同时也面临价格竞争压力。

4.2.1 TFT-LCD 产业技术分类

TFT-LCD 产业从上游到下游分为材料及关键零部件、面板生产、模块组装及终端系统的产品。TFT-LCD 产品具有轻、薄、省能源和低辐射等优点，已被视为主流显示技术。TFT-LCD 的发展，提供给消费者更宽大的视觉接口与更高分辨率的色彩。制造显示器的各世代厂房之间的差异在于玻璃基板的尺寸，由于大尺寸面板的需求与日俱增，新世代厂房的玻璃基板尺寸愈大，可切割出更大及更多的面板，以达到降低成本及扩大经济效益的目的。国内面板业者所做的消费产品已朝向大尺寸、高精细和高画质，以提高售价来做产品区别。

中小尺寸面板应用产品可分为手机面板、平板计算机面板、数字相机面板、车载面板、可携式 DVD 面板、游戏机面板和数字相框面板等。其中手机面板为最主要的出货产品，以中国和日本等手机品牌客户为主。随着车联网与自动车商机兴起，汽车设计规格大幅提升、除安全与舒适性的基本考虑外，消费者对车内娱乐通讯的需求增加，带动车用面板等周边相关产业发展，如仪表板、中控台、抬头显示器、倒车雷达显示设备、后座娱乐显示设备和汽车后视摄影等。另外，大数据和人工智能新技术发展也带动相关产品持续开发，包含苹果和小米等陆续推出新产品，例如未来智能手表、屏幕及智能音箱，这些产品将成为中小尺寸面板成长新的动力来源。其中智能手表快速成长。

应对数字化内容、各类载具(如相片、影音或游戏)分辨率升级至 4K、8K 的超高画质,且各类消费性电子产品(如智能手机、平板计算机或笔记本电脑)用户对显示效果、视觉感受与反应速度要求逐步提高,高级 LCD 面板与 OLED 市场占有率逐渐扩大。其中 AMOLED 面板因比传统 LCD 面板薄、显示色彩饱和度高和省电效果佳,渐渐成为消费者优先选择之一。OLED 与 LCD 需要背光源的原理不同,它是自发光,屏幕厚度较薄,为软式面板,具有更佳的弯曲或折叠效果,有利于电子产品设计与发展。OLED 可分为 AMOLED 和 PMOLED(Passive-Matrix Organic Light-Emitting Diode)两种,其中 AMOLED 技术应用广泛,目前 OLED 屏幕大多数指的即是 AMOLED;PMOLED 技术则应用于车载面板及部分小尺寸产品上,碍于驱动方式、耗电量和分辨率等问题,大尺寸发展尚有些困难。全球 OLED 面板产能最佳的是韩国,主要设备供货商及零部件厂商都被韩国、日本和欧美厂商所掌握,其成本效益不及液晶显示器。三星公司首推搭载 AMOLED 面板的智能手机 i9000 后,持续用于自家旗舰机及平板计算机,并于 2017 年独家供应 Apple iPhone 的 OLED 面板。近年中国打入 OLED 面板市场,打破韩国垄断模式。中国各地方政府为吸引厂商投资新建 6 代线 OLED 工厂,推出厂房土地、银行贷款等各种补贴政策,大幅降低兴建面板厂所需的资金成本。

Micro LED 面板为近年全球厂商关注的热门议题,其特色是采用 RGB 自发光技术,具有高效率、高对比度与高亮度、轻薄、高色域和显示质量佳,兼具 LCD 与 OLED 两大显示技术优点,为近年兴起的显示器技术。与自发光的 OLED 显示器相比,Micro LED 亮度高出 30 倍,分辨率可达 1 500 ppi(像素密度),而且对环境耐受性佳、使用寿命长,主要应用于微软和苹果的电视、笔电及平板,从而提高分辨率及画质,未来将会扩展至液晶监视器和电视,包含 4K 与 8K 液晶电视。苹果和 SONY 虽为早期抢先布局 Micro-LED 显示技术的品牌大厂,但是相关专利大多由韩企掌握。

由于液晶面板产业属于大规模资本投资,因此进入这一领域不仅需要能生产出产品,还要掌握量产的工艺能力。90 年代初,韩国企业即在试产线中使用最先进的设备作为学习平台,并培养量产的能力。在自身技术能力不足的液晶注入工艺技术等方面,用"偷师"的方式学习日本。当时三星在日本设立了一个研发机构,雇用日本工程师,累积研发能力。1991 年起,三星每年皆有新的 LCD 生产线建立,再加上韩国政府有规模化的发展策略,推出了税收减免、研发补贴等一系列扶持政策,促成了韩国面板业的大成功,甚至直接挑战了日本的龙头地位。

4.2.2 中国TFT-LCD技术转移路径

面临三强鼎立的格局,中国液晶显示器产业的发展可说起步稍晚,但中国拥有庞大的消费市场及自有电视品牌等优势,面板业者不畏高资本,纷纷加入高世代面板的投资。上海广电集团于2002年4月与日本NEC签订液晶显示项目合作意向书,投资近100亿元人民币从NEC引进一条第5代TFT-LCD生产线。2003年12月28日,双方合资的上广电NEC在上海正式挂牌成立,由合资公司向NEC购买相关的生产专利和技术,并支付技术使用费。可惜上广电5代线因巨额的专利费而丧失产品竞争力,运营不到三年就宣布破产并艰难重组。有别于上广电的技术转移模式,京东方尝试了全盘收购加自主创新。2003年1月,京东方以3.8亿美元的价格并购了韩国现代电子的TFT-LCD业务(包括2.5G、3G和3.5G三条生产线),以及其全部的TFT-LCD专利技术、全球营销网络,走上了海外收购、国内建设、带动配套的新型发展道路。京东方将并购得来的核心技术全部消化吸收,成为中国大陆唯一完整掌握TFT-LCD核心技术的本土企业。

表4-2 中国大陆TFT-LCD企业状况

项目	京东方	华星光电	龙腾光电	中电熊猫	上广电
成立时间	2003.3	2009	2005.7	2009	2003.11
地点	北京	深圳	昆山	南京	上海
主要股东	京东方科技,韩国现代集团,日本丸红集团	TCL 55%,深超科技30%,三星电子15%	昆山开发区,友达光电	中国电子信息,南京中电熊猫	上海广电集团,日本NEC,日本大和证券
技术来源	韩国Hydis	韩国三星,中国台湾	日本IDT	日本SHARP	NEC

数据来源:根据各公司网站整理。

4.2.3 全球面板厂专利布局、授权

通常处于产业链同一层级的商业竞争对手会针对直接的利益进行专利

侵权诉讼,但 TFT-LCD 产业在产业链不同层级之间的侵权诉讼相较其他产业更加明显。日本面板厂受到亚洲金融风暴的影响,普遍将生产技术转移给中国台湾的面板厂,并且通过面板设计技术授权赚取高额授权金,如日本 IBM 与友达光电、富士通与奇美电子的合作等。近年,随着中国大陆政策与资金扶持的加大,大陆 TFT-LCD 企业不断发展壮大,有的面板厂直接向国外企业购买整条生产线,或是二手生产线,同时在技术引进过程中交纳技术使用费;或私下和国外企业达成技术许可协议。海外面板业者同意技术转移的主要原因是大部分大陆面板厂的产品初期市场占有率有限,且产品定位较低端,没有真正威胁到海外竞争对手的利益。但当面板产业步入成熟期,面板企业在技术专利上的策略与布局直接影响该企业的市场竞争力时,就必须谨慎看待专利布局、授权。

TFT-LCD 产业专利竞争大体分为专利侵权纠纷和技术授权合作两方面。专利侵权纠纷包括法院起诉、应诉和反诉,而通过获取专利权作为前提、法律诉讼作为筹码,谈判寻找和解平衡点,是 TFT-LCD 产业内各家实体厂商最常经历和最乐于寻求的解决方案。从三星和夏普之争,到夏普和友达的多次专利官司,再到群创与索尼的纠纷,不管持续时间长短、诉讼过程如何,产业内接近 55% 的侵权诉讼官司以裁定和解或私下和解的结局告终。例如三星和夏普长达三年的专利诉讼较量,三星于 2007 年 12 月 21 日率先向美国 ITC 提请对夏普进行 337 调查,一年半以后 ITC 最终裁决三星胜诉,认定夏普侵犯了三星两件专利(US 6937311 和 US 6771344)。技术授权合作的内容越来越多样化,目前产业内主要存在技术许可、合资和战略合作等合作模式。

4.2.4　TFT-LCD 主要竞争者分析

全球 TFT-LCD 产业在 21 世纪初成功取代 CRT 之后,随即展开了一场产业内部的竞争。尤其从 2001 年开始,日本、韩国和中国台湾地区几乎将 TFT-LCD 导向了高度竞争的局面,其间曾有几家面板大厂举行秘密的合作会议而被搜证告发,导致 2008—2010 年先后被美国司法部、欧盟贸易委员会以及日本、韩国的公平贸易委员会,依全球性反托拉斯、反联合垄断或反公平竞争诉讼判决定案,重罚日本、中国台湾面板企业总金额超过 10 亿美元。2008 年的金融海啸以来,日本面板业从一蹶不振。中国台湾面板企业经历大规模的合并,最后依靠中国大陆的面板需求挺住,一直到 2012 年才再次稳

第4章 中国制造业的市场创新:以 TFT-LCD 产业为例

表4-3 全球 TFT-LCD 竞争者变化表

国家或地区	因素	1987年	1994年	1995年	2000年	2004年	2006年	2009年	2012年	2016年	2018年
日本	数量	1	5	5	8	9	8	7	3	1	1
日本	品牌	Sharp	Sharp NEC Hitachi Toshiba Mitsubishi	Sharp NEC Hitachi Toshiba Mitsubishi	18M Sanyo Matsushita Sharp NEC Hitachi Toshiba Mitsubishi	Mitsubishi Seiko Epson Sanyo Matsushita Sharp NEC Hitachi Toshiba Sony	Mitsubishi Seiko Epson Matsushita Sharp NEC Hitachi Toshiba Sony	Seiko Epson Panasonic Sharp Hitachi Toshiba Sony Mitsubishi	Sharp JDI Panasonic	JDI	JDI
韩国	数量	0	2	3	3	2	2	2	2	2	2
韩国	品牌		Samsung LG	Samsung LG Hyundai	Samsung LG Hyundai	Samsung LG	Samsung LG	Samsung LG	Samsung LG	Samsung LG	Samsung LG

续表 4-3

国家或地区	因素	1987年	1994年	1995年	2000年	2004年	2006年	2009年	2012年	2016年	2018年
中国大陆	数量	0	1	0	0	1	5	5	6	7	7
	品牌		吉林彩晶			上广电NEC	上广电NEC 京东方 天马微电子 华星光电 龙腾光电	京东方 天马微电子 龙腾光电 深超光电	京东方 天马微电子 华星光电 中电熊猫 龙腾光电 深超光电	京东方 天马微电子 华星光电 中电熊猫 龙腾光电 深超光电 惠科	京东方 天马微电子 华星光电 中电熊猫 龙腾光电 深超光电 惠科
中国台湾	数量	0	0	3	7	8	6	5	3	4	4
	品牌			达碁 联友 元太	CPT-华映 达碁 联友 QDI-广辉 瀚宇彩晶 CMI-奇美 元太	CPT-华映 AUO-友达 QDI-广辉 瀚宇彩晶 CMI-奇美 TPO-统宝 INX-群创 元太	CPT-华映 AUO-友达 胜华 CMI-奇美 TPO-统宝 INX-群创	CPT-华映 AUO-友达 CMI-奇美 TPO-统宝 INX-群创	CPT-华映 AUO-友达 INX-群创	CPT-华映 AUO-友达 INX-群创 Sharp	CPT-华映 AUO-友达 INX-群创 Sharp

第4章 中国制造业的市场创新：以TFT-LCD产业为例

住高度寡占的态势。此后，中国大陆因为庞大的面板需求，大举投入建造G6~G10以上的高世代TFT-LCD线而成为面板业龙头。

TFT-LCD的竞争策略，分为大尺寸与中小尺寸两个主要产品族群。大尺寸TFT-LCD（包含TV、Monitor）占整个面板业出货面积的80%以上，其中又以TFT-LCD TV为主要观察指标，大尺寸TFT-LCD TV朝向大型化趋势发展，现行主流3X寸、4X寸、5X寸。TFT-LCD TV面板业者将会持续保持低成本领导策略的布局，因此，G10以上的高世代产线的投资成为最主要竞争指标。中小尺寸产品（包含Smartphone、Tablet、Netbook及智慧穿戴等）占整个面板出货面积的10%以上，未来除了低成本领导策略外，面板需求朝向高精细化的趋势发展，必须持续在生产技术、材料上进行研究开发。

表4-4 全球面板产品应用出货量排名

排名	电视面板	监视器面板	笔记本电脑面板	平板计算机	移动装置
1	LG	京东方	京东方	京东方	京东方
2	京东方	LG	友达	群创	天马
3	三星	群创	群创	华映	日本显示器
4	群创	友达	LG	LG	深超
5	华星光电	三星	龙腾	夏普	友达

以Michael Porter（1985）五力分析模型研究TFT-LCD产业，在五个竞争压力中，至少有三个竞争压力不利于TFT-LCD产业的竞争，甚至压缩了产业的利润。第一个力量是产业内同业厂商的竞争力，是目前最主要的一个竞争压力；第二个力量是OLED替代品的威胁力；第三个力量是购买者的议价能力。显示器历史上最有名的两次革命，第一次是彩色CRT取代黑白CRT，第二次则是TFT-LCD取代彩色CRT跟PDP。

2004年主要面板厂商为韩国、日本和中国台湾地区三分天下的局面，市场亦逐渐扩大，2014年新加入了中国大陆面板业者，整体市场的份额也产生变化。

整体成本的降低：中国大陆及韩国皆有政府有力的补助政策，国内的产业链整合完善，因此大幅降低了营运资本，资金运用更为灵活。

创新的技术：韩国三星拥有最多关键性的面板专利，投入的研发资本支出约为其他厂的1.5倍,因此保有高利润的优势及市场主导权。

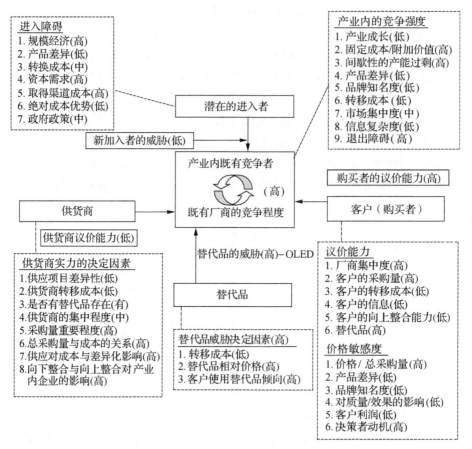

图 4-1 TFT-LCD 产业五力分析

产品价值提升:在面板成熟期,为了扩大收益率,面板厂多采用产品差异化功能决它胜负。

新市场的建立:已开发国家市场趋近饱和,需求提升仅能靠换机潮,因此面板厂若能优先打入新兴市场,对提高市场占有率有较大贡献。

中国智能手机的竞争程度更为激烈,联想、华为、小米、酷派、中兴以及TCL六大本土品牌市场相同——除了规格与发表时差不同之外——完全竞争的市场态势让价格快速下滑,导致原先所剩有限的获利能力进一步下降。中国大陆面板厂大部分着重于中低规格手机产品。随着低价智能手机市场的快速成长,中国电信补贴政策的改变,新兴市场的崛起,碍于成本的压力,

第 4 章 中国制造业的市场创新：以 TFT-LCD 产业为例

品牌与系统厂对于智能手机的分辨率规划将出现很大的改变，即所谓的高规低卖策略。

全球电视品牌领导厂商包括三星、LG 和 Sony，其电视面板采购量超过全球电视面板总出货需求量的 1/3（达 37%）。因此在面板短缺情况下，能掌控面板货源供应的厂商必将获得最大的市场占有率，而在面板供过于求的情况下，能低价买入面板的厂商也可降低成本，进而提高利润。对三星、LG 和 Sony 而言，获取更多的面板配额并使市场变得紧张是有道理的，特别是当它们主导市场且能影响面板供应分配时；同时，面板厂商也乐意支持它们，因为面板厂商需要寻求长期合作，而非支持小规模厂商。中国大陆电视品牌 TCL 挟着庞大的中国内陆市场的优势，使旗下面板厂华星光电（China Star）有最佳的出海口，除了对电视整机的营运成本有帮助外，面板厂也能保有一定水平的工厂生产率。随着大面板厂占最大的电视生产厂商的份额越来越大，小规模公司将不得不采取利基的应对措施或者直接被挤出市场。

竞争项目	特征/技术	SDC	LG	Innolux	Sharp	AUO	BOE	JDI
中小尺寸	AMOLED（中小）							
	IT监视器							
	NB面板							
	车用及航天面板显示器							
	工业及医疗用显示器							
大尺寸	OLED(TV)							
	8K4K							
	曲面技术							
	PID公共显示（电视墙）							
	TV整机/半整机代工							
制造工艺	薄化技术							
	High color gamut							
	高画质影像技术							
	窄边框 Borderless							
前瞻技术（替代品）	Flexible OLED							
	QLED（TV 大尺寸）							
	μ-LED							
	品牌认同度							
	产品广度							
	财务资源							
	成本结构							
	国际化程度							

图 4-2　全球主要面板厂技术竞争优势分析

4.3 我国 TFT-LCD 产业的发展

从1883年尼普柯夫第一次尝试传输图像到1923年发明电子扫描式显像管,再到1925年第一台电视的试播,其中承载了许多科学家的不懈努力。英国1927年开始长期连续播放电视节目,1930年解决了音视同步传送的问题,1931年第一次真正将电影在电视上播放,1951年发明三枪荫罩式彩色显像管使得彩色成像成为可能。我国从1970年生产出中国第一台彩色电视机起,CRT产业的孕育过程非常完整,遵循着产品的生命周期轨迹。

4.3.1 CRT萌芽期(20世纪70年代初期到80年代初期)

1958年我国第一台黑白电视机(北京牌14英寸CRT电视)在天津712厂诞生。这台电视机的部分元器件是由苏联研制的,不过当时我国电视机研制技术与日本基本处于同一起跑线上。1970年12月26日,我国第一台彩色电视机在天津诞生,从此拉开了我国彩电业生产的序幕。不过,70年代我国彩电业发展缓慢,彩色显像管等主要部件需从国外进口,加上计划经济的影响,使得我国彩电业在生产规模、产量、产品性能和产品质量上都逐渐落后于日本,而且差距越来越大。

1978年,国家批准从国外引进第一条彩电生产线,1982年在原上海电视机厂(上广电)竣工投产。这标志着我国彩电业的生产摆脱了自行摸索的阶段,不久国内第一个彩管厂咸阳彩虹厂成立,改变了我国彩电主要元器件依赖进口的局面,使得彩电业的发展逐渐形成规模。这期间,我国引进大小生产线100多条,熊猫、金星、牡丹、飞跃等国产品牌纷纷涌现。

1985年我国电视机产量已达1663万台,超过了美国,仅次于日本,成为世界第二大电视机生产国。这期间国产品牌无论是技术还是规模都有了长足的进步,仅长虹的产量就已达到单班日产1500台。1987年,我国电视机产量已达1934万台,超过了日本,成为世界最大的电视机生产国。

我国CRT电视经历了从无到有、从黑白到彩色的发展历程,并选择了引进生产线的发展捷径。在解决了电视机主要元器件大量依赖进口的局面后,我国掌握了 CRT 电视生产的主动权,各个国产品牌如雨后春笋般地涌现出来,在产量方面先后超过美国和日本,跃居世界最大的电视机生产国。

4.3.2 CRT 成长期(20 世纪 80 年代中期至 90 年代中期)

20 世纪 80 年代中期,虽然国产彩电在数量和规模已经有了空前发展,但国内企业引进的生产线在技术上仍然比较落后,生产出来的电视机在技术、品种、功能、质量、价格等诸多方面都无法与进口彩电相比。在大量进口彩电的冲击下,国产电视的市场地位与日俱下,不仅抓不住新增市场机会,连已有的市场份额也被外资品牌抢走。在这一轮竞争中,外资品牌实现占有 80% 的市场,其中松下、东芝、日立等日本品牌占据绝对优胜地位。

为了冲破外资品牌充斥中国彩电市场的局面,1989 年 8 月,长虹率先挑起了价格战,在全国范围内全面降价。很快,国家出台了相应的彩电降价政策。从此,国产彩电摆脱了计划经济的阴影,由市场掌舵,企业首次取得了产品营销的主动权。此外,低价优势使国产品牌抢回了失去的市场,并使彩电在中国迅速普及。不久,城镇居民彩电拥有量接近 100%,农村的彩电拥有量也已经达到了 32.5%。

进入 90 年代中期,价格战进入白热化阶段,一些实力较弱的彩电生产企业相继转产或被淘汰。而长虹、康佳、TCL、创维等一批实力雄厚、技术先进、竞争意识强的彩电企业进入大发展时期,成为中国彩电市场的骨干企业。国产品牌技术上的飞跃和低价优势使得外资品牌的市场份额日益萎缩。1996 年,国产彩电销售额首次超过进口彩电。国产品牌与国外品牌的市场占有率之比逐渐由以前的 2:8 变成了 8:2。

在 CRT 电视的成长期,国产品牌在技术上的劣势暴露无遗。不过,国产品牌认清了当前的形势,扬长避短地与外资品牌打起价格战。激烈的价格战淘汰了市场中实力较弱的品牌,使存活下来的品牌树立了竞争意识和危机意识。

4.3.3 CRT 成熟期(20 世纪 90 年代中后期至 2008 年)

在 CRT 成熟期,由于国内工资低廉、劳动力充沛、教育水平良好,吸引到大量国外技术与资金投入。90 年代中期,当国内彩电厂家凭借低价优势压倒性地占领国内中低端彩电市场后,国外家电企业开始转向技术升级,他们一方面增加在华投资并加速本土化进程,另一方面以产品和技术的革新占领高端市场,有代表性的产品为索尼的特丽珑电视。

进入90年代后期,我国彩电企业间比技术、比质量、比价格、比服务,构成家电业中竞争最为激烈的领域,彩电市场的品牌效应更加集中,并且出现了主导品牌垄断市场趋势。据对我国大型零售商场彩电销售情况的调查,1998年市场占有率前10名的彩电品牌,占据了80%以上的市场份额。

在技术创新方面,这一时期的CRT电视已彻底告别黑白电视进入彩色世界,并由模拟向数字化迈进,显示器由球面转向平面大屏幕等离子、背投、立体、高清晰度等彩电技术大量涌现,创新的步伐越走越快。

1985—1993年,中国彩电市场实现了大规模从黑白电视到彩色电视的升级换代。1996年3月,长虹发动了第一次大规模降价,降低彩电价格8%~18%,两个月后,康佳跟进,打响了彩电业历史上规模空前的价格战。同年4月,长虹的销售额跃居市场第一,国产品牌通过价格战将国外品牌大量的市场份额夺在了手中。

2001年,中国彩电业大面积亏损,康佳、厦华、高路华亏损,长虹每股盈利只有1分钱,这种局面直到2002年才通过技术提升扭转。2002年,长虹宣布研制成功中国屏幕最大的液晶电视,屏幕尺寸达到了30英寸,当时被誉为"中国第一屏"。2003年4月,倪润峰掀起背投普及计划,背投电视最高降幅达40%。2001年,在人们纷纷预测等离子电视将会取代CRT彩电的时候,第一代液晶电视上市,并迅速成长。

从1880年发现液晶,到1968年RCA研究首度将液晶应用于仪表显示器,将液晶商品化。1970年日本企业将RCA液晶显示器商品化后,日本一直为最大生产、研发TFT-LCD的国家,1990年便已投入1世代量产。世代厂生产工艺的规模与面板切割片数有关,由于1997年日本TFT-LCD企业不堪长年亏损,因此中国台湾企业与日商合作代工,通过技术转移在1999年量产而嵌入全球TFT-LCD生产链。日本企业通过获取技术转让费使研发附加价值更高,进而产生成本更低的产品。另一方面,日本、中国台湾企业联盟有效牵制了韩国面板制造厂,迫使韩国于1995年进入TFT-LCD面板产业后便通过国家支持进行技术升级直接跳至2代厂,甚至比日本更早提出建构第5代生产线计划。

1980—1989年,这个阶段属于TN-LCD阶段。电子部774厂、科学院

第4章 中国制造业的市场创新：以TFT-LCD产业为例

713厂和上海电子管厂先后引进4英寸基片玻璃的LCD生产线，主要生产用于手表、计算器和一些仪表的液晶产品。目前这些生产线或停产，或早已改造。

1989—2002年，这个阶段属于STN-LCD(CSTN-LCD)阶段。国内厂家引进12英寸×14英寸、14英寸×14(16)英寸TN-LCD生产线，如天马二期、康惠、信利一期、河源精电、深辉二期、晶蕾等，这些生产线产量大、设备比较先进、成品率高、效益比较好，是目前主要的TN-LCD生产线。1992年以后，我国开始引进14英寸×14英寸、12英寸×14英寸STN-LCD生产线，这些生产线自动化程度高，厂房净化条件好，具备生产高档、大尺寸STN-LCD的条件，但除无锡夏普外，其他厂家由于技术不过关，难以大批量生产高档STN-LCD产品。

2003年到现在，属于TFT-LCD阶段。2003年长春建设的TFT-LCD生产线是我国第一条引进的日本DTI第一代TET生产线。国内建有3条5代TFT-LCD生产线、2条4.5代线。目前国内计划中的液晶面板生产线有：江苏昆山龙腾光电8.5代线（龙腾光电第三期计划），投资额33亿美元；南京夏普向中电熊猫转让6代线（夏普协助推进后者6代线建设），总投资138亿元，CEC与夏普合资八代线总投资300亿元；三星拟在苏州投建7.5代线以及合肥新站试验区正在筹建的8代线。北京京东方八代线总投资280亿元。广东广州市有LGD8代线正式落户广州开发区，总投资40亿美元；深圳市则有深超光电5代线TFT-LCD面板生产线和TCL集团与深超科技投资有限公司投资245亿元启动8.5代TFT-LCD生产线项目。合肥京东方投资建设6代线。

中国建设的高世代线多，但是中国TFT-LCD面板的上游原材料自给能力是最差的，几乎所有的上游材料都要从国外进口。不过中国的一些TFT-LCD企业也开始突破部分上游原材料，比如诚志股份开始生产液晶，彩虹股份开始生产玻璃基板，深纺织开始生产偏光片等。

4.4 我国 CRT 与 TFT-LCD 产业的结构分析

4.4.1 CRT 与 TFT-LCD 产业发展是产业高度关联、技术高度连续

从 CRT 与 TFT-LCD 产业的发展，可以看出 CRT 与 TFT-LCD 产业在不同阶段的发展情况都有值得探讨之处。从 1970 年起，CRT 产业开始孕育，整个产业由形成、繁荣、蓬勃发展至成熟期，历经约 40 年之久。初期 CRT 关键技术皆掌握在日本等国企业手中，致使 CRT 产业的发展较为迟缓。而 TFT-LCD 产业则是在 21 世纪初由吉林电子集团、京东方等企业通过技术合作、并购等渐渐发展形成，不到 10 年之久，整体产业即迅速发展至成熟阶段，时间压缩得非常短且急促。CRT 与 TFT-LCD 产业的技术皆主要转移自日本企业，在韩国、中国台湾等地企业扩散与创新，最后至大陆企业，可以大幅缩短企业的学习曲线，同时全球对于液晶显示器的需求激增，致使许多企业积极投入研发。CRT 及 TFT-LCD 两个产业所处的生态期间不同，但两个产业的发展关系是重叠的，且从 1980 年代至现今，全球 CRT 与 TFT-LCD 产业发展仍是并行的，仅仅表现为 CRT 产业发展已从成熟期渐入衰退期，而 TFT-LCD 产业则处于成长期，并且仍不断持续高度成长。两个产业间的技术发展关系是连续性的，而非断层的。

4.4.2 CRT 产业正进入衰退期，TFT-LCD 产业正处于成长期

对 CRT 与 TFT-LCD 产业生命周期进行比较分析，CRT 产业生命周期所处的阶段是正由成熟期迈入衰退期，TFT-LCD 产业则是正处于成长期，逐步往成熟期迈进。CRT 产业至今约有 40 年，其间经历导入期、成长期、震荡期、成熟期至现今逐步衰退的局面。其中震荡期约是发生在 1996 年(以长虹发动第一次降价时间为界)，乃是由于此阶段 CRT 产业面临平面显示器(FPD)的挑战，致使其产品销售与价格受到考验。由于 CRT 产品在分辨率、

画质等方面皆优于平面显示器,因此其产量与产值仍稳定成长。在 1996 年后,CRT 虽然与平面显示器产品双雄鼎立,但整体产业日趋于成熟,2003 年开始呈现负成长,即逐步衰退的局面。2004—2008 年,由于各 TFT-LCD 企业的扩厂计划持续进行,其产能规模大幅增加,因此 TFT-LCD 产业未来竞争将更加激烈。

CRT 与 TFT-LCD 产业的技术发展历程与未来趋势,包括产品开发和景气循环颇为相似,随着 TFT-LCD 技术的积累和应用产品设定标准之后,已逐渐类似 CRT 产业发展模式。通过观察 CRT 显示器技术发展,可发现 LCD 在产品尺寸规格上的演进类似于 CRT 显示器,例如显示器尺寸已由 14 英寸到 15 英寸,乃至 17 英寸、19 英寸、22 英寸,因此 LCD 显示器的产品模式有 CRT 化的现象。CRT 和 LCD 产业的应用产品形态和标准演进已普遍被业界接受而标准化。故 CRT 生产技术发展策略可沿用至 TFT-LCD 产业。由于 CRT 产业已历经约 40 年,技术研发已难再有创新或进步,整体产业技术呈现衰退、负成长的局面,可谓技术已成熟或已达饱和状态,仅能以低成本生产优势占有市场。TFT-LCD 产业则由于在全球发展才 20 年,技术仍在不断地进行研发与创新,近年来更以大幅度的进步而致专利数目迅速增加,整体产业技术正呈现高度成长。

4.4.3　CRT 与 TFT-LCD 产业的未来走向

CRT 显示器产业发展已接近 40 年,2003—2004 年,当外国企业纷纷处理 CRT 电视产品的生产设备时,我国一些企业却把这看作是国际产业转移的好机会,继续购入生产线以扩大生产能力。2007 年以来的短短三四年时间里,我国花了 20 多年时间建立起来的彩色显像管工业就被技术替代风暴所摧毁。尤为需要指出的是合资企业在技术替代过程中的行为:外资先是把其在本国或其他地方原有的彩管生产能力转移到设在中国的合资企业,继而在 CRT 市场全面萎缩的情况下撤资而退,从未在新型显示技术方面做过任何努力,留下的只是废弃厂房和下岗职工。作为中国液晶产业曾经的"三驾马车",上广电曾准备让 SVA 品牌成为国际著名品牌,但 2009 年 12 月上广电因巨额亏损以 25 亿元的低价将 TFT-LCD 5 代生产线出售给深圳天马,宣告了液晶战略的彻底失败。2003 年,上广电与日本 NEC 合资成立广电 NEC 公司,项目总投资 100 亿元人民币,是中国第一条能够批量规模生产的 5 代液晶面板生产线。该线 2004 年 10 月正式投产,5 代线的技术主要依赖于 NEC。在上广电整体战略中,液晶一直是其显示产业的核心,上广电在上游其他元器件、下游消费终端业务的布局,都是围绕着广电 NEC 进行的。液晶产品技术升级与产品降价不过是压垮上广电集团的"最后一根稻草"。上广电一直走合资路线,在短期内凭借市场先机带给上广电高利润,但高利润的背后是技术空心,最终在与 NEC 的合资中咽下苦果。比较 CRT 与 LCD 显示器的发展可发现,LCD 在萌芽期由于已有 CRT 所积累的经验,成长较 CRT 迅速。通过景气循环的波动可发现两者发展轨迹相似。LCD 显示器落后 CRT 显示器约 10 年的时间,考虑 LCD 与 CRT 显示器的异同,估计我国 LCD 显示器要达到如同 CRT 显示器的全球市场占有率,所需的时间将比 CRT 长。

表 4-5 CRT 与 TFT-LCD 产业的 SWOT 分析

SWOT	CRT 产业	TFT-LCD 产业
优势	关键零部件自制率已达 80% 以上,提升了产品的生产技术能力。 CRT 企业拥有自有品牌,在市场上相对占有较大竞争优势。 CRT 产品应用广泛,选择多样化	由韩国技术转移取得,缩短了学习曲线。 庞大的市场优势。 TFT-LCD 产品应用广泛,市场需求广大
劣势	研发技术已逐渐饱和,能够研发或改善的技术相当有限。 产业研发技术差	关键零部件自制率低。 资金大,财务风险增加,造成进出障碍高。 目前无法生产制造 TFT-LCD 相关设备机器。 企业缺乏自主研发技术能力
机会	企业积极研发,已成功研发出薄型的 CRT 产品。 CRT 产品品质稳定、生产流程缩短、成本低并能满足顾客要求。 企业提供良好售后服务	由于 TFT-LCD 产品应用广泛,营销渠道多。 TFT-LCD 企业提供良好售后服务
威胁	CRT 营销渠道略少,需积极开拓	亚洲外企业积极投入此竞争市场。 未建立自有品牌形象,影响市场占有率

4.5 我国 TFT-LCD 产业的发展模式

通过研究中国大陆 TFT-LCD 产业结构与资源特性(技术本土化),与日本、韩国、中国台湾等国家或地区企业战略联盟所形成的国际分工架构(技术国际化),是我国 TFT-LCD 产业迅速发展的重要原因,其中京东方为突出的代表。我国 TFT-LCD 企业大多以跨国技术转移方式,参与并追赶 TFT-LCD 技术的发展。由于韩国企业的兴起,威胁日本在 TFT-LCD 产业的领导地位,日本企业因此愿意转让技术给中国台湾企业以应对韩国的竞争。

在 TFT-LCD 的前、中、后段工艺中,以后段模块的劳动力成本较高,加上中国台湾企业在最前段产品设计方面实力有待提升,因此由日本企业提出设计蓝图,委托中国台湾企业进行 TFT 前段 Array 与中段 Cell 工艺代工的方式,符合当时产业分工的发展。在此背景下,大陆企业只有向中国台湾、韩国等企业寻求 TFT-LCD 产业的技术转让。20 世纪 90 年代中期,韩国三星、现代便依靠政府的支持于 1995 年先后投入大尺寸 TFT-LCD 面板的研发生产,目前全球 TFT-LCD 产业中,也只有中国台湾、韩国拥有以大约四年的时间就分别建设出三代工厂的经验。被京东方收购的韩国 HYDIS 在全球 TFT-LCD 生产企业中排名第九,其 TFT-LCD 技术非常突出。通过并购,京东方迅速掌握了技术资源,吸收了这方面的专业人才,得以最快速度地跻身 TFT-LCD 市场。京东方的判断具有一定的前瞻性,公司没有采取错误的"市场换技术"战略,而是跨国并购。这次并购,使得京东方能够生产大尺寸和高质量的 TFT 显示屏,并成为目前大陆唯一拥有 TFT-LCD 技术的企业。

一般而言,能力是经过学习过程而后天获得的。对于后来企业来说,从早期阶段的低水平状态成长到能够与先进者竞争的状态,需要经历高强度的技术学习,支撑这种学习过程则需要进取性的战略。换句话说,后来企业能力成长的关键不是最初的技术水平,而是进取性的战略及其这种战略下的技术学习。京东方为什么要通过并购的方式来获取技术呢?就 TFT-LCD 产业而言,这是一个技术和市场周期都很短的行业,直接采用并购方式获取技术在发展中有一定优势。

我国发展 TFT-LCD 产业的动力来源,较少归因于技术推动,较多属于需求拉动。由发展迅速的家电、电动玩具等产业开始,逐步发展个人计算机,我国 LCD 相关生产网络的发展并不健全,上游零部件几乎全依赖日本进口,直至 21 世纪初才有企业陆续开始投入。因为 TFT-LCD 前段工艺(约70%)与半导体工艺类似,因此我国在 20 世纪 70 年代开始积累的半导体产业技术或多或少对跨入 TFT-LCD 技术有所帮助。

然而由于 TFT-LCD 与半导体的制造仍存在许多差异,并且 TFT-LCD 相关核心技术仍掌握在日本、韩国、中国台湾企业手里,这方面的技术推动并不明显。在缺少技术推动的情况下,我国庞大的产业市场需求是推动发展 TFT-LCD 产业的重要力量。我国苏州地区目前供应全球 1/3 以上的笔记本计算机,但占笔记本计算机成本结构最重要的液晶面板,却长期依赖日本供应。

我国政府机构在 TFT-LCD 产业发展过程中,扮演着重要的创新中介。政策的支持,加上部分国有科研机构、企业的共同研发,使得我国应该能在 TFT-LCD 技术领域上发挥创新效果。政府科技政策的制订与努力,可以协助新兴企业突破传统制度轨迹限制,开发市场与技术机会,进而创造新兴技术与产业范畴。

早期日本企业不愿意技术转移,因此中国科学院、清华大学等就自行开发,替企业增加了一些谈判的筹码,再加上日本、韩国和中国台湾的企业竞争,在这些因素的影响下,国外技术转移条件就成熟许多。

京东方的前身是电子部所属的北京电子管厂即 774 厂,是中国"一五"计划时期由苏联援建的 156 个重点项目之一。建国后的前 30 年间,北京电子管厂曾经是中国最大、最强的电子元器件厂(60 年代是亚洲最大的电子管厂),是中国电子工业和国防工业的骨干企业。进入 80 年代企业发展遇到困难,直接的原因是半导体技术对电子管技术的替代。当时从国外引进的电视机、收录机、录像机等,几乎全部采用半导体技术,国内原来使用电子管的电子工业开始引进外国生产线来生产消费电子产品。另外,北京电子管厂的主要客户军方因军费削减而迅速减少到几乎微不足道的地步。

1985 年,北京电子管厂从电子部下放到北京市。北京电子管厂是一家"大而全"的工厂。第一,工厂的生产链条很长,不仅生产产品(电子管),而且生产产品所用的原材料、零部件甚至部分设备等,以分厂为单位的产品领域就包括半导体、小电子管(即二极管和三极管)、大电子管(用于广播发射机、雷达等领域)、电子玻璃、模具、动力(氯气、氢气等)、零部件加工等,还有

第4章 中国制造业的市场创新：以 TFT-LCD 产业为例

规模很大的物资处。第二，企业办社会，拥有学校、幼儿园、食堂、房产处、维修公司等，一应俱全，而且还有 8 000 多退休职工。随着产品市场的萎缩，北京电子管厂从 1986—1992 年连续 7 年亏损，直至陷入破产边缘。随着设备老化、效益不断下降、骨干流失，最后被迫关闭了液晶生产线。总而言之，面对计划体制的限制，北京电子管厂几乎所有的新产品研发项目都没有做成。

京东方创立于 1993 年 4 月，是一家由管理层和普通员工共同筹集部分种子基金，在原国企北京电子管厂基础上改制转型的公司。京东方的主要产品在各自领域均保持国内或世界领先地位，其中 TFT-LCD 生产规模排名全球第九；显示器/平板电视是全球第二大生产商。经过多年的技术积累与创新，京东方已完整掌握了 TFT-LCD 的核心技术，年自主申请新专利数量超过 500 余项，居国内同业前列。目前，京东方拥有一条月产能为 10 万片玻璃基板的第 5 代 TFT-LCD 生产线（北京）、一条在建中的月产能为 9 万片玻璃基板的第 8.5 代 TFT-LCD 生产线（北京）、一条月产能为 3 万片玻璃基板的第 4.5 代 TFT-LCD 生产线（成都）、一条月产能为 9 万片玻璃基板的第 6 代 TFT-LCD 生产线（合肥）。截至 2010 年 6 月 30 日，公司注册资本 82.8 亿元，净资产 174 亿元，总资产 386 亿元，员工人数 12 906 人。在北京、四川成都等地拥有 6 个制造基地，营销服务体系覆盖全球主要地区。

京东方成立后，于 1993 年 11 月与日本旭硝子株式会社合资成立北京旭硝子电子玻璃有限公司（后改名为北京北旭电子玻璃有限公司），生产显像管玻杆和低熔点焊料玻璃。该合资企业满产后，玻杆在国内的市场占有率曾经达到 62%，在国际市场上的占有率曾经达到 20%，除向北京松下彩色显像管厂供货外，还成为飞利浦、索尼、日立等外国企业和国内上海永新、深圳赛格日立、南京华飞等 CRT 企业的长期供货商。1995 年 12 月京东方又与日本端子株式会社合资成立企业，生产端子及其连接器；1996 年 4 月与日伸工业株式会社合资成立北京日伸电子精密部件有限公司，生产电子枪及其零部件。在第一阶段合资中，京东方的股比都没有超过 50%。到第二阶段合资时，京东方才处于控股地位。例如与日本茶谷建立了京东方持股 75% 的北京茶谷公司，生产背光源。1997 年与中国台湾企业冠捷科技合作，在北京成立东方冠捷电子股份有限公司（京东方占股份的 51%），1999 年投产后成功盈利，把台式电脑的 CRT 显示器做到了世界第一。

京东方从 1994 年开始盈利（800 万元），到 1997 年盈利已达 4 000～5 000 万元。经过前两年的准备，京东方于 1997 年 6 月 10 日在深圳证券交易所成功实现了 B 股上市,募集到 3.5 亿港币。这是京东方第一次有了可以用于投资的钱,企业管理者们非常兴奋,立刻启动了一批新项目。2000 年 12 月,京东方在深圳证券交易所增发 A 股,融资 9.7 亿元人民币。此时,京东方已经有了可以用于投资的钱。但有一个问题还在困扰着京东方的员工们:我们这个企业到底是干什么的? 此前,他们办了一堆的合资企业,生产各种各样的产品,还有房地产。

1998 年,在企业生存状况彻底好转之时,京东方高层提出了"两个转变"的方针:从主要以投资等手段推动企业成长转变到合营和主营产业相结合推动企业成长;由传统的电子元器件制造企业转变为新型元器件、整机和系统并举的电子信息高科技企业。第一个转变是从以生存为目标的多元化经营向高技术制造业"转变",其实是向高技术工业(主营产业)的回归;而第二个转变则是从传统产业领域向新产业领域的"转变",即进入新型显示器工业领域。事实上,京东方早在 1994 年就成立了项目研究小组,开始观察和寻找下一代替代技术,主要跟踪 PDP、TFT-LCD、LED 三大技术趋势。此后,京东方开始布局显示器工业,于 1998 年 11 月收购浙江真空电子有限公司的 60% 股权,组建了浙江京东方,以此进入 VFD(小尺寸显示技术)领域;于 1999 年收购并控股深圳信桥通智能技术有限公司,组建深圳京东方,以此进入 LED 智能显示系统领域。到 1998 年,TFT-LCD 在全球平板显示技术中的优势逐渐明朗,于是京东方把它确定为重点。

1997 年的亚洲金融危机使日韩企业都遇到不同程度的财务困难,京东方想利用"草船借箭"的战略一步崛起,但在实际操作过程中,他们应该采取哪一种国际合作的方式呢? 采取技术转让方式吗? 曾有日本企业表示可以进行技术转让,其标准模式无非是转让一条生产线以及相应的一两个产品,同时规定转让的技术不得用于建设新的生产线或开发新产品,听上去是"转让"了技术,但根本没有持续发展的空间。在这种长达数年的探索和犹疑中,2001 年又"突然"出现了韩国现代集团的液晶业务要出售。京东方抓住了这个机会,最终通过跨国并购进入了 TFT-LCD 工业。

京东方通过收购韩国现代显示技术株式会社(HYDIS)的 TFT-LCD 业务,迅速、完整地获得了 TFT-LCD 的核心技术、被并购企业的市场份额及其全球销售网络。通过在国内建设 TFT-LCD 五代线,实现了核心技术向中国本土企业的快速转移。通过股份收购,掌握了冠捷科技的控股权,从而初步完成了 TFT-LCD 产业链的上下游整合,降低了企业整体运营的风险。通过

第4章 中国制造业的市场创新:以 TFT-LCD 产业为例

建设京东方显示科技园,成功拉动上下游国内外企业来华配套,加速构建中国本土 TFT-LCD 产业集群。

京东方重视并强调自主技术创新。从 1994 年起,京东方陆续派出多批技术人员,赴国内外知名学府和科研机构进修相关显示技术。在完成海外收购之后,京东方每年派出 200 余名中国技术人员到韩国子公司见习,从而培养了一大批中国工程师。通过与国内外大学的合作,联合培养相关领域的高级人才。与此同时,京东方非常重视企业外部人才的引进。目前,京东方主营事业的研发与工程技术人员为 3 000 余名,约占员工总数的 25%,其中海外技术骨干 1 000 余名。

为减少高新技术创新的风险,缩短技术的"学习曲线"和产品的研发周期,2003 年 1 月,京东方收购了韩国 HYNIX 半导体的 TFT-LCD 业务,其中最具价值的是获取了发展 TFT-LCD 事业的关键技术、关键人才和关键客户,使京东方在较短时间内实现跨越,为高起点的技术创新奠定了基础。目前,京东方在显示技术领域,尤其在 TFT-LCD 显示技术领域,已有专利 3 000 余项(其中发明专利 2 800 多项),平均每月新增专利 10 余项,每年新增国际论文 60 余篇,新产品占全部销售收入的 50% 以上,其中 AFFS 技术已被多家国际企业所采用;移动计算显示技术在全球 Tablet PC 市场中约占 70%;医用显示技术在全球医用显示系统市场中占 30%。京东方收购的现代的研发实力并不比三星、LG 差太多,在被收购之前就已经研发成功了独特的宽视角液晶技术 FFS(边缘场开关),并购之后的 2003 年 10 月进一步研发成功 AFFS(超级边缘场开关)技术,该技术具有上下左右 180°的宽视角及高对比度、无色彩偏移、低能耗等优点,这是继 NVA、PVA、IPS 技术后能显著提高液晶屏显示质量的新兴技术。

在国际化市场开拓方面,京东方主要通过 100% 的全面收购形式,快速获得被收购企业的市场资源,快速进入国际市场。京东方通过收购 HYDIS,完整地获得其原有的客户如三星、戴尔、惠普等,且业务量逐年上升。京东方在北美、欧洲、日本、新加坡、中国台湾等地设立了办事处,贴近客户,加强沟通。在 TFT-LCD 下游,京东方通过整合冠捷科技,并与 Philips 结盟,打造了全球第一的 TFT-LCD 显示产业链条(冠捷科技的 TFT-LCD 显示器出货量排名全球第一,保有 1 200 万台/年的显示器产能,同时还保有 110 万台/年 TFT-LCD 的电视产能),并通过冠捷科技,进一步扩大了产品出口比例。

4.6 京东方创新矩阵的战略分析与评价

1) 核心竞争能力与物联网竞争优势

京东方是一家以显示器和屏幕制造生产为主的企业,但实际上京东方对自己的定位是一家以半导体显示和薄膜传感器技术为基础的物联网企业。目前京东方有三大核心事业群,主要包括显示和传感器件、智能系统和健康服务事业群,京东方称之为 DSH(Display、System、Health)事业。显示和传感器件业务是京东方的主要收入来源,2017 年全年营收为 826 亿元人民币,占比为 82%;另外就是智能系统业务,全年营收 181 亿元,占比为 18%;健康服务事业则在规划和起步的阶段。京东方由核心业务出发,不断精进、突破本业的竞争力,计划性的研发与投资,在中国各地投资大世代面板生产线,以颠覆性创新在每个关键性细分市场获得竞争优势。

显示和传感器件事业群(Display Device Business):京东方引领 TFT-LCD 技术的创新和发展,致力于加快 AMOLED、柔性显示、增强现实、虚拟现实等新型显示器件及薄膜传感器件的研发。京东方显示产品朝向追求设计和创新方向发展,"5P1H"是京东方显示产品的策略路线,分别是 Picture 提供至真至美的画质、Power 更低的功耗、Panel as system/service 功能融合的解决方案、Pilot of fashion 引领时尚的气质、Price 最佳的性能价格比、Health 提供有利于人类健康的产品与服务。目前京东方积极布局柔性显示、微显示器等前瞻显示技术。2017 年 5 月 11 日,中国首条柔性 AMOLED 生产线——京东方成都第 6 代 AMOLED 生产线点亮投产。2017 年,京东方与云南奥雷德及高平科技共同出资成立项目公司,引进云南奥雷德在硅基 OLED 微显示器领域的关键技术及核心专利,进一步拓展京东方在 OLED 微显示领域的技术布局。

智能系统事业群(Smart System Business):智能系统业务以"物联网和人工智能"为主要方向,构建智能制造服务、数字艺术、智能零售、智慧车联、智慧能源五大事业部。

健康服务事业群(Healthcare Service Business):京东方将显示技术、信息技术与医学、生命科技跨界结合,发展信息医学,提供物联网智能健康产品及服务。目前京东方健康服务业务以"物联网技术和生命资料"为核心,打造移动健康、数字医院、再生医学、生命保险、健康园区五大事业部。

京东方的大策略是成为面板业的霸主,再扩充与面板核心业务相互关联的产业,进行无缝转型。因此,从2012年开始京东方便大举投资G8~G10.5代以上的生产线。另外,为了不让韩国OLED独步全球,也同步投资大小世代G6、G8 AMOLED,企图赶上。

2）技术竞争策略

京东方的技术竞争策略与国家重点扶植面板业相关,其目的起初是为了降低外购面板数量,提高自给自足的比重,而后在地方政府及业者的积极投入下快速扩张,已成为全球第二大面板供货商,仅次于LGD。京东方快速的成功,加速了企业领导人成为面板霸主的雄心。

在大尺寸及中小尺寸TFT-LCD面板的竞争策略上,京东方做到整个产业范畴的低成本领导,达成市场占有率最高的领导者。在差异化的替代技术上跟随韩国LGD与SDC,同时投资大尺寸及中小尺寸OLED技术,甚至与LGD联盟代工OLED TV,以补足自己在品牌上不足。京东方不需要分散资源在集中聚焦的低成本领导的特定市场上;差异化聚焦的部分,则有公共显示器及车用面板,这两个部分市场较小,京东方的策略是先求有,待技术及良率突破后再强攻市场取得经济规模。

表4-6 京东方大尺寸面板竞争策略

成本领导、差异化、集中聚焦		策略优势	
		低成本地位	独特性
策略目标	整个产业范围	成本领导策略 TFT-LCD TFT-LCD TV/MNT/NB 8K/4K TV	差异化策略 TFT-LCD OLED 8K/4K TV TV
	特定细分市场	低成本策略	差异化策略 TFT-LCD TFT-LCD 公共显示PID 车用面板

资料来源:根据本研究整理。

3）京东方竞争策略的创新矩阵分析

创新矩阵分析与评价是利用企业核心资源、产业关键成功因素、顾客需求特性与企业目标进行企业的相关战略分析,Schumann等人提出创新矩阵

(Innovation Map)的战略分析。创新矩阵的构成中,其纵轴的影响项目包括产品(Product,P1)、工艺(Process,P2)、组织(Organization,O),横轴的影响性质包括渐近式改变(Incremental,I)、系统性改变(System,S)、突破性改变(Breakthrough,BT),影响程度的测评是针对每一分析要素进行1~5分的强弱测评。

根据京东方自我测评的核心能力显示,京东方的竞争优势包括以下几项:客户服务品质、组织结构、企业文化、员工忠诚与向心力、品牌与企业形象以及整合订单管理制度。京东方有待加强及提升的核心资源为后勤支持能力。经上述分析,得到京东方的企业优势创新矩阵如图4-3。

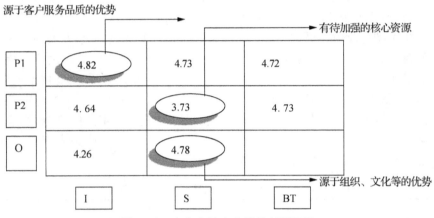

图4-3 京东方的企业优势创新矩阵

调查显示,22项产业关键成功因素中,京东方自我评价结果为:与竞争对手比较,具有较强的竞争优势为市场领导优势、规模经济优势、与顾客建立互信基础的能力;而部件设计的创新能力、研发数据库完整性的掌握这两项关键成功因素,京东方的竞争优势与竞争对手较接近。

表4-7 京东方自我评价的关键成功因素

产业关键成功因素	创新强弱		差额
	竞争对手	京东方	
多元化技术掌握	3.74	4.73	0.99
市场领导优势	3.41	4.91	1.50
法规与管理	3.46	4.64	1.18

第4章 中国制造业的市场创新：以 TFT-LCD 产业为例

续表 4-7

产业关键成功因素	创新强弱		差额
	竞争对手	京东方	
范围经济优势	3.64	4.64	1.00
元器件设计的创新	3.50	3.91	0.41
工艺创新	3.87	4.91	1.04
研发人员素质与培育	3.90	4.50	0.60
研发团队的整合	3.86	4.64	0.78
研发资料库的完整	3.59	3.91	0.32
顾客培育	3.41	4.45	1.04
工艺掌握	3.87	5.00	1.13
规模经济优势	3.64	4.91	1.27
产品优品率的控制	3.87	5.00	1.13
生产周期的降低	3.59	4.64	1.05
全面成本的控制	3.73	4.64	0.91
资金筹措	3.87	4.82	0.95
交货稳定性的控制	3.68	4.82	1.14
技术合作关系	3.77	4.45	0.68
顾客长期关系	3.68	4.45	0.77
顾客导向的产品设计与制造	3.64	4.45	0.81
与顾客的沟通	3.64	4.73	1.09
与顾客的信任关系	3.55	4.91	1.36

表 4-8 为竞争对手评价关键成功因素的结果，竞争对手认为市场领导能力、工艺掌握能力此两项关键成功因素，京东方远强过竞争对手，但在多元化技术掌握能力、范畴经济优势、顾客培育能力、生产周期的降低能力、全面成本的控制能力、企业技术合作关系的掌握能力方面，京东方似乎与竞争对手较为接近；在全面成本的控制能力方面，京东方似乎略逊于竞争对手。

表 4-8 竞争对手评价的关键成功因素

产业关键成功因素	创新强弱		差额
	竞争对手	京东方	
多元化技术掌握	3.67	3.95	0.28
市场领导优势	3.33	4.38	1.05
法规与管理	3.69	4.48	0.78
范围经济优势	3.64	3.93	0.29
元器件设计的创新	3.00	3.41	0.41
工艺创新	3.43	4.40	0.97
研发人员素质与培育	3.46	4.26	0.80
研发团队的整合	3.43	4.40	0.97
研发资料库的完整	3.34	4.08	0.74
顾客培育	3.32	3.68	0.36
工艺掌握	3.43	4.50	1.07
规模经济优势	3.42	4.10	0.68
产品优品率的控制	3.77	4.55	0.78
生产周期的降低	3.84	4.20	0.38
全面成本的控制	3.92	3.88	-0.04
资金筹措	3.87	4.33	0.46
交货稳定性的控制	3.86	4.28	0.42
技术合作关系	3.95	4.08	0.13
顾客长期关系	3.83	4.55	0.72
顾客导向的产品设计与制造	3.68	4.28	0.60
与顾客的沟通	3.65	4.55	0.90
与顾客的信任关系	3.83	4.50	0.67

结果显示,京东方在品质、价格、交货速度、产品可靠度等方面的测评分数较高,显示半导体制造对于品质、价格、交货速度、产品可靠度的要求较高。

结果显示,京东方与竞争对手的差异较大部分为(P1,I)、(P2,I)矩阵,而京东方实质竞争优势较显著部分也是(P1,I)、(P2,I)矩阵。此两个矩阵的关键成功因素为市场领导优势、产品良率的控制能力、顾客长期关系的建立能

第 4 章　中国制造业的市场创新：以 TFT-LCD 产业为例

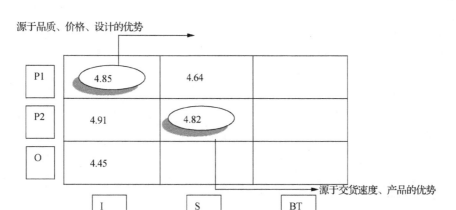

图 4-4　顾客需求特性的优势创新矩阵

力、工艺掌握能力、规模经济优势、工艺周期的降低能力等；与竞争对手差异较大的部分为：市场领导优势、产品良率的控制能力、顾客长期关系的建立能力、工艺掌握能力、规模经济优势、工艺周期的降低能力等项关键成功因素。京东方的核心资源为工艺技术与创新能力、生产效率的掌握、整合订单管理制度、客户服务品质，可再提升与积累的核心能力为人事制度与教育训练、与供货商关系、后勤支持能力。

规模经济优势 产品优品率的控制 与顾客的信任关系 1.11 5.93 4.82	研发资料库的完整 多元化技术掌握 范围经济优势 与顾客的沟通 全面成本的控制 顾客导向的产品设计与制造 与顾客的信任关系	0.94 5.67 4.73	元器件设计的创新 技术合作关系 0.54 5.18 4.64
工艺掌握 规模经济优势 产品优品率的控制 生产周期的降低 1.15 5.97 4.82	研发资料库的完整 多元化技术掌握 研发团队的整合 全面成本的控制 交货稳定性的控制 顾客导向的产品设计与制造 工艺创新	0.86 5.77 4.91	技术合作关系 元器件设计的创新 0.54 5.18 4.64
资金筹措 0.95 5.77 4.82	与顾客的沟通 研发团队的整合 法规与管理 与顾客的信任关系 研发人员素质与培育	1.01 5.79 4.78	技术合作关系 0.68　（与对手差异） 0.68　（京东方优势） 　　　（竞争优势）

图 4-5　京东方竞争优势创新评价汇总分析

第5章
绿色制造与传统制造共生研究：以建筑业为例

5.1 引言

在传统建筑的整个生命周期中会直接或间接产生碳排放和能源消耗,在其建造、运营和拆除过程中直接消耗了全球25%的木材和40%的能源。因而,建筑碳排放一直受到国内外学者的高度关注。绿色建筑因其涉及诸多资源(能源、土地、水等)的最大化利用、环境保护和污染缓解,并为使用者提供健康、舒适、高效的空间,符合低碳经济和可持续发展的新方向,且该产业成长较快,具有成为新一代主导产业的潜力,因而受到众多学者和建筑业界人士的高度重视。

国内外学者对绿色建筑可持续发展相关领域展开了深入的研究,并取得了长足的发展,为后续研究提供了宝贵的借鉴基础。这些研究侧重在三个方面,第一个方面基于绿色建筑的全生命周期,结合可持续发展的观念,侧重对绿色建筑三大基础影响因素(即环境影响、经济影响和社会影响)的内容和内涵展开研究,研究成果深化了对三大基础影响因素的认识。如Thatcher和Milner等认为,与传统建筑相比,绿色建筑在感知环境质量、自我感知生产效率提升等方面有明显改善。Dwaikat和Ali等基于实证研究结果——绿色建筑比传统建筑的成本增加幅度介于-0.42%至20%,指出相对传统建筑,绿色建筑所增加的额外成本和管理变化并不是影响建造商和投资者投资意愿的要素。考虑到绿色建筑的社会影响主要包括消费者对绿色建筑的理解、购买意图、社会和个人需求、公众态度以及行为和社会接受度等方面,Zhou等引入生态现代化的研究范式,指出自上而下的国家模式并不能有效解决绿色建筑发展过程中不同利益相关者的矛盾冲突。第二个方面基于绿色建筑项目管理是一个极其复杂的过程,许多学者主要从绿色建筑项目关键成功过程、要素与风险等方面进行研究,强化了对绿色建筑项目关键过程、要素及风险防范和回避的认识,加深了对绿色建筑发展的特征认知。如Lapinski等人指出绿色建筑项目的成功关键过程在于五个方面,即项目可持续发展目标在项目初期是否确定、可持续发展特征的识别和追求强度、项目可持续目标落实程度、是否投入时间整合项目组成员工作与项目目标、是否在项目早期选择具有设计与建造经验的项目团队等。Li等从项目评级水平的角度,认为绿色建筑项目的评级水平与建筑公司的绿色建筑的知识与经验、组织绿色文化和创新能力直接相关,而 Azouz 和 Kim 则从承包商的角度,指出影响绿色建筑项目成功的关键要素与时间需求增加、设备投资增加、害怕变革与项目文档审计等因素有关。在风险方面,秦旋等从项目运营环境角度展开研究,指出在中国绿色建筑项目的核心风险要素主要包括政府的官僚主义与复杂的审批程序、绿色建筑项目维护不充分、绿色建筑项目设计经验缺乏、绿色建筑项目试运营阶段的管理经验缺乏,以及项目定位不准确五个方面;Yang 和 Zou 从名誉风险的角度,认为绿色建筑项目所涉及的名誉风险在中国与澳洲同样重要,但评估经验和公平性所带来的道德风险在中国环境下尤其关键。此外,基于绿色建筑项目风险的多样性及其特征,粗集理论和社会网络分析理论作为研究方法可以应用于绿色建筑项目的风险分析和管理。第三个方面涉及绿色建筑相关的政策激励和政策效应研究,这些研究从政策激励对绿色建筑发展的有效性分析发展到政策激励的手段、内容、途径和效率评估,深化对绿色建筑政策激励和政策效应的内容和科学认识。如 Khanna 等认为,缺乏足够的配套支持政策是中国发展真正的低碳城市的关键障碍之一;Olubunmi 等把对绿色建筑的政策激励分成外部激励和内部激励两类,其中外部激励是一种受益人为实现某种目的而产生的强制性激励,并指出如果政府提供恰当的激励措施,业主将追求发展绿色建筑;Gibbs 和 Neil 认为政府促进主流建筑企业采用绿色建筑技术和方法的有效措施是制定有效的鼓励措施和发展绿色经济;Kuo 等以中国台湾绿色建筑发展为研究对象,指出台湾推广绿色建筑的最有效措施是加强私人建筑增量激励、公共建筑强制管制和绿色建材的推广,而且在新建筑规划设计阶段采取控制措施的效果要优于在运营管理阶段采取措施的效果;Shazmin 发展了物业税评税豁免模型和减少模型这两种激励模式。

同样,运用博弈论研究有效的绿色建筑激励机制也是国内外绿色建筑项目管理重点研究的内容之一。在交易成本对绿色建筑发展的影响方面,Queena K. Qian 等建立了一个考虑交易成本的发展商和最终用户的绿色建筑项目决策博弈模型,研究认为交易成本是阻碍绿色建筑市场发展的主要障碍,减少交易成本将促进绿色建筑市场的供需;陈小龙和刘小兵利用经典博弈理论分析了交易成本对开发商绿色建筑开发决策的影响,其研究结论为交易成本和市场预期对开发商决策有重要影响。在绿色建筑项目供应侧和需求侧对绿色建筑发展的影响方面,Mengrui Wang 从供应侧建立了一个考虑政府和发展商的绿色建筑项目演化博弈模型,黄定轩则从需求侧的角度建立了开发商和消费者的绿色建筑项目演化博弈模型,李明等同时考虑需求侧和供给侧建立了两个演化博弈模型来分析基于利益相关者的绿色建筑推进机制。这几篇文献的核心在于寻求绿色建筑演化博弈模型的稳定点及其特征,由于系统动力学中三种群非线性微分方程组的稳定性判定与两种群存在差异,特别是方程组稳定点的简洁解析解和稳定性判据寻求并非易事,有文献直接放弃三种群稳定性判据的寻求。因此,李明等将政府、开发商和购房者建立起来的三种群演化博弈模型分拆成两个演化博弈模型(政府和开发商、政府和购房者),但得到的结论值得商榷。在城市绿色改造和绿色建筑技术转移研究方面,Xiaodong Yang 等研究了 PPP(Public-Private Partnership)项目的绿色改造,通过进化博弈分析和仿真结果表明,积极和消极的政策激励措施相结合,将是推动 PPP 绿色改造地更好、更温和的途径。Shi Yin 和 Baizhou Li 提出了绿色建筑技术从学术研究机构向建筑企业转移的随机微分博弈,研究结果表明,学术研究机构和建筑企业的努力水平与绿色建筑技术转移创新的政府补贴成正比,信贷支持和税收减免水平与学术研究机构的努力水平成正比。但是,上述研究文献的共同缺陷是没有考虑这些机制如何影响绿色建筑项目的发展。

总之,随着绿色建筑行业的不断发展和绿色建筑发展特征研究的不断深化,全球范围内社会公众的绿色建筑意识得到了快速提升,绿色建筑也获得社会的普遍认可,政策激励可有效促进绿色建筑发展已成为社会共识。但是,现有的研究也存在以下不足:对绿色建筑与传统建筑的共生演化研究不足,未见同时考虑两者相互博弈和有限市场容量的共生发展研究。目前我国绿色建筑处于产业发展成长期,传统建筑处于产业发展成熟期,且两者之间存在独立共生的非对称互惠发展模式,加之绿色建筑对传统建筑的影响大于传统建筑对绿色建筑的影响,从而,研究绿色建筑与传统建筑之间的共生博弈演化特征具有重要的理论和现实意义。为此,本研究以黄定轩和牟春梅的研究成果(即传统建筑和绿色建筑存在独立共生互惠模式)为基础,引入 Density Games 的理论模型,构建绿色建筑和传统建筑两者之间的共生密度博弈模型,以揭示在考虑博弈支付与有限市场容量基础上的两者间的共生特征,进而为促进绿色建筑的可持续发展提供有效的技术和理论支持。

5.2 基于 Density Games 的绿色建筑与传统建筑共生模型构建

5.2.1 密度博弈(Density Games)模型

演化博弈已广泛应用于不同场景的研究,如金属矿产开发生态补偿利益研究、碳减排奖惩机制研究、产业集群式转移与区域生产网络协同演化研究等。但 Novak、Chatterjee 和 Nowak 等认为演化博弈关于博弈支付决定了个体的繁殖率和变化的死亡率以维持总数不变的假设与实际并不相符,因此提出同时考虑博弈支付矩阵与共生方程的密度博弈(Density Games)模型,该模型研究存在密度限制影响,即存在环境承载力影响情形下的不同种群的共生特征和演化机理。该模型的具体表达式如公式(1)所示。

$$\begin{aligned}\dot{x}_i &= r_i x_i \left(1 - \frac{x_T}{K_i}\right) \quad i=1,\cdots,n \\ K_i &= \sum_{j=1}^{n} a_{ij} \frac{x_j}{x_T} \quad i=1,\cdots,n \end{aligned} \quad (1)$$

式(1)中:x_i 表示不同策略选择者在某一时间段内的种群数量;r_i 表示不同策略选择者在没有密度限制情形下的净复制率;K_i 表示不同策略选择的对应的环境承载容量;a_{ij} 表示策略 i 和策略 j 相互博弈时,策略 i 对应的收益($a_{ij}>0$);$x_T = \sum_{i=1}^{n} x_i$ 为所有策略选择者 i 的种群数量总和,为非常量。方程(1)所描述的演化系统与演化博弈描述的系统存在以下两个明显区别:一是方程(1)所描述的演化系统的种群数量是变化的,而演化博弈所描述的系统的种群数量则是固定的;二是方程(1)所描述的系统种群的数量不仅受到博弈支付矩阵的影响,而且受到种群环境容量的影响。这个模型认为将博弈支付与种群密度限制联系起来是自然的,具有较高收益的个体与竞争对手相比更为强大,在面对不利环境时具有更强大的抵御能力或者具有更好地利用资源的能力。

5.2.2 绿色建筑与传统建筑共生 Density Games 模型构建

1) 绿色建筑与传统建筑博弈支付矩阵

为构建基于政府激励开发商而不是消费者的绿色建筑和传统建筑的共生密度博弈模型,本书对绿色建筑和传统建筑之间的博弈做出以下基本假设。

(1) 局中人:假设在微观市场上有两类开发商,分别称为开发商 1 和开发商 2,二者在特定的市场上从事房产开发项目。

(2) 行动:假设任何开发商面对微观市场的房产开发只能选择开发普通建筑项目或者绿色建筑项目,且两者具有不同的最大市场容量。开发商可以选择的行动集合相同,即 $A_1 = A_2 = \{$开发绿色建筑,开发普通建筑$\}$,但开发绿色建筑项目具有如前文所述的区别于传统建筑项目的增量成本、增量收益、增量风险等因素。

(3) 支付:假定不同开发商目前正在进行多个项目的开发定位决策,即开发绿色建筑项目或普通建筑项目。同时,政府部门因为每年有相应的节能减排任务,故对绿色建筑项目开发有一定的激励。因此可视为多个开发商在不同项目之间发生博弈,则开发商会根据其他成员的策略选择,结合自身在群体中的相对适应度,进而选择和调整自己的策略。

综合上述假设并考虑相互学习的效果,得到博弈支付矩阵如表 5-1 所示。

表 5-1 开发商的博弈支付矩阵

		开发商 1	
		绿色建筑	传统建筑
开发商 2	绿色建筑	$p + R_2 + S_2 - C_2 - f_2 * H_2,$ $p + R_2 + S_2 - C_2 - f_2 * H_2$	$p + R_1 + S_1 - C_1 - f_1 * H_1,$ $p + e$
	传统建筑	$p + e,$ $p + R_1 + S_1 - C_1 - f_1 * H_1$	p, p

表中,p 表示不同开发商同时开发普通建筑项目时各自的单位面积收

益;R_2,C_2 表示开发商同时开发绿色建筑项目的单位面积增量成本;S_2 表示开发商同时开发绿色建筑项目时政府给予的单位面积激励;f_2 表示开发商同时开发绿色建筑项目时共同面临的风险概率;H_2 表示开发商同时开发绿色建筑项目失败时的单位面积损失;R_1 表示开发商独自开发绿色建筑项目的单位面积增量收益;C_1 表示开发商独自开发绿色建筑项目的单位面积增量成本;S_1 表示开发商独自开发绿色建筑项目时政府给予的单位面积激励;f_1 表示开发商独自开发绿色建筑项目时面临的风险概率;H_1 表示开发商独自开发绿色建筑项目失败时的单位面积损失;e 表示绿色建筑项目对普通建筑项目单位面积收益影响。为方便 Density Games 共生模型构建,进一步将支付矩阵表中相应的支付用参数 G_1、G_2、G_3 替代,如式(2)所示。

$$\begin{cases} G_1 = p + R_2 + S_2 - C_2 - f_2 * H_2 \\ G_2 = p + R_1 + S_1 - C_1 - f_1 * H_1 \\ G_3 = p + e \end{cases} \tag{2}$$

2) 绿色建筑与传统建筑共生 Density Games 模型

在一定的社会经济技术发展水平下,一个微观市场中绿色建筑和传统建筑均存在一个最大的市场容量或市场承载力。基于目前我国传统建筑和绿色建筑存在的独立共生互惠关系,且绿色建筑对传统建筑的影响大于传统建筑对绿色建筑的影响这一基本事实,本书借鉴密度博弈理论模型,构建中国环境下绿色建筑与传统建筑独立共生互惠的密度博弈模型,以揭示绿色建筑和传统建筑之间独立共生互惠的密度博弈特征,如式(3)所示。

$$\begin{cases} \dfrac{\mathrm{d}x}{\mathrm{d}t} = rx\left(1 - \dfrac{1}{G_1}\dfrac{x}{M} + \dfrac{1}{G_2}\dfrac{y}{N}\right) \\ \dfrac{\mathrm{d}y}{\mathrm{d}t} = Ry\left(1 - \dfrac{1}{p}\dfrac{y}{N} + \dfrac{1}{G_3}\dfrac{x}{M}\right) \end{cases} \tag{3}$$

式(3)中,x、y 分别表示微观市场中绿色建筑和传统建筑当期的项目面积,都为时间 t 的函数($x(t)$,$y(t)$);r、R 分别表示微观市场中绿色建筑项目和传统建筑项目没有环境容量限制时的净复制率($r>0$,$R>0$),在既定技术条件下,这两个值为恒定量;M、N 分别表示微观市场中绿色建筑项目和传统建筑项目的当期最大市场容量(面积);G_1、p 分别为系统的开发商相互博弈时同时开发绿色建筑和同时开发传统建筑的单位面积收益;$G_1 * M$ 表示微观市场中绿色建筑项目当期的最大建筑价值增量;$p * N$ 表示微观市场中传统建筑项目当期的最大建筑价值增量;G_2、G_3 分别为系统中的两类开发商开发绿色建筑与传统建筑相互博弈时,传统建筑项目对绿色建筑项目的单位面积作用系数和绿色建筑项目对传统建筑项目的单位面积作用系数;rx、Ry 分别表示表示微观市场中绿色建筑项目和传统建筑项目的发展趋势;$1-\dfrac{1}{G_1 * M}$、$1-\dfrac{1}{p * N}$ 分别表示微观市场中绿色建筑项目和传统建筑项目由于消耗有限的社会资源而存在的增长阻滞系数。

结合模型(3)和表 5-1 可以知道,模型(3)描述的是在政府激励绿色建筑项目开发的情形下,开发商选择开发绿色建筑或传统建筑两种不同策略时,绿色建筑项目面积和传统建筑项目面积受到微观市场容量影响的共生密度博弈模型。

5.3 绿色建筑与传统建筑共生 Density Games 模型稳定性分析

5.3.1 模型平衡点分析

模型(3)的稳定性分析和检验可以很好地用来解释研究对象的发展规律,即在考虑时间充分长以后,事物演变过程的变化趋势是否存在平衡状态,是否稳定?由常微分方程理论可知以下结论。

① 模型(3)具有四个平衡点,分别为 $E_1(0,0)$,$E_2(0,Np)$,$E_3(MG_1,0)$,$E_4\left(\dfrac{MG_1 G_3(G_2+p)}{G_2 G_3 - G_1 p}, \dfrac{NG_2 p(G_1+G_3)}{G_2 G_3 - G_1 p}\right)$。

② 模型(3)的稳定条件可通过共生系统雅可比矩阵在平衡点的行列式和迹的符号组合来确定,可由模型(3)推导出雅可比矩阵如公式(4)、雅可比矩阵行列式如公式(5)、雅可比矩阵的迹如公式(6)。

$$J = \begin{bmatrix} r - \dfrac{2rx}{MG_1} + \dfrac{ry}{NG_2} & \dfrac{rx}{NG_2} \\ \dfrac{Ry}{MG_3} & R + \dfrac{Rx}{MG_3} - \dfrac{2Ry}{Np} \end{bmatrix} \quad (4)$$

$$\det J = \left(r - \frac{2rx}{MG_1} + \frac{ry}{NG_2}\right) * \left(R + \frac{Rx}{MG_3} - \frac{2Ry}{Np}\right) - \frac{Ry}{MG_3} * \frac{rx}{NG_2} \quad (5)$$

$$trJ = \left[\left(r - \frac{2rx}{MG_1} + \frac{ry}{NG_2}\right) + \left(R + \frac{Rx}{MG_3} - \frac{2Ry}{Np}\right)\right] \quad (6)$$

进一步,由常微分方程稳定性理论可知,系统在平衡点必须同时满足 $-trJ>0$ 和 $\det J>0$。结合四个局部均衡点、雅可比矩阵行列式和雅可比矩阵的迹,可以得到四个均衡点的稳定状况如表 5-2 所示。同时,由绿色建筑和传统建筑项目独立共生互惠的特质可知,符合绿色建筑和传统建筑独立共生互惠系统的四个平衡点只有一个,即 E_4,且平衡点稳定性的条件 $\mathrm{sgn}(G_2G_3-G_1p)=+$。可知,则当 $G_2G_3-G_1p>0$ 时,该独立共生互惠系统的平衡点 E_4 是稳定的,即绿色建筑和传统建筑两者最终达到稳定状态。

表 5-2 模型在局部平衡点的稳定性分析

平衡点	$-trJ$	$\det J$	是否稳定
$E_1(0,0)$	$-(R+r)$	$R*r$	不稳定
$E_2(0,Np)$	$R-r(1+p/G_2)$	$-rR(1+p/G_2)$	不稳定
$E_3(MG_1,0)$	$r-R(1+G_1/G_3)$	$-Rr(1+G_1/G_3)$	不稳定
$E_4\left(\frac{MG_1G_3(G_2+p)}{G_2G_3-G_1p}, \frac{NG_2p(G_1+G_3)}{G_2G_3-G_1p}\right)$	$\frac{Rr(G_1+G_3)(G_2+G_4)}{G_2G_3-G_1p}$	$\frac{RG_2(G_1+G_3)+rG_3(G_2+p)}{G_2G_3-G_1p}$	稳定 $\mathrm{sgn}(G_2G_3-G_1p)=+1$

将 G_1、G_2、G_3 对应的原始变量代入模型稳定条件 $\mathrm{sgn}(G_2G_3-G_1p)=+1$ 及稳定点 E_4,则可得到公式(7)、式(8)。

$$(p+R_1+S_1-C_1-f_1*H_1)(p+e)-(p+R_2+S_2-C_2-f_2*H_2)p>0 \quad (7)$$

$$\begin{cases}E_{4x} = \dfrac{M(p+R_2+S_2-C_2-f_2*H_2)(p+e)[(p+R_1+S_1-C_1-f_1*H_1)+p]}{(p+R_1+S_1-C_1-f_1*H_1)(p+e)-(p+R_2+S_2-C_2-f_2*H_2)p} \\ E_{4y} = \dfrac{N(p+R_1+S_1-C_1-f_1*H_1)[p(p+R_2+S_2-C_2-f_2*H_2)+(p+e)]}{(p+R_1+S_1-C_1-f_1*H_1)(p+e)-(r+R_2+S_2-C_2-f_2*H_2)p}\end{cases} \quad (8)$$

式(7)显示了系统稳定点与博弈矩阵之间的关系;式(8)中 E_{4x}、E_{4y} 分别为绿色建筑和传统建筑在稳定点 E_4 的数量。为揭示博弈支付矩阵表 5-1 所涉及的部分关键参数,即共同开发绿色建筑的增量收益及增量成本、独立开发绿色建筑的增量收益及增量成本、政府激励政策对共生系统稳定点的影响，本书用 R_1、S_1、C_1、R_2、S_2、C_2 对式(8)求其对应的偏导，得到公式(9)～式(16)。

$$\frac{\partial E_{4x}}{\partial R_1} = \frac{\partial E_{4x}}{\partial S_1} = -\frac{MG_1G_3p(G_1+G_3)}{(G_2G_3-G_1p)^2} \quad (9)$$

$$\frac{\partial E_{4x}}{\partial R_2} = \frac{\partial E_{4x}}{\partial S_2} = \frac{MG_2G_3^2(G_2+p)}{(G_2G_3-G_1p)^2} \quad (10)$$

$$\frac{\partial E_{4x}}{\partial C_1} = -\frac{MG_1G_3p(G_1+G_3)}{(G_2G_3-G_1p)^2} \quad (11)$$

$$\frac{\partial E_{4x}}{\partial C_2} = -\frac{MG_2G_3^2(G_2+p)}{(G_2G_3-G_1p)^2} \quad (12)$$

$$\frac{\partial E_{4y}}{\partial R_1} = \frac{\partial E_{4y}}{\partial S_1} = -\frac{NG_1p^2(G_1+G_3)}{(G_2G_3-G_1p)^2} \quad (13)$$

$$\frac{\partial E_{4y}}{\partial R_2} = \frac{\partial E_{4y}}{\partial S_2} = \frac{NG_2G_3p(G_2+p)}{(G_2G_3-G_1p)^2} \quad (14)$$

$$\frac{\partial E_{4y}}{\partial C_1} = \frac{NG_1p^2(G_1+G_3)}{(G_2G_3-G_1p)^2} \quad (15)$$

$$\frac{\partial E_{4y}}{\partial C_2} = \frac{NG_1G_3p(G_2+p)}{(G_2G_3-G_1p)^2} \quad (16)$$

由式(9)～式(16)可知，每个参数变化对系统达到稳定状态时的边际效应影响不同，整理出如表 5-3 所示的不同参数的趋势影响。其中，表 5-3 中的第 2 行和第 4 行所对应的数据 $\frac{\partial E_{4x}}{\partial R_1}<0$、$\frac{\partial E_{4y}}{\partial R_1}<0$、$\frac{\partial E_{4x}}{\partial S_1}<0$、$\frac{\partial E_{4y}}{\partial S_1}<0$ 表示当开发商独自开发绿色建筑项目时，从长远的均衡稳定性系统来看，政府提高绿色建筑奖励反而会同时降低绿色建筑面积和传统建筑面积；同理，第 5 行 $\frac{\partial E_{4x}}{\partial S_2}>0$、$\frac{\partial E_{4y}}{\partial R_2}>0$ 表示当开发商同时开发绿色建筑项目时，政府提高绿色建筑奖励会同时提高绿色建筑和传统建筑在系统稳定时的建筑面积。通过对不同参数对稳定点趋势影响的分析可以知道，促进不同开发商之间共同参与绿色建筑项目的开发，一方面，不同开发商之间可以相互学习，共同促进绿色建筑相关的科学技术的发展，彼此分享绿色建筑技术发展带来的红利；另一方面，通过绿色建筑与传统建筑之间的独立共生互惠作用，绿色建筑可以带动传统建筑的发展，反过来传统建筑也同样可以促进绿色建筑的发展。

表 5-3 不同参数的边际影响

参数	绿色建筑	传统建筑
R_1(开发商独自开发绿色建筑项目的单位收益)	$\frac{\partial E_{4x}}{\partial R_1}<0$	$\frac{\partial E_{4y}}{\partial R_1}<0$
R_2(开发商同时开发绿色建筑项目的单位增加收益)	$\frac{\partial E_{4x}}{\partial R_2}>0$	$\frac{\partial E_{4y}}{\partial R_2}>0$
S_1(开发商独自开发绿色建筑项目时政府给予的单位激励)	$\frac{\partial E_{4x}}{\partial S_1}<0$	$\frac{\partial E_{4y}}{\partial S_1}<0$
S_2(开发商同时开发绿色建筑项目时政府给予的单位激励)	$\frac{\partial E_{4x}}{\partial S_2}>0$	$\frac{\partial E_{4y}}{\partial S_2}>0$
C_1(开发商独自开发绿色建筑项目的单位增加成本)	$\frac{\partial E_{4x}}{\partial C_1}>0$	$\frac{\partial E_{4y}}{\partial C_1}>0$
C_2(开发商同时开发绿色建筑项目的单位增加成本)	$\frac{\partial E_{4x}}{\partial C_2}<0$	$\frac{\partial E_{4y}}{\partial C_2}<0$

5.3.2 稳定性相图分析

由表 5-2 所示平衡点分析可知,绿色建筑和传统建筑两者之间的独立共生互惠系统存在平衡点的稳定性条件是 $G_2G_2-G_1p>0$。为分析其稳定性,现主要借助稳定点相图来进行。

首先,由模型(3)可知,系统的正负变化主要是由式(3)内括号里的式子决定,从而可得到式(17)和如图 5-1 所示的相图。

$$\begin{cases} \phi(x,y) = 1-\frac{1}{G_1}\frac{x}{M}+\frac{1}{G_2}\frac{y}{N} \Rightarrow \begin{cases} \phi<0 \Rightarrow dx/dt<0 \\ \phi>0 \Rightarrow dx/dt>0 \end{cases} \\ \psi(x,y) = 1+\frac{1}{G_3}\frac{x}{M}-\frac{1}{p}\frac{y}{N} \Rightarrow \begin{cases} \psi>0 \Rightarrow dy/dt>0 \\ \psi<0 \Rightarrow dy/dt<0 \end{cases} \end{cases} \quad (17)$$

其次,结合式(17)和图 5-1 分析可知:

① 当初始值在区域 D_1 中,共生博弈双方的演化特征为 $\phi<0,\psi>0$($dx/dt<0,dy/dt>0$),即在此区域内绿色建筑的增长率小于零而传统建筑的增长率大于零,则从此区域内任意一点开始时,相点将向左上方移动。当相点遇到 $\phi=0$ 时,此时有 $\psi>0$ 和 $\phi=0$,则相点会继续向上移动进入区域 D_4;当相点遇到 $\psi=0$ 时,此时有 $\psi=0$ 和 $\phi<0$,相点向左移动进入区域 D_2;当相点直接移动到 E_4 稳定点时,则稳定于点 E_4。

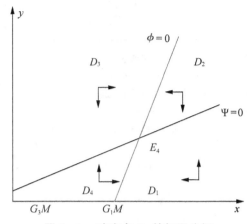

图 5-1　稳定点 E_4 的相图分析

② 当初始值在区域 D_2 中，共生博弈双方的演化特征为 $\phi<0,\psi<0(dx/dt<0,dy/dt<0)$，即在此区域内绿色建筑和传统建筑增长率都小于零，则从此区域内任何一点开始，相点将向左下方移动。当相点先移动到 $\phi=0$，此时有 $\psi<0$ 和 $\phi=0$，则相点会继续向下移动到区域 D_2；当相点先遇到 $\psi=0$ 时，此时有 $\psi=0$ 和 $\phi<0$，相点向左移动重新回到区域 D_2。可知，任意从 D_2 区域开始的点，相点最终稳定于点 E_4。

③ 当初始值在区域 D_3 中，共生博弈双方的演化特征为 $\phi>0,\psi<0(dx/dt>0$ 和 $dy/dt<0)$，即在此区域内绿色建筑的增长率大于零而传统建筑的增长率小于零，从此区域内任意点开始，相点会向右下方移动。当相点先遇到 $\phi=0$ 时，此时有 $\psi<0$ 和 $\phi=0$，相点向下移动进入区域 D_2；当相点先遇到 $\psi=0$ 时，此时有 $\psi=0$ 和 $\phi>0$，相点向右移动进入区域 D_4。可知，任意从 D_3 区域开始的点，相点要么进入区域 D_4 或 D_2，要么稳定于点 E_4。

④ 当初始值在区域 D_4 中，在此区域内，共生博弈双方的演化特征为 $\phi>0,\psi>0(dx/dt>0,dy/dt>0)$，即在此区域内绿色建筑和传统建筑的增长率大于零，则从此区域内任一点开始，相点将会向右上方移动。当相点先遇到 $\phi=0$ 时，此时有 $\psi>0$ 和 $\phi=0$，相点将会继续向右移动重新回到区域 D_2；当相点先遇到 $\psi=0$ 时，此时有 $\psi=0$ 和 $\phi>0$，相点将会向上移动重新回到区域 D_2；当相点直接移动到 E_4 稳定点时，则稳定于点 E_4。

综合以上可知，在满足 $sgn(G_2G_3-G_1p)=+1$ 时，D_1 到 D_4 区域任意位置开始的相点，最终都会稳定于 E_4。

5.4 情景仿真分析

5.4.1 仿真模拟分析

为揭示模型参数对绿色建筑与传统建筑数量的共生动态影响过程,本书采用系统动力学建模软件 Vensim 6.4 建立基于 Density Games 的绿色建筑与传统建筑独立共生互惠模型,如图 5-2 所示。该模型主要由 2 个状态变量 x 和 y、2 个流率变量 $\dfrac{\mathrm{d}x}{\mathrm{d}t}$ 和 $\dfrac{\mathrm{d}y}{\mathrm{d}t}$、16 个外部变量和 3 个中间变量构成。仿真模型中各个初始变量与理论模型的相应变量的对应关系、初值设置如表 5-4 所示。

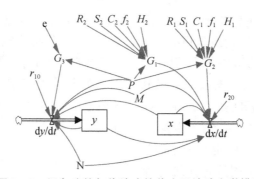

图 5-2 绿色建筑与传统建筑共生系统动力学模型

表 5-4 仿真模型与理论模型初始变量对应及初值

方程(2)中符号	仿真模型图 5-2 中符号	仿真初值	方程(2)中符号	仿真模型图 5-2 中符号	仿真初值
p	p	0.04(万元/m²)	e	e	0.003(万元/m²)
R_1	R_1	0.04(万元/m²)	R_2	R_2	0.02(万元/m²)
S_1	S_1	0.005(万元/m²)	S_2	S_2	0.002(万元/m²)
C_1	C_1	0.02(万元/m²)	C_2	C_2	0.015,1(万元/m²)

续表 5-4

方程(2)中符号	仿真模型图 5-2 中符号	仿真初值	方程(2)中符号	仿真模型图 5-2 中符号	仿真初值
f_1	f_1	0.24	f_2	f_2	0.2
H_1	H_1	0.180,02(万元/m²)	H_2	H_2	0.120,02(万元/m²)
N	N	50.22(亿 m²)	M	M	2.08(亿 m²)
R	r_{10}	0.8	r	r_{20}	1.0
y	y	41.05(亿 m²)	x	x	1.28(亿 m²)

仿真系统的设置条件如下:系统开始时间 INITIAL TIME＝2014,系统仿真结束时间 FINAL TIME＝2123,仿真时间步长 TIME STEP＝1,时间单位为年。绿色建筑项目初始最大环境容量和传统建筑项目最大初始环境容量来源于黄定轩等人测算结果,即 $M=2.08$ 亿 m², $N=50.22$ 亿 m²。结合目前国家对绿色建筑项目的支持政策、绿色建筑与传统建筑的各自发展特质,可假设其绿色建筑项目的净复制率 $r=1.0$,传统建筑项目的净复制率 $R=0.8$。传统建筑的单位面积收益、绿色建筑增量成本、增量收益、损失成本等在参考中国建筑安装成本及相关文献的基本上确定仿真系统初值如表 5-4 所示。仿真模型"Check Model"结果显示"Model is OK."。把表 5-3 中的系统初始值代入 E_4 的坐标公式,可得到系统的稳定坐标为 E_4 (5.92,134.85),此时绿色建筑与传统建筑的面积相对演化时序图如图 5-3 所示。

仿真模拟结果表明:2015 年绿色建筑面积和传统建筑面积的仿真结果分别为 1.82 亿 m² 和 42.38 亿 m²,其实际值分别为 1.66 亿 m² 和

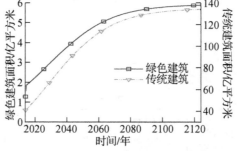

图 5-3 共生模型的相对演化时序图

40.42 亿 m²,仿真结果与实际数据之间的差异分别为 9.6% 和 4.8%,仿真结果与实际数据基本吻合,说明绿色建筑和传统建筑独立共生互惠密度博弈模型可以很好地用来揭示和解释我国的绿色建筑和传统建筑的演化过程。由仿真结果可知:① 两者共生系统演化到平衡稳定状态是一个长期而

第5章 绿色制造与传统制造共生研究:以建筑业为例

缓慢的过程;② 在现有的状况之下(即不考虑政府后期不断因时因地变化的绿色建筑激励政策和强制性的绿色建筑政策),基于市场机制的绿色建筑和传统建筑系统的稳定值分别为5.92和134.85,大于系统的初始最大环境容量;③ 绿色建筑和传统建筑项目的增长速率存在动态变化且逐步变小。造成结果的原因在于:首先,绿色建筑项目与传统建筑项目存在独立共生互惠的博弈演变关系,可以彼此促进、演变增长;其次,社会经济技术水平的不断提高,提高了社会对绿色建筑项目和传统建筑项目的环境容量;再次,绿色建筑项目种群密度在初期时由于受环境容量限制的作用较少,其增长速率较大,但随着绿色建筑的发展不断提高,"拥挤效应"不断体现,进而影响增长速率;最后,传统建筑项目在初期由于环境容量限制较强,同种群之间以"拥挤效应"为主,后受到绿色建筑项目互惠效应的作用,同时随着环境容量扩大,其自然增长率R的作用得以发挥。

5.4.2 发展绿色建筑的政策建议

目前中国是全球10个最大的温室气体排放国之一。减少温室气体的排放量不仅符合中国的利益,而且有助提升中国的国际形象。从仿真分析结果可知仿真结果与事实基本吻合,且绿色建筑和传统建筑独立共生互惠密度博弈模型可以很好地用来揭示和解释我国的绿色建筑和传统建筑演化过程。但由于建筑项目涉及的因素复杂多样,且存在空间差异性,如绿色建筑项目的增量成本、政府激励等;不但受地区经济因素、技术因素的影响,还受到不同区域自然因素的影响(如夏热冬暖地区、夏热冬冷地区、寒冷地区和严寒地区)、不同区域社会习俗的影响(如对建筑类型分类为居住建筑和公用建筑的影响)。因而,为更好更准确地为绿色建筑发展提供科学的对策建议,有必要进一步对本模型仿真进行敏感性分析。

首先,结合仿真模型中绿色建筑项目和传统建筑项目系统仿真初期数据,同时借鉴柴径阳和黄蓓佳关于绿色建筑增量成本构成的研究结果,本书做如下假设:① 绿色建筑项目给传统建筑项目带来的收益在区间[28,30](单位:元/m²)且服从均一分布;② 开发商同时开发绿色建筑项目时政府给予的单位激励在区间[18,20](单位:元/m²)且服从均一分布,进而得到绿色建筑在三种临界组合条件下的发展趋势(如图5-4所示),并对其进行敏感性分析(如图5-5所示)。

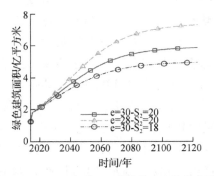

图 5-4　不同条件下绿色建筑面积趋势发展

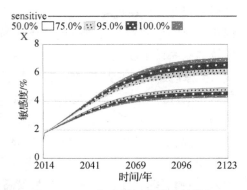

图 5-5　绿色建筑面积敏感性分析

其次,结合图 5-4 和图 5-5 可知,假如绿色建筑项目给传统建筑项目带来的收益减少,可促进绿色建筑发展,进而促进传统建筑项目的发展,因为绿色建筑与传统建筑面积之间具有互惠作用。开发商同时开发绿色建筑项目时,政府增加绿色建筑激励,可促进绿色建筑项目的发展。图 5-5 从整体上显示了敏感性分析假设条件下绿色建筑项目发展趋势的分布特征。由于不同城市绿色建筑的激励政策、增量成本等重要因素各不相同,从总体上把握绿色建筑项目未来的市场容量将有助于企业提升有关绿色建筑项目的决策质量。

最后,综合以上仿真模拟和分析结果,为促进绿色建筑项目的发展提供以下对策和建议。

(1) 大力促进社会经济建设,同时加强绿色建筑社会经济效益的宣传工作,以提高社会对绿色建筑项目的环境容量,进而促进绿色建筑项目的发展。

(2) 当地政府应根据市场情况采取切实有效的绿色建筑激励措施,促进绿色建筑项目的发展,因为并不是所有的政策激励都会促进绿色建筑项目发展。如当只有一家企业开发绿色建筑项目时,增加绿色建筑项目的政策激励,并不能有效地促进绿色建筑项目的发展;当多家企业共同开发绿色建筑项目时,提高绿色建筑项目的政策激励,则可有效地促进绿色建筑项目的发展。

5.5 结论

中国发展绿色建筑,不仅是中国国际社会责任担当的体现,更是关心人民群众切身利益的表现。本书把绿色建筑与传统建筑博弈支付矩阵和独立共生互惠模型结合起来考虑,建立了基于 Density Games 的绿色建筑与传统建筑独立共生互惠模型并进行了模型仿真,研究得到了以下结论。

(1) 绿色建筑和传统建筑独立共生互惠密度博弈模型能很好地用来解释和揭示绿色建筑和传统建筑项目的演化过程和特质。

(2) 绿色建筑和传统建筑的系统稳定点与博弈支付矩阵密切相关,是博弈支付矩阵各变量之间相互作用的结果,传统建筑与绿色建筑共生系统达到稳定需要一个较长的时间;绿色建筑与传统建筑独立共生互惠模型稳定条件与不同种群的净复制率无关,且与不同种群的最大市场容量也无关。绿色建筑与传统建筑独立共生互惠可以提高彼此的最大市场容量,促进双方的共同发展。

(3) 有效的政策激励可有效地促进绿色建筑项目发展,但并不是所有的政策激励都会有效地促进绿色建筑项目发展。

在未来的研究中,收集不同区域、不同建筑类型绿色建筑和传统建筑的实际数据开展实证研究是未来的重要工作之一。此外,设计有政府、开发商和消费者共同参与的多种群共生模型并分析模型的稳定特征,也是未来的值得研究的内容。

第6章
知识产权推进制造业高质量发展的路径

6.1 知识产权推进制造业高质量发展背景

我国自 2008 年实施《国家知识产权战略纲要》以来,伴随着经济科技的发展,知识产权领域也取得了长足进步,已经成为一个知识产权领域的大国,国际影响力不断提升。2015 年,我国专利申请量为 279.9 万件,其中发明专利申请 110.2 万件,连续 5 年位居世界首位。从微观角度看,中兴、华为、腾讯等中国公司在知识产权竞争力、专利实力上都迈入了全球前列,企业品牌附加值也得到了大幅度提升。但同时,我国知识产权领域"大而不强、多而不优"的特征也十分明显。随着新一轮科技革命和产业变革不断取得突破,国际制造强国纷纷布局和建设国家制造业创新中心,打造本国新型制造业创新载体。全球制造业创新生态正在发生深刻转变,制造业格局加紧重构。与此相应,各国正在加紧推进制造业创新中心知识产权能力建设,国际制造业知识产权博弈空前复杂激烈。美欧日等制造强国和地区不断强化和扩展知识产权运用优势,占据制造业竞争制高点。我国制造业知识产权运用的后发劣势日益显现,低端锁定风险与日俱增。

积极创造知识产权,是抢占新一轮经济和科技发展制高点的基础。从当今世界科技发展的态势看,在技术革命周期日渐缩短的现在,新一轮创新活动正在孕育中。未来,各国的竞争将更多地集中在生物技术、数字通讯技术、新能源以及环保技术等战略性新兴产业上。抢占这些领域的科技制高点,加速知识产权的布局,用知识产权制度激励和保护创新成果,用知识产权带动未来经济的新一轮发展,成为经济建设的不二选择。

有效运用知识产权,是培育战略性新兴产业创新链和产业链,推动创新成果产业化和市场化的重要途径。创新驱动发展的本质是通过创新促进经济社会的发展,核心是科技成果和知识产权的高水平大规模创造与有效转化运用。知识产权在促进创新成果转化为现实生产力的过程中发挥着关键作用,创新成果的转化离不开知识产权的制度保障。知识产权作为创新成果产权界定、保护的制度,不仅解决了创新的动力来源问题,确保了创新的可持续性,而且通过产权转让、许可和融资等制度安排,实现创新成果与市场需求、产业化资本的对接,将技术创新优势转化为实实在在的产业竞争优势。

依法保护知识产权,是激发国内创新活力,支撑产业可持续发展,形成健康有序市场环境的关键。知识产权是市场主体进入市场竞争的重要手段,开放和公平竞争的市场环境是促进创新与产业发展的基础。只有加强知识产权保护,形成健康有序的市场环境,才能使市场主体将人力与物力更多地投入到创新活动中,实现经济发展良性循环。

6.2 国内外知识产权推动制造业发展的历程

当前,全球已经进入知识经济时代,知识产权成为一种新的经济形态。利用产业化知识形成产业化经济是大势所趋。我国制造业长期处于国际产业链的底端,其产业结构升级与调整迫在眉睫。充分发挥知识产权提升经济发展质效的作用,助力中国制造业攀向价值链高端显得尤为重要。

6.2.1 知识产权推动制造业发展意义

1) 知识产权是衡量区域科技创新能力和水平的重要标准

制造业创新中心建设工程是《中国制造 2025》中明确提出亟须推进的五大工程之一,其重要使命在于整合国家创新资源,实现重点行业、重点领域、关键共性技术与关键核心技术突破,掌握自主知识产权。知识产权如专利、软件著作权等其产出数量、质量及运用效果将成为评价制造业创新中心创新能力和水平的重要指标。

2) 知识产权为先进制造业基地建设与运行提供保障

制造业是振兴实体经济的"主战场"。知识产权是制造业创新中心创新成果的体现,也是其保持持续创新能力的关键性资源。加强知识产权的创造和运用,是制造业突破发展的重要资源和竞争力提升的核心要素。围绕运用和保护知识产权建立完善的管理体系,如知识产权信息利用制度、知识产权风险防范与纠纷应对机制等,将能够为制造业创新中心的技术创新成果提供有力保护,为转移转化知识产权、实现知识产权商业价值提供可靠保障。

3) 知识产权促进科技创新与制造业基地建设协同发展

建设"具有全球影响力的产业科技创新中心"和"具有国际竞争力的先进制造业基地"均离不开深入推进创新驱动发展。而作为创新驱动战略重要支撑,知识产权的及时创造和运用、知识产权保护制度的改善和适时跟进至关重要。充分发挥知识产权链接制造业创新中心与产业的作用,将有利于企业创新活力充分释放,有利于利用关键核心技术知识产权占据产业竞争制高点,快速集聚高端人才、高成长性企业和高附加值产业,成为重大产业原创性技术成果和战略性新兴产业的重要策源地,在全球产业科技创新格局中跻身先进行列。

6.2.2 国内外知识产权发展历程

1) 国外知识产权发展历程

（1）美国

美国的知识产权保护在世界范围都处于领先水平,这得益于其从开国之初就对知识产权的重视和两百多年的不断发展和完善,知识产权保护秩序的建立主要包括四个阶段。

表6-1 美国知识产权保护的主要做法

发展阶段	主要做法
初创阶段	1790年,美国第一部专利法正式出台,采用了专利授予审查制度,要求专利授权机构对专利申请实行严格的实质性审查
	19世纪末20世纪初,美国调整了基本制度构建。法院开始推行名义发明人制度,在司法实践中,法院逐渐开始对非自然人的权利申请人授予专利权,以此来提升企业进行科技创新和产品研发的积极性
调整阶段	美国知识产权政策的调整主要反映在三个方面:一是以更大力度支持创新创造;二是以更大力度保护知识产权;三是政府与非政府组织双轮驱动的知识产权保护体系进一步完善
	《21世纪国家知识产权战略》提出,其前三部分均是关于科技创新方面的内容,具体包括:① 强调知识产权在科技创新和发明创造中的作用;② 如何促进技术创新、创新成果转移和商业化;③ 激励新技术

续表 6-1

发展阶段	主要做法
促进发展阶段	美国联邦政府规定每年要拿出 2.5% 的财政预算专项用于支持小企业的科技研发,让企业成为技术创新和产业化的主体
	2011 年签署的《美国发明法案》规定,NIH 技术转移办公室将设立新企业评估许可协议和新企业商业许可协议
	美国专利商标局将和 NSF、中小企业局共同帮助 NSF 小企业创新研究计划(SBIR)资助对象更好利用专利商标局小企业计划和资源
国际知识产权政策调整阶段	随着知识经济时代的到来,在国际市场上,知识产权保护成为各国实施贸易保护主义的有力武器,美国、欧盟等国家和地区对国际知识产权保护提出更高的要求。2010 年,反假冒协议(ACTA)正式公布认证文本

(2) 德国

2016 年 4 月 11 日,德国政府和经济界共同推出"预防战略",以进一步加强知识产权保护。在经济全球化时代,德国联邦政府十分注重根据本国的研发创新需求和企业特点制定调整相关法律,重视对本国优势技术领域加强知识产权保护。

表 6-2 德国知识产权保护的主要做法

发展特色	主要做法
发展起源	1876 年,在借鉴英国和法国经验的基础上,德国第一部《版权法》正式颁布实施
	1901 年起,德国政府先后制定了《文献和出版法》《商标法》《外观设计法》等相关法律法规
	1903 年,德国正式加入《保护工业产权巴黎公约》
现有法律法规	目前,德国在知识产权管理和保护领域实施的法律法规主要有《专利法》《版权法》《外观设计法》《实用新型法》《商标法》《反不正当竞争法》《雇员发明法》《专利律师规章》等。此外,还包括欧盟有关知识产权的规定、世界知识产权组织和世界贸易组织有关知识产权的主要条约和协议
知识产权保护体系	积极实施了以专利为重点的知识产权战略,形成了"企业主体、国家支持、员工努力"的知识产权战略管理和法律保护体系。企业知识产权保护的组织体系有三种模式:由企业法律部管理、由企业研发部管理、由上述两部门共同管理

续表 6-2

发展特色	主要做法
企业知识产权管理主要内容	一是围绕自身发展战略,制定了明确的知识产权战略和指导方针;二是注重落实知识产权管理部门的职责;三是具有科学的知识产权申请评估体系;四是积极开展产学研的合作与互补,促进知识产权成果的应用及产业化和市场化;五是由第三方专业机构(如亥姆霍茨国家研究中心联合会、弗劳恩霍夫学会以及马普学会)推动知识产权管理及实施制度

(3) 日本

发达国家普遍将实施知识产权战略作为提高国家核心竞争力的根本。日本于 2002 年 7 月通过《知识产权战略大纲》,明确提出"知识产权立国"的目标。通过几年的实践,日本在知识产权创造、保护、应用、管理等方面建立了一套科学合理的机制,实现了从"贸易立国"到"技术立国",再到"知识产权立国"的战略升级,推动了日本经济的发展。

表 6-3 日本知识产权保护的主要做法

发展特色	主要做法
《知识产权战略大纲》重点	2002 年 7 月,《知识产权战略大纲》通过。知识产权战略包括四方面的内容:① 创新战略;② 保护战略;③ 开发(应用)战略;④ 人才资源开发战略。
《知识产权基本法》基本内容	2002 年 11 月,《知识产权基本法》通过。基本内容涉及促进知识产权的创造、保护、开发,由政府建立知识产权本部等内容,还包括促进知识产权在大学等部门的研究和开发。鼓励大学的研究和开发成果向商业应用顺利转移;推动获得知识产权保护的进程;推动改进知识产权争端解决体系的进程;加强对知识产权侵权(如在国内、海外市场和边境的仿制和盗版)的防卫措施;促进与知识产权相关制度有关的国际合作;审查在新领域如何保护知识产权(如再生药的技术);建立有助于商业企业开发知识产权战略的管理指南,重视商业个体投产的项目和中小企业新开发的项目;开发具备知识产权技术知识的人才资源等一系列基本措施
《知识产权战略推进计划》主要内容	2003 年 3 月,政府内阁成立由首相亲自挂帅的知识产权战略本部,制定《知识产权战略推进计划》,由知识产权创造、知识产权保护、知识产权应用、发展多媒体素材产业、人才培养和提高国民意识五大部分组成,其中包括 270 项措施,形成了较为完善的知识产权整体战略体系

(4) 韩国

韩国政府把建设知识社会作为政府管理目标,并实施积极的知识产权发展战略。目前,韩国保护知识产权的法律制度有《专利法》《实用新型法》《外观设计法》《商标法》《版权法》等。

表 6-4 韩国知识产权保护的主要做法

发展阶段	主要做法
知识产权形成时期（1976 年前）	1946 年,韩国颁布《专利法》,是韩国现代意义上的第一部知识产权法
	1949 年,韩国颁布《商标法》。
	1961 年,韩国颁布《外观设计法》和《新专利法》,原有的《专利法》和《商标法》被分为 4 部更加专门化、具体化的知识产权法:《专利法》《实用新型法》《工业设计法》和《商标法》
知识产权制度国际化时期（1977—1986 年）	1979 年,韩国加入国际知识产权组织并分别于 1980 年和 1984 年签订了《保护工业产权巴黎公约》和《专利合作协定》(PCT)。
	80 年代,韩国多次修订其知识产权法律以适应国际需求,鼓励国外专利的引进和国内专利的国际输出,促进了国际技术的转移和本国技术的转化
知识产权保护强化时期（1987—1993 年）	1987 年,韩国专利管理局引入产品专利制度,专利期从 12 年延长到 15 年,并加大了对专利侵权的处罚力度
	1988 年,韩国专利管理局更名为工业产权局(KIPO),采取措施加强对企业知识产权保护,促进本国高新技术产业的发展。同年,韩国加入布达佩斯条约,为植物和微生物提供专利保护
	1992 年,韩国颁布半导体集成电路布图设计法,修改了《不正当竞争法》以加强商业秘密保护
知识产权保护全球化时期（1993 年至今）	1993 年,韩国对专利强制法令和专利强制规章进行了全面修订,建立一个更加合理和对申请人友好的专利体系;1995 年,使用专家独立执行专利相关的管理进程,建立了知识产权法庭;1997 年,韩国将专利保护期延长为 20 年;1998 年,修改外观设计法,对纺织品设计等实行形式审查;同年修改商标法,对于国内外知名商标相似的商标及恶意注册不予批准;1999 年,采用实用新型快速登记制度
	2001 年,韩国进一步修改 7 部知识产权法律及其相关法律,制定《促进技术转让法》,建立知识产权市场和网上专利技术市场

续表 6-4

发展阶段	主要做法
知识产权保护全球化时期（1993年至今）	2009年3月，韩国特许厅联合相关部门研究制定《知识产权的战略与愿景》。2009年7月，直属总统领导的韩国国家竞争力强化委员会审议通过了《知识产权强国实现战略》，提出了3大目标和11项战略举措
	2011年4月，韩国通过《知识产权基本法》。该法规定，为促进专利的转化、技术转让和商业化预算占国家研发预算比例将由此前的0.7%提高到2013年的3%。在规范大学、科研机构专利转让的同时，政府还为大学和科研机构的专利转化创造了条件

2）我国知识产权发展历程

新中国成立70多年来，知识产权法制建设取得了举世瞩目的成就，以专利法、商标法、著作权法三大支柱为主体的知识产权法律保护体系基本形成并不断完善。从改革开放到如今，中国的知识产权制度建立大概可分为四个阶段。

表 6-5 我国知识产权保护的主要阶段

发展阶段	主要做法
初建阶段（20世纪80年代至90年代初）	1982年全国人大常委会通过的《中华人民共和国商标法》；1984年全国人大常委会通过的《中华人民共和国专利法》；1986年全国人大审议通过的《民法通则》（专节规定了知识产权）；1990年全国人大常委会通过的《中华人民共和国著作权法》；1993年全国人大常委会通过的《中华人民共和国反不正当竞争法》。此外，我国自1980年以后陆续加入了《世界知识产权组织公约》《保护工业产权巴黎公约》《商标国际注册马德里协定》等国际组织或协定
发展阶段（20世纪90年代初至21世纪初）	从20世纪90年代初至21世纪初，颁布了一系列诸如《计算机软件保护条例》《音像制品管理条例》《植物新品种保护条例》《知识产权海关保护条例》《特殊标志管理条例》等知识产权法规，还颁布了相关施行细则及司法解释，使我国的知识产权法律体系不断趋于完善。2001年颁布了《集成电路布图设计保护条例》和《奥林匹克标志保护条例》
思索完善阶段（21世纪初至2008年）	2005年起，国家知识产权战略工作开始展开，知识产权法律法规的新一轮的修订再次展开，《反垄断法》施行，《反不正当竞争法》再次修订

续表 6-5

发展阶段	主要做法
战略主动阶段（2008年至今）	2008年6月颁布实施《国家知识产权战略纲要》。我国知识产权战略的实施，标志着我国知识产权制度建设进入了战略主动期。《国家知识产权战略纲要》明确提出，到2020年，把我国建设成为知识产权创造、运用、保护和管理水平较高的国家的目标

3）总结与借鉴

（1）定位明确，将知识产权上升为国家战略层层推进

美国作为知识产权强国之一，于2014年颁布《振兴美国制造与创新法案》，成立先进制造国家项目办公室（AMNPO）知识产权工作小组，并公布了《国家制造创新网络知识产权指导原则》，为美国制造业创新中心建设可能面临的主要知识产权问题提供指导。日本是注重知识产权创造的典范。伴随着技术的不断进步，其知识产权战略大致历经了从"技术立国""自主创新、自主专利"到现今的"知识产权立国"三个演变阶段。2002年，日本制定《知识产权战略大纲》，除对制造业知识产权重点关注外，同时将无形资产的创造提高至产业基础的地位。

（2）以用为本，促进创新技术向规模化和高效化转变

德国弗劳恩霍夫协会在应用开发促进技术创新转移转化方面走在国际前列。协会采取与企业合作开发所形成的专利一般归协会所有，对技术开发的委托企业或合作企业通过专利许可赋予实施权的做法，将专利许可变成技术创新转移的主要途径之一。法国的"卡诺研究所网络"作为欧洲目前仅次于弗劳恩霍夫协会的第二大应用型研究所联合体，则采取与企业双方对合作研究成果共享所有权的做法。同时，卡诺有权授予企业技术成果独占与非独占许可，以促进研究成果的商业化利用。日本的产业技术综合研究院、比利时的校际微电子研究中心、韩国的电子通信研究院、荷兰的应用科学研究组织、丹麦的先进技术基金、芬兰的国家技术研究中心等，也可以产学研结合为突破口，或以技术转移为重点，均在知识产权成果转化方面取得显著的成效。

（3）制度为先，为创新驱动发展提供制度保障

作为强有力的法律手段和政策工具，知识产权保护在当前的技术创新、

产业结构升级和经济发展中扮演着愈发重要的角色。以知识产权确权和维权为中心的知识产权保护、评价和运营等是今后发展的重点和方向。以美国为例,一直在积极推动知识产权制度现代化,力图通过改革专利授权措施来加强知识产权国际保护。其《指导原则》中明确规定,知识产权的界定范围包含创新活动中所产生的一切智力成果,如记录、设计、图画、备忘录、报告等,无论是否经申请获得专利、著作权、商标,都属于知识产权,均予以严格保护。

（4）注重运营,提升产业发展核心竞争力

成功的国家制造业创新中心均强调激励中小企业积极参与,鼓励向大、中、小各类企业进行知识产权转让或许可,并为企业尤其是中小企业实施技术成果转化提供全面的知识产权服务。美国的《指导原则》中就规定,国家制造业创新中心不将知识产权作为维持财务可持续的收入来源,而作为传递价值的必要手段,要降低或消除交易成本,尤其是中小企业参与知识产权交易的成本和管理知识产权的负担。法国卡诺以面向产业的研究与创新为己任,通过促进公立研究机构积极主动地面向企业特别是中小企业签订研发合同,持续提供研究支持与创新服务。截至 2014 年底,卡诺已获得法国市场上企业研发外包合同份额的 55%,孵化初创企业 65 家,合作企业数量超过 5 000 家,其中中小企业 1 200 家,占 24%。

6.3 制造业的知识产权省域分析

由于智力资产已被看作企业创新竞争力的关键,知识产权逐渐成为企业价值创造的重要来源。其中专利作为发明人利用其知识产权获取利益的一种方式,是技术革新和发明的"有形证物"。虽然在衡量新产品、新的生产流程及服务的引进方面,专利的作用有限,然而专利产出尤其是发明专利的数量和质量在考察创新绩效与知识溢出方面依然是重要的测算指标。专利通过激励研发活动、促进创新间接刺激区域经济增长,同时产业结构的调整也需要发挥专利的引导作用。我国学者对于专利制度与经济发展之间的关系进行了大量的理论和实证研究。面板数据(Panel Data)作为截面数据与时间序列数据的组合数据集,具有许多优良的特性,克服了时间序列数据多重共线性、数据量不足等困扰,因而已被广泛应用于模式识别、数据分析、图形处理、市场研究、管理评价等许多领域当中。在前人研究基础上,本书首先对面板数据的空间特征进行了分析,给出了面板数据三维空间中的曲面描述方法,并从"绝对数量""增长速度""几何相似性"和"曲面空间绝对距离"等几个方面对曲面相似性指标进行了定义和构建,通过将模糊 C 均值算法中的距离替换为曲面相似性指标,提出一个同时考虑个体在三维空间中的距离和几何相似度的相似指标计算方法,并构建了能够反映 2000—2010 年中国省域专利产出活动的多指标面板数据,对中国 31 个省市区创新能力的类型特征及其地域分异规律进行了探索。

6.3.1 数据结构描述与聚类方法设计

面板数据同时包含截面与时间序列信息,其结构比较复杂,严格意义上应该用三维来表示。假设研究总体有 N 个样本,每个样本的特征用 m 个指标表示,时间长度为 n,则 $X_{ij}(t)$ 表示第 i 个样本第 j 个指标在时间 t 的数值。在平面上将其转换为二级二维表的形式,如表 6-6。

表 6-6 面板数据结构

时间	样本	1		...		i		...		N	
1	指标	1	$X_{11}(1)$		1	$X_{1j}(1)$		1	$X_{1m}(1)$
		...	...		...	...		...	...
		j	$X_{i1}(1)$	⋮	j	$X_{ij}(1)$	⋮	j	$X_{im}(1)$
		...	...		...	...		...	...
		m	$X_{N1}(1)$		m	$X_{Nj}(1)$		m	$X_{Nm}(1)$
t	指标	1	$X_{11}(t)$		1	$X_{1j}(t)$		1	$X_{1m}(t)$
		...	...		...	...		...	...
		j	$X_{i1}(t)$	⋮	j	$X_{ij}(t)$	⋮	j	$X_{im}(t)$
		...	...		...	...		...	...
		m	$X_{N1}(t)$		m	$X_{Nj}(t)$		m	$X_{Nm}(t)$

续表6-6

时间	样本		1			i			N	
		1	$X_{11}(n)$		1	$X_{1j}(n)$		1	$X_{1m}(n)$	
		...	...		...	...		...	...	
n	指标	j	$X_{i1}(n)$	⋮	j	$X_{ij}(n)$	⋮	j	$X_{im}(n)$	
		...								
		m	$X_{N1}(n)$		m	$X_{Nj}(n)$		m	$X_{Nm}(n)$	

由于数据表方法不便于表现面板数据的几何特征,考虑将面板数据中每个指标对应的数据作为三维空间中的点,分别将样本和时间作为对应点的坐标,则单个指标包含的所有数据制成 $N \times n$ 矩阵,在三维坐标系中可以表示为一个曲面,整个面板数据可表示为空间中的一簇曲面(图6-1)。

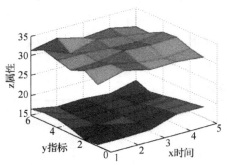

图6-1 面板数据的曲面空间图

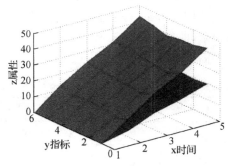

图6-2 x_i 的始点零化曲面图

定义1 面板数据 X 中第 i 个对象(样本)在第 s 个指标第 t 时刻的值为 $x_i(s,t)$,称 $X_i(s,t)$ 为指标 i 的行为矩阵,面板数据 $X = \{X_1(s,t), \cdots, X_i(s,t), \cdots, X_N(s,t) \mid s = 1, 2, \cdots, m; t = 1, 2, \cdots, n\}$ 称为指标行为矩阵列。

$$X_i(s,t) = \begin{bmatrix} x_i(1,1) & x_i(1,2) & \cdots & x_i(1,n) \\ x_i(2,1) & x_i(2,2) & \cdots & x_i(2,n) \\ \vdots & & & \\ x_i(m,1) & x_i(m,2) & \cdots & x_i(m,n) \end{bmatrix} \tag{1}$$

定义行为矩阵 $X_i(s,t)$ 和 $X_j(s,t)$ 之间的空间绝对距离函数为:

$$D_{ij} = \sqrt{\text{sum}((X_i(s,t).-X_j(s,t)).^2)} \tag{2}$$

式中,$-$ 和 $.^2$ 运算符对矩阵单个元素进行计算;sum 函数对所有矩阵元

第 6 章 知识产权推进制造业高质量发展的路径

素进行求和；D_{ij} 代表对象 i 和 j 在三维空间绝对距离。

定义 2 设指标序列 X 中第 i 个指标的行为矩阵为 $X_i(s,t) = (x_i(s,1),\cdots,x_i(s,t),\cdots,x_i(s,n))$。定义 D 为行为矩阵的初始点零化算子，记 $X_i^0(s,t) = X_i D = (x_i(s,1) - x_i(s,1),\cdots,x_i(s,t) - x_i(s,1),\cdots,x_i(s,n) - x_i(s,1)) = (x_i^0(s,1),\cdots,x_i^0(s,t),\cdots,x_i^0(s,n))$，其中 $x_i(s,j)$ 为 N 维列向量。X_i^0 为 X_i 的始点零化曲面(图 6-2)。

引理 1 零化曲面 X_i^0 和 X_j^0 之间的体积就是行为矩阵 $X_i(s,t)$ 和 $X_j(s,t)$ 间的体积，体积函数公式为：

$$V_{ij} = \left| \sum_{s=1}^{m-1}\sum_{t=1}^{n-1}\frac{1}{3}[x_i^0(s+1,t)+x_i^0(s,t+1)-x_j^0(s+1,t)-x_j^0(s,t+1)] + \sum_{s=1}^{m-1}\sum_{t=1}^{n-1}\frac{1}{6}[x_i^0(s,t)+x_i^0(s+1,t+1)-x_j^0(s,t)-x_j^0(s+,t+1)] \right| \quad (3)$$

证明之前先给出定义 3。

定义 3 对行为矩阵列 $X = \{X_1(s,t),\cdots,X_i(s,t),\cdots,X_N(s,t) \mid s = 1,2,\cdots,m; t = 1,2,\cdots,n\}$，有：

$X = \{A_i x_i + B_i y_i + C_i \mid i = 1,2,\cdots,N, x_i \in [s, s+1], y_i \in [t, t+1], s = 1,2,\cdots,m-1; t = 1,2,\cdots,n-1\}$，为 X 对应的曲面簇。

当 $s+t \leqslant x_i + y_i \leqslant s+t+1$ 时，

$A_i = x_i(s+1,t) - x_i(s,t), B_i = x_i(s,t+1) - x_i(s,t), C_i = -s \times A_i - t \times B_i + x_i(s,t)$；

当 $s+t+1 \leqslant x_i + y_i \leqslant s+t+2$ 时，

$A_i = x_i(s+1,t+1) - x_i(s,t+1), B_i = x_i(s+1,t+1) - x_i(s+1,t), C_i = -(s+1) \times A_i - (t+1) \times B_i + x_i(s+1,t+1)$；

证明引理 1：

设 X_i^0 和 X_j^0 分别是行为矩阵 $X_i(s,t)$ 和 $X_j(s,t)$ 对应的零化曲面。

$$|s_i - s_j| = \iint\limits_{1\ 1}^{m\ n}(X_i^0 - X_j^0)\mathrm{d}x\mathrm{d}y$$

$$= \iint\limits_{1\ 1}^{2\ 2}(X_i^0 - X_j^0)\mathrm{d}x\mathrm{d}y + \iint\limits_{1\ 2}^{2\ 3}(X_i^0 - X_j^0)\mathrm{d}x\mathrm{d}y + \cdots +$$

$$\iint\limits_{1\ n-1}^{2\ n}(X_i^0 - X_j^0)\mathrm{d}x\mathrm{d}y + \iint\limits_{2\ 1}^{3\ 2}(X_i^0 - X_j^0)\mathrm{d}x\mathrm{d}y +$$

$$\iint_{2\ 2}^{3\ 3}(X_i^0-X_j^0)\mathrm{d}x\mathrm{d}y+\cdots+\int_{2}\int_{n-1}^{3\ n}(X_i^0-X_j^0)\mathrm{d}x\mathrm{d}y+\cdots+$$

$$\int_{m-1}^{m}\int_{1}^{2}(X_i^0-X_j^0)\mathrm{d}x\mathrm{d}y+\int_{m-1}^{m}\int_{2}^{3}(X_i^0-X_j^0)\mathrm{d}x\mathrm{d}y+\cdots+$$

$$\int_{m-1}^{m}\int_{n-1}^{n}(X_i^0-X_j^0)\mathrm{d}x\mathrm{d}y$$

令:$A_{i1}=x_i^0(s+1,t)-x_i^0(s,t), B_{i1}=x_i^0(s,t+1)-x_i^0(s,t)$;

$A_{i2}=x_i^0(s+1,t+1)-x_i^0(s,t+1), B_{i2}=x_i^0(s+1,t+1)-x_i^0(s+1,t)$;

$A_{j1}=x_j^0(s+1,t)-x_j^0(s,t), B_{j1}=x_j^0(s,t+1)-x_j^0(s,t)$;

$A_{j2}=x_j^0(s+1,t+1)-x_j^0(s,t+1), B_{j2}=x_j^0(s+1,t+1)-x_j^0(s+1,t)$,

由定义3有:

$$\iint_{1\ 1}^{m\ n}(X_i^0-X_j^0)\mathrm{d}x\mathrm{d}y=\int_{s}^{s+1}\mathrm{d}x\int_{t}^{t+s+1-x}[A_{i1}x-A_{j1}x+B_{i1}y-B_{j1}y-s\times A_{i1}+$$

$$s\times A_{j1}-t\times B_{i1}+t\times B_{j1}+x_i^0(s,t)-x_j^0(s,t)]\mathrm{d}y$$

$$=\int_{s}^{s+1}\mathrm{d}x\int_{t+s+1-x}^{t+s+1}[A_{i2}x-A_{j2}x+B_{i2}y-B_{j2}y-(s+1)\times A_{i2}+$$

$$(s+1)\times A_{j2}-(t+1)\times B_{i2}+(t+1)\times B_{j2}+$$

$$x_i^0(s+1,t+1)-x_j^0(s+1,t+1)]\mathrm{d}y$$

$$=\int_{s}^{s+1}\Big\{\Big[\frac{1}{2}(B_{i1}-B_{j1})-(A_{i1}-A_{j1})\Big]x^2+$$

$$[2s(A_{i1}-A_{j1})+(A_{i1}-A_{j1})-s(B_{i1}-B_{j1})-$$

$$(B_{i1}-B_{j1})-(x_i^0(s,t)-x_j^0(s,t))]x+$$

$$\Big[\frac{1}{2}(B_{i1}-B_{j1})s^2+(B_{i1}-B_{j1})s+\frac{1}{2}(B_{i1}-B_{j1})-$$

$$(A_{i1}-A_{j1})s^2-(A_{i1}-A_{j1})s+(x_i^0(s,t)-$$

$$x_j^0(s,t))s+(x_i^0(s,t)-x_j^0(s,t))\Big]\Big\}\mathrm{d}x+$$

$$\int_{s}^{s+1}\Big\{\Big[-\frac{1}{2}(B_{i2}-B_{j2})-(A_{i2}-A_{j2})\Big]x^2+$$

$$[-2(A_{i2}-A_{j2})s-(A_{i2}-A_{j2})+(B_{i2}-B_{j2})s+$$

$$(x_i^0(s+1,t+1)-x_j^0(s+1,t+1))]x+$$

$$\left[-\frac{1}{2}(B_{i2}-B_{j2})s+(A_{i2}-A_{j2})s+(A_{i2}-A_{j2})-\right.$$
$$\left.(x_i^0(s+1,t+1)-x_j^0(s+1,t+1))\right]s\Big\}\mathrm{d}x$$
$$=\frac{1}{6}(A_{i1}-A_{j1})+\frac{1}{6}(B_{i1}-B_{j1})+\frac{1}{2}(x_i^0(s,t)-$$
$$x_j^0(s,t))-\frac{1}{6}(A_{i2}-A_{j2})-\frac{1}{6}(B_{i2}-B_{j2})+$$
$$\frac{1}{2}(x_i^0(s+1,t+1)-x_j^0(s+1,t+1))$$
$$=\frac{1}{3}[x_i^0(s+1,t)+x_i^0(s,t+1)-x_j^0(s+1,t)-$$
$$x_j^0(s,t+1)]+\frac{1}{6}[x_i^0(s,t)+x_i^0(s+1,t+1)-$$
$$x_j^0(s,t)-x_j^0(s+1,t+1)]$$

因此有：

$$V_{ij}=\Big|\sum_{s=1}^{m-1}\sum_{t=1}^{n-1}\frac{1}{3}[x_i^0(s+1,t)+x_i^0(s,t+1)-x_j^0(s+1,t)-x_j^0(s,t+1)]+$$
$$\sum_{s=1}^{m-1}\sum_{t=1}^{n-1}\frac{1}{6}[x_i^0(s,t)+x_i^0(s+1,t+1)-x_j^0(s,t)-x_j^0(s+,t+1)]\Big|$$

(4)

6.3.2 模糊C均值面板数据聚类方法设计

1) 相似性指标

定义 $\mathrm{sim}(i,j)=\alpha D_{ij}+\beta V_{ij}$ 为三维空间个体 i 和 j 的相似度,即加权后的综合距离。其中,V_{ij} 代表不同曲面的自身变异和随时间变化趋势的相似度,α、β 为权重值。定义的相似性指标表明,同属一个聚类簇中的个体距离应该空间绝对距离越小,而且三维空间中的几何形状应该越相似。

2) 参考性指标

李因果等通过计算二维变量增长速度距离(Increment Speed Euclidean Distance,ISED) 和变异系数距离(Variation Coefficient Euclidean Distance,

VCED)来刻画个体时间和指标方向的变化,描述面板数据的三维空间变化特征。其中增长速度距离用于描述个体某个指标从时刻1到时刻n的折线波动;变异系数距离用于描述个体某一时刻从指标1到指标m的折线波动。这种方法本质还是将三维曲面降解为二维曲线来描述三维空间曲面的相似性,但是这种方法刻画的二维曲线并不是独立的,有重复计算。定义1~3通过计算面板数据曲面的三维空间的距离和形状,从整体上刻画了曲面相似性,其中曲面三维形状变化包含了增长速度距离和变异系数距离代表的含义。本书为了便于对分类结果进行细节描述,采用有关增长速度距离和变异系数距离的定义方法对分类结果进行讨论。

增长速度距离计算公式如下:

$$D_{ij}(ISED) = \left[\sum_{k=1}^{m}\sum_{t=1}^{n}\left(\frac{\Delta x_{ikt}}{x_{ikt-1}} - \frac{\Delta x_{jkt}}{x_{jkt-1}}\right)^2\right]^{1/2} \qquad (5)$$

式中,$\Delta x_{ikt} = x_{ikt} - x_{ikt-1}$,$\Delta x_{jkt} = x_{jkt} - x_{jkt-1}$,$\Delta x_{ikt}$和$\Delta x_{jkt}$表示两个相邻时期的绝对量差异。

变异系数距离的计算公式如下:

$$D_{ij}(VCED) = \left[\sum_{t=1}^{n}\left(\frac{\bar{x}_{it}}{S_{it}} - \frac{\bar{x}_{jt}}{S_{jt}}\right)^2\right]^{1/2} \qquad (6)$$

式中,$\bar{x}_{it} = \frac{1}{m}\sum_{k}^{m} x_{ikt}$,$S_{it} = \frac{1}{m-1}\sum_{k}^{m}(x_{ikt} - \bar{x}_{it})^2$,$\bar{x}_{it}$表示$t$时期第$i$个个体$m$个指标的均值,$S_{it}$表示$t$时期第$i$个个体$m$个指标的标准差。

上述计算中采用欧氏距离,当然也可以采用其他常见的距离形式,如马氏距离和兰氏距离等。由于标准化后数据计算的增长速度、变异系数和原始数据不一样,而且当原始数据接近均值或者极小值时,标准化后数据会出现趋近于零的极小值,这样公式(5)计算后会产生奇异的极大值。因此本书计算增长速度过程中原始数据不采用标准化,而是将类中心反标准化进行计算。

3) 模糊 C 均值聚类

用$sim(i,j)$替代模糊C均值聚类方法中的距离,采用模糊聚类方法对面板数据进行聚类。具体步骤如下:

确定类的个数c、初始化幂指数m和隶属度矩阵$U^{(0)} = (u_{ik}^{(0)})$。

计算聚类中心$V^{(l)}$

$$v_i^{(l)} = \frac{\sum_{k=1}^{n}(u_{ik}^{(l-1)})^m x_k}{\sum_{k=1}^{n}(u_{ik}^{(l-1)})^m} \quad i=1,2,\cdots,c$$

修正隶属度矩阵 $U^{(l)}$，计算目标函数值 $J^{(l)}$。

$$u_{ik}^{(l)} = \frac{1}{\sum_{j=1}^{c}(d_{ik}^{(l)}/d_{jk}^{(l)})^{\frac{2}{m-1}}} \quad i=1,2,\cdots,c; k=1,2,\cdots,n$$

$$J^{(l)}(U^{(l)}, V^{(l)}) = \sum_{k=1}^{n}\sum_{i=1}^{c}(u_{ik}^{(l)})^m(d_{ik}^{(l)})^2$$

式中，$d_{ik}^{(l)} = \text{sim}(x_k, v_i^{(l)})$。

对给定的隶属度终止容限 ε_u 或者最大迭代次数 $L_{\max}$，当 $\max\{|u_{ik}^{(l)} - u_{ik}^{(l-1)}|\} < \varepsilon_u$ 或者 $|J^{(l)} - J^{(l-1)}| < \varepsilon_u$ 中的一个条件满足时，或 $l \geqslant L_{\max}$ 时，停止迭代。否则转(3)。

经过上述步骤，得到最终的隶属度矩阵 U 和聚类中心 V，根据隶属度矩阵 U 可以确定所有样本的归属。

6.3.3 数据说明与实证研究

1) 数据来源与指标选取

文中数据均来自中国公开发表的统计出版物和中国政府相关网站，主要包括《中国统计年鉴》(2000—2010)、《中国科技统计年鉴》(2000—2010年)、中华人民共和国国家知识产权局及其网站和国家统计局发布的公开数据。鉴于数据的可获得性，实证分析中所用的样本包括除了香港、澳门特别行政区和台湾省的 31 个省、自治区、直辖市，简称为省域。专利是衡量地区创新能力和创新产出最常用的指标，然而由于专利授权审批时间漫长，特别是最能反映创新成果的发明专利，其审批授权时间长达 3 年之久，使专利授权时间滞后。本书拟采用万人拥有专利申请量作为区域创新产出指标，为了更好地反映区域专利申请结构和创新质量，进一步采用万人拥有发明和实用新型专利的申请数量来表征创新产出。研发投入强度也是一个综合性指标，反映国家对科技创新活动的重视程度，主要包括资金和人力资本投入。其中研究与试验发展(R&D)是衡量区域创新能力最重要的项目。同时,要引导社会创新资源向科研领域集聚,稳定科研队伍,需要国家财政支出持续向科研领域倾斜,以实现国家创新能力的可持续发展,因此本书选用"R&D经费支出"和"地方财政科技拨款占地方财政总支出的百分比"两个指标来衡量区域创新系统的资金投入水平和区域重视程度。除了资金投入以外,区域创新能力与人力资本投入具有不可忽视的联系。为了衡量区域直接创新产出能力,选择"万人科技活动人员数量""万人科学家与工程师人数""R&D人员全时当量"作为区域创新系统中人力资本投入的指标。然而由于"R&D人员全时当量"数据从2002年开始统计,因此对于缺省数据采用插值处理。此外,区域发展水平和社会建设的物质基础决定了科技研发及其商业化的阶段和模式,相应地对于区域创新的投入取向、能力和水平具有重要的影响,同时区域创新产出能力也集中体现了科研活动成果对产业结构升级和经济发展水平的影响,因此选用人均GDP作为衡量区域经济发展水平及创新投入能力的重要指标,从而构建了2000—2010年31个省域8项指标的面板数据集(表6-7)。

表6-7 中国省域专利产出指标体系

一级指标	二级指标	三级指标	单位
产出	专利数量	发明专利申请量	件/万人
		实用新型专利申请量	件/万人
投入	资金	R&D经费支出	亿元
		地方财政科技拨款占地方财政总支出的百分比	%
	人力资本	R&D人员全时当量	千人/年
		万人科技人员投入	人/万人
		科学家与工程师人数	人/万人
创新投入能力	经济发展水平	人均GDP	千元

2) 实证分析结果

要从复杂数据当中产生具有科学性和明确辨识度的分类体系,其关键在于对数据样本和指标间基于某种距离的相似性进行测度,这涉及对样本单元的多维度考察,包括对截面上样本单元的多指标特性进行研究和对某些指标的时间序列值进行分析。为减少信息损失,本书除了考虑区域各指标的绝对水平,还将其动态发展趋势纳入分析,包括对各指标发展速度及其局部变化特征的测算;考虑个体在三维空间中的距离和几何相似度对数据间动态变化与关联效应的测算。本书的方法是通过将"绝对距离"和"体积距离"加权后的综合距离来考察这种曲面的相似性。从表6-8可以看出,绝对距离的三列数值均大于体积距离,但都在同一数量级别,说明面板数据的差异同时来自绝对距离和体积距离,曲面的相似性应该从三维整体来刻画。

表6-8 各类距离综合列表

距离类型		到类中心最大距离	到类中心平均距离	类内平方和
聚类距离	绝对距离	22.384,6	6.396,0	945.953,2
	体积距离	13.665,7	3.658,7	589.102,8
	综合距离	15.723,7	5.027,4	767.528,0
参考距离	增速距离	38.681,2	2.954,6	643.537,2
	变异距离	9.272,5	0.227,3	396.957,4

为了进一步从细节方面考察样本与类中心的关联关系,本书采用"增速距离"和"变异距离"对观测单元的"几何相似性"进行描述。通过考察指标间"到类中心的最大距离"和"平均距离"可以看出,"增速距离"均大于"变异距离",这说明用体积距离描述的曲面三维空间的变化特征主要取决于"增速距离"。在此基础上,进一步比较"绝对距离"和"增速距离"发现,根据平均值计算的"绝对距离"为6.39,大于"增速距离"的2.95,表明总体来说样本单元相似性取决于指标间的绝对数量的差异。然而,考察"到类中心最大距离"发现,"增速距离"为38.68,大于22.38"绝对距离",说明基于指标增速的样本曲面起伏度更大,意味着部分样本之间的差异(异常点)或许更加取决于指标增长速度。同时,根据"绝对距离"和"增速距离"测算的类内平方和分别为945.95和643.53,均大于变异距离的396.96,这进一步证明各指标在绝对数值和时间轴上的变异情况对曲面相似性共同起决定作用。

在表6-3基础上,计算出了反映中国31个省(区)专利产出情况的综合距离矩阵(限于文章篇幅未显示),并在分类数取7的情况下采用模糊C均值方法进行运算,得到聚类结果(表6-9)。

表6-9 中国省域专利产出聚类结果

	聚类结果	人均专利产出	绩效	增速 产出	增速 投入
I	1	北京	(1)北京,上海	(1)广东,浙江	(1)江苏	(1)北京
I	2	上海,江苏	(2)浙江,江苏	(2)上海,江苏	(2)广东,浙江	(2)广东,浙江
I	3	广东,浙江	(3)广东	(3)北京	(3)北京,上海	(3)江苏,上海
II	4	辽宁,山东,湖北	(1)天津	(1)辽宁,山东,湖北	(1)山东	(1)湖南
II	5	湖南,四川,天津	(2)辽宁,山东 (3)湖北,湖南,四川	(2)湖南,四川,天津	(2)辽宁,湖北,天津 (3)湖南	(2)四川,湖北 (3)辽宁,山东,天津
III	6	河北,山西,吉林,黑龙江,广西,江西,贵州,陕西	(1)福建,重庆,陕西,黑龙江 (2)吉林,安徽 (3)河南,宁夏,新疆 (4)内蒙古,海南,江西,云南,广西,青海,贵州,西藏	(1)河北,吉林,黑龙江,安徽,重庆,陕西,河南,福建 (2)山西,广西,海南,贵州,江西,云南,内蒙古,西藏,甘肃,青海,宁夏,新疆	(1)安徽 (2)河南,福建,陕西,重庆 (3)河北,黑龙江,江西 (4)其余省区	(1)福建 (2)内蒙古,吉林,重庆,黑龙江,山西 (3)黑龙江,江西 (4)其余省区
III	7	内蒙古,重庆,安徽,福建,河南,云南,西藏,甘肃,青海,宁夏,新疆				

依据数据的几何相似性和空间绝对距离特征,从区域专利产出与投入的绝对数量、结构、人均水平、增速和绩效等几个方面对上述7类区域进行了考察和归纳,大致可以分为三个层次。

(1) 第Ⅰ层

① 从人均专利产出水平来看,北京、上海、江苏、广东、浙江在全国名列前茅,这与基于人均GDP指标的区域经济发展水平呈明显正相关关系,其中江苏、广东、浙江的专利产出水平总量高于北京和上海,但是,北京、上海的人均专利产出水平最高,其次为浙江和江苏,广东最低。就结构来看,上海、江苏、广东的发明专利所占比例最高,浙江次之,北京最低。② 综合考察区域投入—产出水平发现,广东、浙江两省的专利产出绩效要高于上海和江苏,北京则最低。首先在投入方面,北京的平均研发资金投入水平最高且较为稳定,其次为浙江和广东,上海和江苏最低;研发经费当中来自财政拨款的比例上海为最高,其次为北京,广东、浙江、江苏最低。广东和江苏的研发人员投入总时数最多,其次为北京和浙江,上海最低。北京无论是在人均科技人力资源水平还是专职研发人员比例方面均远超其他省份,上海和浙江次之,广东和江苏最低。③ 从增长速度来看,江苏省专利产出与要素投入最快。广东、浙江两省无论是发明专利还是实用新型专利,其增长速度均低于江苏,而同时考察其投入与产出增长速度特征,发现两者增速距离均较为接近。北京与上海则无论在投入还是产出方面,其增速特征均较为相似,上海增速距离略低于北京。

(2) 第Ⅱ层

① 总体来说,辽宁、湖北、山东、湖南、四川、天津省份的专利产出数量位居全国中上,基本与其经济发展水平一致。其中山东最高,辽宁、四川、湖北次之,湖南、天津略低;然而由于人口基数原因,天津的人均专利产出水平最高,其次为辽宁和山东,湖北、湖南、四川明显偏低;四川、天津的发明专利所占比例略高于本层其余各省。② 在区域投入—产出水平方面,第3类区域总体绩效低于第4类区域。首先在投入方面,湖南的研发经费最高,其次为山东和四川,辽宁、天津最低;然而就来自地方财政拨款所占比例来说,天津最高,其次为辽宁和山东,四川和湖南最低。山东的研发人员投入总时数最多,其次为辽宁、湖北、四川,天津最低。天津、湖南无论是在人均科技人力资源水平还是科学家与工程师所占比例方面最高,辽宁、四川次之,山东最低。③ 从增长速度来看,总体上增速距离相差不大。其中山东的专利增长

速度最快,其次为辽宁、湖北、四川和天津,湖南最慢;然而从研发投入来看,湖南增速最快,其次为四川和湖北,辽宁、山东和天津最慢。

(3) 第Ⅲ层

① 从专利产出总量来看,河南、福建、安徽最多,其次为河北、重庆、陕西、黑龙江、吉林、山西、广西、贵州、云南、云南、新疆再次之,内蒙古、甘肃、宁夏、海南、青海、西藏等最低。采用人均指标发现与各区域经济发展水平存在明显正相关关系,其中福建、重庆、陕西最为靠前,其次为吉林、黑龙江、安徽,再次为河南、宁夏、河北、山西、新疆等,而内蒙古、海南、江西、云南、甘肃、广西、青海、西藏等最低。就结构而言,海南、福建、青海、西藏的发明专利所占比例略高,其次为重庆、安徽、云南、陕西、宁夏等,其余区域相差不大。② 在区域投入—产出水平方面,虽然第6类区域绩效水平总体要高于第7类,然而并非始终如此,其中河北、吉林、黑龙江、重庆、安徽、陕西、河南、福建的绩效水平要高于第6、7类其余省份。首先在投入方面,陕西研发资金投入最多,其次为河北、贵州、黑龙江、广西、海南等,吉林、山西、重庆、安徽、河南等次之,其余区域最低,这其中除福建外均为西部地区。同时,就财政拨款所占比例来看,除福建(高)和西藏(低)以外,其余省区差距不大。就研发投入时数来说,陕西与河南最高,其次为河北、黑龙江、福建、山西、吉林、重庆等,其余地区则最低。海南的平均人力资源水平最高,这与其人口基数较小有关。陕西无论是科技人力资源水平还是专职研发人员比例均占优势,山西、吉林、黑龙江、河北、江西、贵州次之,其余省区则较低,这当中也有人口基数的原因,例如河南、安徽等人口大省。③ 从增长速度来看,西藏无论是在专利产出还是投入方面的增速距离都较快,然而其变异随机性过大,因此从分析当中剔除。安徽近年来专利增长速度最快,其次为河南、福建、陕西、重庆等区域,且增速距离较大;河北、黑龙江、山西、江西等也在逐年增长,但其增速距离相对较小;剩余区域增长缓慢,有些西部省份甚至出现下降趋势。在研发投入方面,福建的研发经费与人力资本投入增长速度最快;而内蒙古、吉林、重庆、山西虽然在研发经费投入方面增长相对较快,但科技人力资源增长速度一般;其余省区总体增速距离相差不大。

6.3.4 结论

通过构建曲面相似性指标,对模糊C均值聚类方法当中的距离进行了优化,并对中国省域专利产出面板数据进行了聚类应用。

（1）中国各地区的专利生产和投入指标,无论是总量还是人均水平均表现出了明显的增长趋势,增速表现出一定的空间异质性和自相关性,但地域分异规律并不显著。人均专利产出数量及质量（发明专利所占比重）与区域经济发展水平密切相关。构建的各项指标从东部沿海到中西部地区之间由高到低呈明显阶梯分布。从产出绩效来看,总体呈增长趋势,但也有部分区域表现出停滞和下降现象,地域分异存在明显的空间异质性和自相关性,其中绩效最高的地区仍集中在东部,中西部整体偏低;除个别省份外,平均差距尤其是东部、中部地区间有缩小的趋势。

（2）从投入结构来看,中国研发经费投入增长非常迅速,其中来自政府财政的所占比例有上升趋势;从人力资本投入来看,研发人员储备和专职人员比例及投入时数均有所增长。然而,研发资源在区域间配置极不均衡,研发经费增长更多集中在东部沿海地区,中西部地区资金与人力资本投入比例以及研发经费的人均增幅总体上仍低于东部地区。同时,部分政府财政投入较多的地区,其产出绩效甚至总量低于企业和社会资本占优的区域,而后者通常研发投入时数更多。进一步来说,虽然由政府推动的研发投入对于区域专利产出能力的快速提升具有重要作用,然而区域创新效率更多取决于研发主体的性质、研发人员对于工作的热情和投入。

（3）中国整体研发投入和产出的增加以及区域间产出绩效的平均差距的缩小,意味着由专利产出水平所衡量的创新活动和创新能力在区域间存在溢出。然而这种溢出仍然存在不均衡性,其更多地集中在东部发达地区和部分中部省区,当然也开始逐渐向中部其他地区和部分西部地区扩散。同时区域专业化分工使其在研发领域和技术路径的选择上存在客观差异,导致研发资金投向与人力资本积累存在路径依赖,在此基础上所形成的区域创新能力具有强烈的地域特征和专业指向性,这使得知识源与接受区域之间可能存在空间配置错位。同时随着距离的增加,知识源的辐射能力减弱,区域间的研发能力在结构上的差异增大,空间依赖与自相关作用开始减少。这意味着要提升区域创新能力、挖掘区域创新潜力,依然需要中央政府进行顶层设计,优化研发资源配置,实现区域协同创新。地方政府一方面需要在原有创新能力的结构基础上继续发挥优势;另一方面需要避免区域根植性、制度锁定及技术路径依赖所造成的负面影响,进一步挖掘区域创新动力。

(4) 知识产权助推中国制造业高质量发展。2014年底,国务院发布了《深入实施国家知识产权战略行动计划(2014—2020年)》,强调知识产权日益成为国家发展的战略性资源和国际竞争力的核心要素,深入实施知识产权战略是全面深化改革的重要支撑和保障。在有效发明专利中,早些年国内所占比例略低于国外,但近年来保持平稳增长势头,所占比重已有明显提升,从2006年的33.3%稳步提高到2013年底的56.7%。有效发明专利正在为我国转变经济发展方式提供有力支撑。美国国家标准技术研究院的一份研究报告指出,90%的科研成果还没走向市场就被埋没在从基础研究到商品化的过程中,形成科技创新过程中的"死亡之谷"。数据显示,美国高新技术项目的成功率只有15%~20%,另有60%受挫,20%破产,即使成功的项目能维持5年以上不衰的也只有5%左右,美国生物技术项目的失败率更是高达90%。在科技成果转化过程中,需要采取多种措施,克服障碍因素,使更多的科技成果跨越或跳脱"死亡之谷"。科技成果成功转化是多种因素综合作用的结果,关键因素可以从技术供体、技术本体、技术受体等几个方面分析。

知识产权密集型产业对中国制造业的高质量发展具有重要作用。当前,我国产业结构处于产业价值链的中低端,其直接原因是产业创新能力薄弱和技术自主性不强,而占据产业价值链"微笑曲线"两端的产业一个靠的是专利、标准,另一个靠的是商标、品牌,都是高度依赖知识产权发展的。因此,推进中低端向中高端攀登的过程,本质上就是提升产业自主知识产权数量、培育发展知识产权密集型产业的过程。当前,知识产权密集型产业已经成为发达国家支撑经济发展的重要动力来源,美国、欧盟的研究表明,凡是知识产权比较密集的产业,其劳动生产率都显著高于其他产业,从业人员收入高出40%~50%,能耗却比其他产业低30%以上,这既符合产业创新的战略思路,又顺应了中国制造2025的发展大势。

第 7 章
能耗差异视域下技术进步、技术效率与制造业全要素能源效率

7.1 引言

众所周知,制造业作为我国工业的主动脉,是国民经济快速发展的支柱性产业。改革开放以来中国经济取得的瞩目成就离不开制造业的强力支撑,制造业已发展成为我国经济增长的主导部门。可以说,制造业的健康发展是完善工业化、加快城市化和推动小康社会全面化进程的重要物质保障,更是我国产业结构升级和经济增长模式转型的物质基础。当今,随着知识技术经济的兴起,制造业作为其有效的物质产品载体,已经和高新技术产业不可分割。

为了实现我国宏观经济战略目标,完成经济发展与能源效率双提升,我国对以"能源、环境、发展"为议题的决策性部署已进入攻坚阶段。我国工业化中后期的阶段特征性明显,制造业部门的高耗能问题日益突出,面对技术经济的浪潮、能源危机的迫近与生态环境的恶化,制造业过分依赖生产要素投入和能源消耗的传统发展模式,已与资源约束型模式背道而驰,经济健康持续发展与能源效率之间的矛盾在我国尤为凸显。在2014年我国政府工作报告"关于制造业发展规划纲要"中再次明确,要把单位GDP能耗(能源强度)作为国家经济的发展目标,并将之提升至战略高度。我国走可持续经济发展道路的决心毋庸置疑,国家将各项指标规划进国民经济发展题项中,形成一种提高能源效率的倒逼机制。为了更好地在转型时期振兴和发展制造业,尽快降低我国制造业能源强度,力求实现制造业的经济增长模式从生产要素"粗放型"向"集约型"的有效转变,探究技术进步对制造业全要素能源效率的影响根源,是当前我们急需解决的重要难题和首要任务。

已有的研究证明,能源效率的提高源于两方面因素的影响:一是能源流向的转移变动,即所谓的结构调整;二是通过技术进步来提高能源的使用效率。仅通过结构调整来提高能源效率,已被国内外较多的研究和实证所论证,然而,从20世纪90年代中期开始,相关产业与能源结构的调整对能源效率的影响能力日益减弱,甚至产生了一定的负作用。现如今,社会经济已进入飞速发展时期,技术进步俨然成了能源效率的决定因素。因此,深入细致地分析技术进步对能源效率的影响,有效利用技术进步手段提高制造业能

第7章 能耗差异视域下技术进步、技术效率与制造业全要素能源效率

源效率,深入了解技术进步对不同能耗行业的影响及其动态变化,最大限度地降低能源强度,从而改善当前能源消费现状是值得的。

首先,值得注意的是,技术进步有广义和狭义的区别,狭义的技术进步仅指"硬实力"的技术创新,而广义的技术进步除了包括狭义的部分,更多地突出管理、制度、结构、政策的创新与优化等一系列"软实力"。再次,能源效率范畴包括微观层次的物理效率和宏观层次的经济效率两方面。能源经济效率进一步又可分为能源强度(energy intensity)和能源生产率(energy productivity),两者之间存在互为倒数的关系。最后,需要说明的是,狭义的科技创新对能源的物理效率作用结果由于不存在经济研究价值,因此不在本书的探讨之内。本书研究技术进步与制造业能源效率之间的关系,所指的技术进步是广义的技术进步。

7.2 文献综述

国外对能源效率的研究起步较早,无论是国家、区域和省际整体层面,还是行业、产业和具体企业层面都已有所涉及。国内有关技术进步对能源效率的研究虽起步较晚,但近年来的研究成果也是硕果喜人。国家、区域、整体层面针对能源效率问题的研究时,在对影响能源效率收敛性的关键因素分析的基础上,深入探究技术进步对能源强度与能源消费的影响。有的学者立足不同国家不同区域,基于省际区域层面面板数据分析,展开关于技术进步对能源效率作用机制的研究,测算了技术进步、纯技术效率和规模效率三者对能源效率影响的内在关系,深入探究技术进步与能源效率之间的关系及其变化影响的变动情况。还有部分学者以能源效率和技术进步两者的互动关系对经济增长的影响为新的视域,分析经济增长的动力来源。另外,立足我国工业制造,有学者以全要素能源效率为研究对象,在制造业行业面板数据以及相关能耗数据的基础上,具体实证测算技术进步指数、技术效率指数和能源效率、能源强度以及能源消费、节能减排之间的内在影响关系。

研究结论统一认为,技术进步在能源领域中发挥着重要作用,以多种方式影响全要素生产率,是降低我国能源强度的首要因素,可以有效实现能源

强度的降低与能源效率的提高。能源效率的提高根本依靠是技术的不断进步，即技术进步在降低能源强度方面发挥着关键作用，是影响我国能源效率、能源强度、能源消费与能源节约的根本因素之一，对我国东、中和西部地区能源效率的提高明显，但提高幅度存在一定差异。当前我国整体的技术进步水平与能源消费反弹效应反应值之间还有一定差距，应坚定地走发展技术创新的道路。通过技术研发不断提高技术进步水平是实现节能减排这一目标的重要途径之一，但也有结论指出技术进步对能源效率而言是把"双刃剑"。

具体针对工业制造业而言，制造业全要素生产率的正向促进来自技术进步的提高，技术效率变化则起负向效应。技术进步对能源效率具有显著的正向拉动作用，是能源效率提高的主要动力。制造业能源强度总体上能保持下降趋势得益于技术水平的不断进步与提升。但不同耗能行业的影响效果差异明显，并且技术进步中能源"回报效应"的体现也有所不同，加大技术研发能够显著提高高能耗制造行业的能源效率。当前我国制造业技术效率总体偏低，规模效率远大于纯技术效率，工业技术进步水平还存在较大的上升空间。

能源要素作为生产投入要素不可忽视并随着社会经济的发展日益重要。关于制造业全能要素生产率及其变动的研究虽已有，但综合考虑包括能源投入要素在内的能源效率研究相当有限，具体针对工业制造业，以行业耗能差异为前提展开的相关研究就少之又少，这就需要相对应的理论研究与实证分析。根据行业耗能现实的差异情况，通过动态聚类分析计量法将其划分为高、中和低三类能耗行业，采用非参数数据包络分析 DEA—Malmquist 生产率指数分解法，将广义的技术进步分解为技术进步指数和技术效率指数两方面，实证探讨与定量测算两者对整体制造业及其不同能耗行业的全能要素生产率与能源效率的影响。探究结果有利于根据不同能耗的行业性质制定精确且有针对性的节能减排、降耗环保措施及其对应的技术引导政策，对寻找提升制造业能源效率的有效途径、保障经济健康运行和能源安全都具有一定的理论和现实意义，并能为实现制造业节能减排，真正走上高新技术产业发展道路提供强有力的支撑。

7.3 模型构建与数据说明

7.3.1 模型构建

纵观国内外文献的研究方法,主流研究涉及参数的随机前沿法(SFA)和回归模型法,以及非参数的数据包络分析(DEA)法和指数法。参数法需套用事先设定的具体函数模式,而非参数法得益于没有预设的函数具体形式,避免了因此而造成的结论偏差。目前,非参数数据包络分析(DEA)法被广泛用于生产效率的研究,因本书选取工业制造业中的 30 个行业,又为突出能耗差异的影响,故不宜设立统一的前提模型,遂采用以数据包络分析为基础的非参数 DEA-Malmquist 全要素生产率指数法。Malmquist 指数最早被 Caves、Christensen 和 Diewert 等学者提出,后经过 Farrell 的进一步完善形成了现在普遍认同的形式。本书在选用给定的投入要素指标的前提下,研究产出最佳的制造业行业每个决策单元的效率变化。

首先,设立模型距离函数如下:

$$D_0(X,Y)=\inf\{\delta,(X,Y/\delta)\in P(X)\} \quad (1)$$

式中,D_0 为定义的距离函数,X 和 Y 分别为投入和产出的变量矩阵方程,δ 为生产产出效率指数,$P(X)$ 为所有可能的生产变量集合。

其次,将每个制造业行业作为一个决策单元,以每个最佳效率实践前沿面为对比基础,以此对决策单元的效率变化、技术进步与技术效率进行深度分析测算。假设 W 行业在 t 时期投入要素 $X_{w,n}^t$(n 表示投入要素种类),产出量 $Y_{w,m}^t$(m 表示产出种类)。在单一技术条件与要素强度可控制的条件下,基础产出的 Malmquist 指数为:

$$M_0^t = \frac{D_0^t(X^{t+1},Y^{t+1})}{D_0^t(X^t,Y^t)} \quad (2)$$

$$M_0^{t+1} = \frac{D_0^{t+1}(X^{t+1},Y^{t+1})}{D_0^{t+1}(X^t,Y^t)} \quad (3)$$

$$M_0(x_t,y_t;x_{t+1},y_{t+1}) = \left[\frac{D_0^t(x_{t+1},y_{t+1})}{D_0^t(x_t,y_t)} \times \frac{D_0^{t+1}(x_{t+1},y_{t+1})}{D_0^{t+1}(x_t,y_t)}\right]^{\frac{1}{2}} \quad (4)$$

式(4)中，(x_t, y_t)为当前测度t时期的技术条件下，第t期决策单元的投入产出，(x_{t+1}, y_{t+1})为第$t+1$期的投入产出发生情况。而D_0^t和D_0^{t+1}分别表示在第t期和$t+1$期的技术基础上的参照距离对比函数，显示出以参考数据期为参考集的当前对比期的技术进步与技术效率水平与变化指数。综合指数分解式采用几何平均数来避免选择决策时期的随意性，进一步定向分解输出公式(5)，可得到技术效率指数(ECH)和技术进步指数(TECH)，如下：

$$M_0(x_t, y_t; x_{t+1}, y_{t+1}) = \frac{D_0^{t+1}(x_{t+1}, y_{t+1})}{D_0^t(x_t, y_t)} \times \left[\frac{D_0^t(x_{t+1}, y_{t+1})}{D_0^{t+1}(x_{t+1}, y_{t+1})} \times \frac{D_0^t(x_t, y_t)}{D_0^{t+1}(x_t, y_t)} \right]^{\frac{1}{2}}$$
$$= ECH \times TECH \tag{5}$$

公式(5)中第一项代表技术效率即ECH，测算每个决策单元从t到$t+1$期间的最佳实践效率的对比程度，若$ECH>1$，则效率提高，若$ECH<1$，则效率降低；第二项代表技术进步即$TECH$，测算每个决策单元从t到$t+1$期间的移距，是对比期与最佳前沿面变化的几何平均数，若$TECH>1$，则技术有所进步，反之技术出现退步。

7.3.2 变量指标与数据说明

由于2003年以后年鉴统计口径发生变化且之前的投入产出数据不完整，为了保持统计数据口径的一致，基于数据的可获得性(数据统计年鉴数据同步更新到2013年)，本书研究的样本时间区间为2003—2013年，研究对象为制造业中的30个细分行业。为便于研究结论的引用和对比，本书选取多数文献普遍接受的各项指标，将行业总产值作为制造业产出变量指标。能源要素属于中间消耗投入，在保证资本和劳动力投入要素时，其中间价值的转移不应忽略。在计算产业增加值或净产值的时候，应充分考虑中间投入要素的使用效率，避免统计核算与价值构成的范围不一致。因此，本书秉从外购、即用、一次消耗，并用分行业工业品出厂价格指数(1995=100)进行平减(单位为亿元)；考虑到劳动力有效劳动时间衡量指标的不可获取性，以制造业行业年末从业人员数和制造业行业年能源实际消费总量代表劳动投入和能源投入(单位分别为万人和万吨标准煤)；对比物质资本流量服务度量指标，以制造业行业固定资产净值年平均余额代表资本投入，并用分行业固定资产投资价格指数(1995=100)进行平减(单位为亿元)。本书处理的

第7章 能耗差异视域下技术进步、技术效率与制造业全要素能源效率

数据基础源于《中国工业发展报告》《中国工业经济统计年检》《国研网宏观经济数据库》《中国能源统计年鉴》和《中国统计年鉴》等公开内容。

7.4 实证分析

7.4.1 行业耗能划分的必要性与结果

能源强度作为衡量能源效率的重要参数,表明平均 GDP 的能源消耗。然而,从大的方面来说,不同地区能源分布、经济状况存在差异;从小的方面来说,每个行业的现实生产状况各有不同,这都使得能源消耗强度千差万别。因此,分析影响能源效率的因素时,须考虑能源消耗强度的现实性差异的存在。学术界也早已认识到这一点,并对能源消耗强度的差异进行了相关研究。

由于数据的选取、处理与研究结果的准确性有着极大的相关性,2003 年我国就重新编排了行业分类目录。根据国家发行的《国家行业划分类型标准》的规定,能耗在不同行业的运行指标的量化存在现实差异。本书以我国工业制造业 30 个行业为研究主体,考虑到行业众多且所涉及的相关行业的能源消费和技术发展情况有一定的差异,不同能耗的差异对行业产出、资本投入、劳动力投入与能源投入的对比产生巨大影响,甚至导致高能耗企业的技术进步影响负贡献远高于现实正常标准值。通过表 7-1 的统计分析可以看出,制造领域行业间状况相差悬殊,能耗差异极大。表 7-2 显示虽然描述结果符合一定的统计计量,但忽略能耗差异分类的前提使得结论不仅无任何经济学意义,而且荒谬至极。因为制造业作为高能耗行业已是不争的事实,而结论显示随着能源要素的不断投入,行业产出却不断下降。

所以,为了更为细致地研究技术进步与能源效率的关系,针对制造业各行业能源消费现状,利用软件 SPSS 17.0,根据表 7-1 数据进行动态聚类分析。本书利用组距动态联结法与国际通用的平方类相似程度度量法,将 30 个工业制造业划分为高、中耗能行业各占 3 个,剩下的 24 个行业均为低耗能行业,具体结果见表 7-3。

表 7-1 制造领域行业间描述统计计量分析

统计指标	标准单位	极小值	极大值	平均值	标准差
主营业务收入	亿元	51.78	55,269.22	10,960.06	11,609.74
固定资产净值	亿元	5.04	17,511.22	2,662.31	2,844.12
从业人数	万人	2.03	796.51	221.18	168.49
能源消费总量	万吨标准煤	32.06	57,883.74	4,902.41	9,605.61
煤炭	万 t	9.57	57,013.24	3,889.99	9,433.88
石油	万 t	1.02	40,326.61	1,272.34	5,500.74
电力	亿 kW·h	6.04	4,630.25	535.57	809.25

表 7-2 制造领域能源投入与产出回归分析结果

	指标	非标准化系数		t
		B	标准误差	
1	（常量）	5,475.528	738.973	7.410***
	能源消费总量	−0.660	0.517	−1.277
	煤炭	0.228	0.367	0.623
	石油	0.321	0.145	2.213**
	电力	13.863	2.843	4.876***
2	（常量）	5,592.551	734.250	7.617***
	煤炭	−0.213	0.123	−1.738*
	石油	0.396	0.133	2.980***
	电力	10.629	1.294	8.216***

注：*、**、***分别代表显著性水平通过10％、5％和1％的检验。

第7章 能耗差异视域下技术进步、技术效率与制造业全要素能源效率

表 7-3 制造业耗能行业的聚类划分

耗能行业分类	行业名称		
低耗能行业	农副食品加工业	食品制造业	饮料制造业
	烟草制品业	纺织服装、鞋及帽制造业	皮革、毛皮、羽毛（绒）及其制品业
	木材加工及木、竹、藤、棕、草制品业	家具制造业	造纸及纸制品业
	印刷业和记录媒介的复制	文教体育用品制造业	医药制造业
	化学纤维制造业	仪器仪表及文化、办公用机械制品业	交通运输设备制造业
	通信设备、计算机及其他电子设备制品业	工艺品及其他制造业	金属制品业
	电气机械及器材制造业	废弃资源和废旧材料回收加工业	塑料制品业
	通用设备制造业	专用设备制造业	橡胶制品业
中耗能行业	纺织业	石油加工、炼焦及核燃料加工业	有色金属冶炼及压延工业
高耗能行业	化学原料及化学制品制造业	非金属矿物制品业	黑色金属冶炼及压延工业

7.4.2 制造业全要素生产率变动及其分解

表 7-4 给出了 2003—2013 年制造业 30 个行业全要素生产率的 Malmquist 指数及分解结果。

表 7-4　2003—2013 年制造业 30 个行业全要素生产率平均变动及分解结果

耗能行业分类	行业名称	全要素生产率	技术进步	技术效率
低耗能行业	农副食品加工业	0.893	0.888	1.006
	食品制造业	0.886	0.888	0.999
	饮料制造业	0.906	0.890	1.019
	烟草制品业	0.983	0.921	1.067
	纺织服装、鞋及帽制造业	0.892	0.896	0.996
	皮革、毛皮、羽毛(绒)及其制品业	0.894	0.896	0.998
	木材加工及木、竹、藤、棕、草制品业	0.867	0.885	0.979
	家具制造业	0.903	0.929	0.972
	造纸及纸制品业	0.890	0.882	1.009
	印刷业和记录媒介的复制	0.957	0.919	1.041
	文教体育用品制造业	0.918	0.895	1.026
	医药制造业	0.892	0.893	0.999
	化学纤维制造业	0.970	0.890	1.090
	橡胶制品业	0.887	0.883	1.004
	塑料制品业	0.900	0.888	1.014
	金属制品业	0.867	0.883	0.982
	通用设备制造业	0.851	0.890	0.957
	专用设备制造业	0.857	0.890	0.963
	交通运输设备制造业	0.858	0.912	0.941
	电气机械及器材制造业	0.863	0.904	0.955
	通信设备、计算机及其他电子设备制品业	0.867	0.930	0.932
	仪器仪表及文化、办公用机械制品业	0.882	0.906	0.974
	工艺品及其他制造业	0.916	0.877	1.044
	废弃资源和废旧材料回收加工业	0.679	0.873	0.779
	行业平均	0.887	0.896	0.989

第7章 能耗差异视域下技术进步、技术效率与制造业全要素能源效率

续表 7-4

耗能行业分类	行业名称	全要素生产率	技术进步	技术效率
中耗能行业	纺织业	0.932	0.884	1.054
	有色金属冶炼及压延加工业	0.925	0.875	1.057
	石油加工、炼焦及核燃料加工业	1.025	0.870	1.178
	行业平均	0.961	0.876	1.097
高耗能行业	化学原料及化学制品制造业	0.926	0.871	1.062
	非金属矿物制品业	0.909	0.869	1.045
	黑色金属冶炼及压延加工业	0.946	0.868	1.090
	行业平均	0.927	0.870	1.066
制造业平均		0.925	0.881	1.051

从制造业整体来看，全要素生产率呈现负增长，年平均下降了7.5%，虽然技术效率对全要素生产率贡献了5.1%的正向增长，但是技术进步同期下降了11.9%，技术进步对全要素生产率的负贡献较技术效率的正贡献更为显著。因此，技术进步是我国工业制造业全要素生产率的主要影响因素，其作用于全要素生产率的负向阻碍效用同比技术效率的正向促进效应更为显著。

从三类耗能行业来看，中耗能行业和高耗能行业全要素生产率的变化与制造业整体的状况相似。中耗能行业全要素生产率下降了3.9%，技术进步贡献了-12.4%，技术效率贡献了9.7%；高耗能行业全要素生产率下降了7.3%，技术进步贡献了-13%，技术效率贡献了6.6%；而低耗能行业全要素生产率的下降则是由于技术进步和技术效率的共同作用，技术进步贡献了-10.4%，技术效率贡献了-1.1%，两者共同导致全要素生产率下降了11.3%。技术进步对三类耗能行业全要素生产率的影响是一致的，都表现为负增长，而技术效率则表现出了差异，即技术效率能够促进中耗能行业和高耗能行业全要素生产率的提高，但对低耗能行业全要素生产率的提高帮助不大。

从各细分行业来看，制造业30个行业全要素生产率均出现了负增长，技术进步和技术效率对全要素生产率均产生负向影响的行业为食品制造业和

纺织服装、鞋及帽制造业等14个行业,均属于低耗能行业;剩下16个行业的技术效率在一定程度上促进了全要素生产率的提高,其中作用最大的为石油加工、炼焦及核燃料加工业,技术效率贡献了17.8%的正向增长,贡献超过5%的依次为黑色金属冶炼及压延加工业(9%)、化学纤维制造业(9%)、烟草制品业(6.7%)、化学原料及化学制品制造业(6.2%)、有色金属冶炼及压延加工业(5.7%)和纺织业(5.4%)。

总体来看,技术进步对制造业全要素生产率的影响较大,是阻碍全要素生产率提高的主要因素。那么,技术进步在影响制造业全要素生产率的同时会如何影响制造业能源效率?分解后的技术进步与技术效率变动又会对能源效率产生何种影响?这些问题值得进一步探讨。

7.4.3 制造业全要素能源效率的测算

本书以各行业全要素能源效率为被解释变量,Malmquist指数中的技术进步率和技术效率为解释变量,进一步分析技术进步与制造业能源效率之间的关系。技术进步代表在投入要素整体条件不变的情况下生产产出的额外增长率,它不仅包括技术创新、技艺的提升与引进,也包含"软环境"改革变动带来的红利。技术效率用来衡量生产技术与现有规模的有效应用程度。表7-5给出了2003—2013年制造业全要素能源效率变化及其分解结果,表7-6给出了2003—2013年制造业30个行业全要素能源效率变化,表7-7给出了2003—2013年制造业30个行业全要素能源效率变动与分解测算结果。

表7-5 2003—2013年制造业全要素能源效率变化及其分解结果

年份	全要素能源效率	技术进步	技术效率
2003	1.148,7	1.155,8	0.993,9
2004	1.000,0	1.000,0	1.000,0
2005	1.234,9	1.099,7	1.122,9
2006	1.104,6	1.077,0	1.025,7
2007	1.111,6	1.073,2	1.035,8
2008	1.114,1	1.088,0	1.023,9
2009	1.267,3	1.112,3	1.036,7

第7章 能耗差异视域下技术进步、技术效率与制造业全要素能源效率

续表 7-5

年份	全要素能源效率	技术进步	技术效率
2010	1.211,4	1.174,8	1.094,5
2011	1.113,1	1.098,2	1.063,2
2012	1.100,2	1.007,1	1.005,1
2013	1.112,5	1.163,4	1.134,2

表 7-6　2003—2013 年制造业 30 个行业全要素能源效率变化

序号	行业名称	2003	2004	2005	2006	2007	2008	2009	2010	2011	2012	2013
1	农副食品加工业	0.593	0.715	0.788	0.813	0.880	0.900	0.876	0.887	0.891	0.866	0.890
2	食品制造业	0.362	0.400	0.461	0.502	0.552	0.572	0.585	0.611	0.636	0.701	0.640
3	饮料制造业	0.240	0.272	0.322	0.373	0.414	0.437	0.450	0.473	0.491	0.510	0.538
4	烟草制品业	0.358	0.388	0.416	0.442	0.522	0.540	0.551	0.566	0.579	0.593	0.611
5	纺织业	0.499	0.603	0.688	0.775	0.836	0.829	0.846	0.897	0.941	0.982	0.915
6	纺织服装、鞋及帽制造业	0.535	0.569	0.624	0.669	0.698	0.695	0.733	0.760	0.791	0.810	0.788
7	皮革、毛皮、羽毛(绒)及其制品业	0.558	0.601	0.651	0.710	0.759	0.728	0.743	0.777	0.800	0.831	0.802
8	木材加工及木、竹、藤、棕、草制品业	0.293	0.350	0.426	0.492	0.583	0.593	0.651	0.658	0.665	0.670	0.709
9	家具制造业	0.311	0.321	0.385	0.391	0.401	0.465	0.471	0.508	0.531	0.567	0.559
10	造纸及纸制品业	0.308	0.356	0.369	0.401	0.438	0.467	0.458	0.500	0.526	0.578	0.600
11	印刷业及记录媒介的复制	0.217	0.217	0.214	0.235	0.268	0.292	0.295	0.327	0.338	0.436	0.479

续表 7-6

序号	行业名称	2003	2004	2005	2006	2007	2008	2009	2010	2011	2012	2013
12	文教体育用品制造业	0.395	0.439	0.456	0.482	0.503	0.494	0.489	0.527	0.539	0.577	0.610
13	石油加工、炼焦及核燃料加工业	0.789	0.938	0.949	0.960	0.966	0.972	0.950	0.966	0.973	0.988	0.981
14	化学原料及化学制品制造业	0.667	0.833	0.903	0.925	0.954	0.955	0.943	0.957	0.961	0.988	0.989
15	医药制造业	0.333	0.327	0.345	0.360	0.410	0.451	0.471	0.525	0.548	0.606	0.675
16	化学纤维制造业	0.332	0.328	0.363	0.411	0.472	0.441	0.442	0.538	0.544	0.551	0.569
17	橡胶制品业	0.344	0.397	0.447	0.480	0.485	0.504	0.502	0.568	0.620	0.599	0.608
18	塑料制品业	0.383	0.444	0.502	0.566	0.656	0.672	0.678	0.756	0.797	0.805	0.843
19	非金属矿物制品业	0.465	0.550	0.605	0.704	0.817	0.851	0.857	0.900	0.909	0.921	0.927
20	黑色金属冶炼及压延加工业	0.623	0.853	0.91	0.912	0.961	0.958	0.933	0.952	0.964	0.955	0.950
21	有色金属冶炼及压延加工业	0.556	0.722	0.832	0.949	0.969	0.962	0.949	0.964	0.981	0.966	0.977
22	金属制品业	0.619	0.735	0.789	0.862	0.907	0.899	0.849	0.902	0.923	0.935	0.929
23	通用设备制造业	0.480	0.586	0.683	0.762	0.834	0.820	0.785	0.798	0.802	0.811	0.828
24	专用设备制造业	0.389	0.454	0.529	0.584	0.644	0.661	0.640	0.692	0.705	0.714	0.709
25	交通运输设备制造业	0.549	0.617	0.599	0.648	0.731	0.744	0.762	0.875	0.881	0.903	0.899
26	电气机械及器材制造业	0.559	0.680	0.746	0.837	0.892	0.897	0.854	0.886	0.891	0.911	0.902

续表 7-6

序号	行业名称	2003	2004	2005	2006	2007	2008	2009	2010	2011	2012	2013
27	通信设备、计算机及其他电子设备制品业	0.731	0.784	0.820	0.876	0.883	0.866	0.844	0.815	0.855	0.889	0.897
28	仪器仪表及文化、办公用机械制品业	0.406	0.449	0.481	0.546	0.590	0.573	0.518	0.542	0.599	0.623	0.607
29	工艺品及其他制造业	0.739	0.732	0.721	0.762	0.834	0.825	0.827	0.902	0.909	0.913	0.934
30	废弃资源和废旧材料回收加工业	0.811	0.843	0.704	0.607	0.800	0.590	0.507	0.764	0.797	0.809	0.811

表 7-7 2003—2013 年制造业 30 个行业全要素能源效率变动与分解测算结果

耗能行业分类	行业名称	全要素生产率	技术进步	技术效率
低耗能行业	农副食品加工业	1.183,4	1.069,1	1.037,1
	食品制造业	1.110,5	1.069,5	1.030,0
	饮料制造业	1.166,1	1.103,7	1.011,7
	烟草制品业	1.185,1	1.185,1	1.000,0
	纺织服装、鞋及帽制造业	1.150,4	1.076,5	0.976,7
	皮革、毛皮、羽毛(绒)及其制品业	1.107,3	1.107,3	1.000,0
	木材加工及木、竹、藤、棕、草制品业	1.181,7	1.077,0	1.031,7
	家具制造业	1.103,8	1.062,1	1.020,5
	造纸及纸制品业	1.141,7	1.106,6	1.007,3
	印刷业和记录媒介的复制	1.137,9	1.067,4	1.006,0
	文教体育用品制造业	1.130,6	1.073,2	0.981,7
	医药制造业	1.104,6	1.079,1	0.986,7

续表 7-7

耗能行业分类	行业名称	全要素生产率	技术进步	技术效率
低耗能行业	化学纤维制造业	1.196,5	1.128,5	1.025,2
	橡胶制品业	1.104,8	1.069,9	1.008,0
	塑料制品业	1.106,2	1.073,2	1.015,3
	金属制品业	1.124,1	1.076,0	1.024,6
	通用设备制造业	1.175,4	1.074,7	1.064,4
	专用设备制造业	1.135,1	1.072,3	1.038,4
	交通运输设备制造业	1.319,1	1.077,7	1.050,3
	电气机械及器材制造业	1.210,4	1.077,2	1.040,1
	通信设备、计算机及其他电子设备制品业	1.103,6	1.069,3	1.000,0
	仪器仪表及文化、办公用机械制品业	1.161,9	1.065,1	1.048,4
	工艺品及其他制造业	1.1006	1.017,7	1.044,1
	废弃资源和废旧材料回收加工业	1.107,1	1.013,4	1.017,9
	行业平均	1.188,7	1.109,6	1.098,9
中耗能行业	纺织业	1.190,9	1.076,0	1.021,5
	有色金属冶炼及压延加工业	1.301,2	1.113,6	1.070,3
	石油加工、炼焦及核燃料加工业	1.301,1	1.170,1	1.034,3
	行业平均	1.296,1	1.116,3	1.097,4
高能耗行业	化学原料及化学制品制造业	1.211,5	1.113,8	1.038,9
	非金属矿物制品业	1.210,4	1.071,4	1.041,5
	黑色金属冶炼及压延加工业	1.221,8	1.129,6	1.051,0
	行业平均	1.292,7	1.107,6	1.066,5
制造业平均		1.259,1	1.111,2	1.105,1

为了便于分析，且与前文中所使用的制造业投入产出数据相匹配，采用万元 GDP 能耗来测算制造业的能源效率。图 7-3 显示了 2003—2013 年制造业整体及各分行业能源效率的变化趋势，从中可以看出：

第 7 章　能耗差异视域下技术进步、技术效率与制造业全要素能源效率

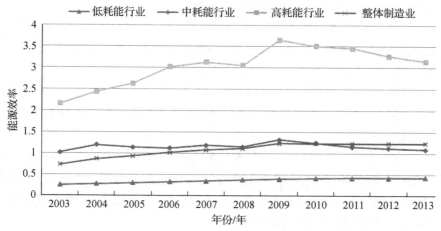

图 7-3　2003—2013 年制造业和分行业能源效率变化趋势

（1）2003—2013 年制造业整体万元 GDP 能耗先上升，后略有下降。以 2009 年为分水岭，之前可以认为制造业全要素能源效率整体呈现稳定增长趋势；之后整体持平停滞。30 个行业平均全要素能源效率为 1.259 1，平均增长率为 25.91%。

（2）制造业分行业全要素能源效率差异明显，高耗能行业的万元 GDP 能耗均高于制造业整体水平，变化趋势与制造业整体变化趋势基本一致。高耗能行业是制造业能源效率较高与增长较快的集中区，是影响制造业整体能源效率提升的关键。虽然高耗能行业仅包括化学原料及化学制品制造业、非金属矿物制品业、黑色金属冶炼及压延加工业三个行业，但是这三个行业均属于重工业，能源消耗量占制造业能源消耗总量的 60% 以上，行业均以雄厚的经济实力为基础，使得行业内部技艺不断改造，技术研发与高新引进的广度、深度均不俗，行业能源采购成本是产品成本重要的组成部分，固定资产投资很大且专用型很强，行业本身自带垄断，进入壁垒较高。因此，这三个高耗能行业能源效率的变化直接决定了制造业整体能源效率的变化趋势。

（3）能源效率一般但上升最为显著的行业集中在纺织业、有色金属冶炼及压延加工业以及石油加工、炼焦及核燃料加工业这三个中耗能行业，虽然万元 GDP 能耗出现波动，但是大多数年份均出现了下降，从 2011 年开始低于制造业整体水平。低耗能行业的万元 GDP 能耗始终远远低于制造业整体水平，但其趋势是不断上升，说明低耗能行业本身的能源效率不高，提升

不显著,而且对制造业整体能源效率影响微弱。

根据上文的分析,结合 Stata 12.0 计量软件,对制造业整体及高、中、低耗能行业能源效率进行面板回归。本书研究的是技术进步和技术效率变动对制造业能源效率的影响,设定的一般模型为:

$$y_{it}=c+\alpha_1 TECH_{it}+\alpha_2 ECH_{it}+\mu_{it} \quad (6)$$

式中,c 表示常数项;y_{it}、$TECH_{it}$、ECH_{it} 分别表示 i 行业第 t 年的能源效率;μ_{it} 为随机扰动项。

为选择合适的面板回归模型,本书采用 F 检验、LM 检验及 Hausman 检验对随机效应模型、固定效应模型及混合回归模型进行筛选,如表 7-8 所示,制造业整体和中耗能行业选用随机效应模型,高耗能行业选用固定效应模型,低耗能行业选用混合回归模型。

表 7-8 模型的检验结果

耗能分行业		F 检验	LM 检验	Hausman 检验	最终模型
制造业	P 值	0.001,9	0.000,2	0.812,2	随机效应
	模型	固定效应	随机效应	随机效应	
高耗能行业	P 值	0.000,2	0.063,7	0.001,3	固定效应
	模型	固定效应	混合	固定效应	
中耗能行业	P 值	0.002,6	0.004,9	0.370,7	随机效应
	模型	固定效应	随机效应	随机效应	
低耗能行业	P 值	0.086	0.179,6	—	混合回归
	模型	混合	混合	—	

注:"—"表示前两项检验即可确定模型形式,无须该项检验结果;显著性水平为 5%。

根据选用的模型,结合式(6),对制造业 30 个行业的能源效率进行计量分析,结果见表 7-9。

表 7-9 面板模型回归结果

耗能分行业	模型	TECH	ECH
制造业	随机效应	−0.481,78***	−0.428,6***
高耗能行业	固定效应	−3.690,2***	−1.273,2***

第7章 能耗差异视域下技术进步、技术效率与制造业全要素能源效率

续表 7-9

耗能分行业	模型	TECH	ECH
中耗能行业	随机效应	−0.981,4***	−0.603,4***
低耗能行业	混合模型	−0.412,6***	−0.456,4***

注：① +、−分别为 TECH 和 ECH 对万元 GDP 能耗增加或降低了影响关系；② *** 表示参数估计值在 1% 的水平下显著。

（1）技术进步和技术效率的系数均为负，说明对制造业能源效率的作用效果一致，两者均显著降低了万元 GDP 能耗，提高了能源效率。一方面，从制造业整体情况来看，技术进步（TECH）和技术效率（ECH）都促进了能源效率的提高。另一方面，从平均增长率来看，技术进步所占比例大于技术效率。所以，制造业全要素能源效率增长的主要拉动力是技术进步，且各年份技术进步增长率均为正值，与全要素能源效率呈同步变动情况。

（2）从技术进步的影响效果来看，除低耗能行业外，对各行业能源效率的影响超过技术效率的影响。技术进步对高耗能行业的影响最大，促进程度为 3.69%，远远大于技术效率的促进效果（1.27%）；其次为中耗能行业，技术进步对中耗能行业能源效率的促进程度为 0.98%，略大于技术效率的促进效果（0.6%）。

（3）技术效率对于制造业各行业能源效率的提升均呈现显著的正向影响，表明相关"软实力"技术进步对能源效率的提升也存在一定的正向作用。技术效率对高耗能行业的促进作用最大，为 1.27%，其次为中耗能行业的 0.6% 和低耗能行业的 0.46%。与高耗能行业和中耗能行业不同的是，在低耗能行业中，技术效率的促进作用（0.456 4）要大于技术进步（0.412 6），即低能耗行业整体并未实现在现有条件下的有效率的生产，行业技术创新投入产出相对甚低，说明以"软"技术为主的管理水平和政策是影响低耗能行业能源效率提升的主要因素。

7.5 结论与启示

（1）2003—2013 年制造业全要素生产率呈现负增长，技术进步贡献了

—11.9%,远远超过了技术效率的正向贡献(5.1%),是全要素生产率下降的主要因素,表明目前以科技创新为主的"硬"技术进步是影响制造业全要素生产率改善的关键,今后应大力加强制造业生产技术的创新、引进和吸收,同时也要注重制造业管理和制度创新等"软"技术的进步。

(2)无论是技术进步还是技术效率都对制造业能源效率的改善有着一定的作用和影响。相对而言,制造业能源效率的提高主要来自以"硬"技术为主的制造业科技进步与创新效应。随着改革开放的纵向深入,产业结构的不断调整,管理制度的不断完善,技术效率的提升空间已不断减缩。中国工业制造业的经济发展已经走上技术开发与创新的高新产业之路,着重以新技术、新产品为核心的"硬"技术进步对制造业能源效率的提升作用要大于以管理创新为主的"软"技术进步。我国国内高新技术产业与知识经济的飞速发展,以及在世界贸易组织中的影响和外资企业进驻带来的溢出效应,都极大推动着制造业整体能源效率的提高。应充分发挥产权结构的有机机制,明确产权制度对于产业结构的影响,通过成本节约和技术创新等手段上提高制造业能源效率。还有市场监管力度也应加大,防止相关产业过度集中化导致行业不良竞争而压缩利润空间,从而导致整个行业不景气,在技术研发上更无力投入,最终成为高能耗高污染低产出的常规生产方式的延续。但从技术效率数据分析,工业制造业整体还存在规模不经济问题,要素配置投入结构还需进一步调整。目前制造业全要素能源效率已经趋于停滞,暂时性大幅度波动很难出现。

高能耗行业能源效率及其增长均呈现"双高"态势,中能耗行业能源效率一般但上升速度最快,而低能耗行业能源效率较低且不升反降。三者对整体工业制造业能源效率的正向推动影响分别为最大、一般和极小。在技术进步和技术效率协同提高制造业能源效率的同时,两者的作用大小和影响程度在制造业不同能耗行业、不同发展阶段不尽相同且差异较为明显,不同能耗行业的能源效率走势趋同的可能性极低。对于高能耗和中能耗行业,技术进步作用远远大于技术效率,成为能源效率提升的主要因素。因此,在着力提高技术创新进步水平的同时,也要加强机制和制度创新,挖掘"软"技术节能潜力;低耗能行业能源效率的改善则主要来自技术效率的提高,原因在于这些低耗能行业主要是劳动密集型的轻工业,传统的加工生产是其主要运作方式,产业几乎没有附加值存在,自身技术创新能力较弱,相对资本密集型产业来说知识和技术的扩散效应有限,外资进驻虽会对低能

第7章 能耗差异视域下技术进步、技术效率与制造业全要素能源效率

耗行业的能源效率有一定的促进作用,但更多仅仅看中的是廉价劳动力,技术进步在这些行业间的溢出效应不大,走上粗放型的资源增长的经济道路也无可厚非。对于低耗能行业,要着力提高技术进步水平,加强行业内部技术创新,提高能源效率,应限制一些资本薄弱和技术设备落后的低能耗小企业进行规模扩张。对于高能耗行业,为加大能源集约型使用模式效应,在现有水平下可以对行业规模适当进行有利部分的拓展。当下,要真正把握行业、企业等微观经济单元性质,注重能源效率低及改进空间大的行业。

(3)切实鼓励企业增加科技研发投入,努力推动相关产业积极投身市场竞争,注重对外来国际资本进驻的吸引。在制定和实现节能减排的发展政策与目标时,更多地综合考虑地域布局、行业特点与企业间的实际差异。多方位利用各行业全能要素能源效率的影响因素,根据能源消费与效率的现实情况,有针对性地将能源消费高、效率低的行业地区作为重点考察对象。忌搞"一刀切"的实施措施与政策,避免出现无区别对待与监控。加大科技研发投入,真正提高科技进步水平,优化能源资源的配套布置,落实技能与管理的知识运用,这才是能源效率提升的关键保障。增加制造业行业科技研发投入,落实以技术进步为主的提高能源效率、降低能源消耗强度的政策。

(4)本书仅研究出了技术进步对制造业不同能耗行业的能源效率有一定影响,但技术进步和技术效率两者在不同发展阶段对能源效率的影响即随时间动态变化的情况也应该考虑进去。随着社会经济的发展,"软实力"不断完善,技术效率对能源效率的贡献作用会逐渐减弱。所以,坚定"科学技术是第一生产力"的信念,落实人才强国战略,坚定不移地发展"硬实力"是我们前进的方向。

第8章
制造企业竞争的最优碳减排和定价策略

8.1 引言

温室气体是引起气候变化的主要因素。许多国家和机构已经尝试设计基于市场的碳配额机制以控制碳排放。碳配额机制给企业带来了新的挑战,使企业的运营管理更加复杂。例如,Ahmed 和 Sarker 提出,企业需要重新分配农业区和生物炼油厂,以减少生物燃料供应链的碳排放。Meneghetti 和 Monti 指出,制冷能源的年使用率在不断增加,这反过来又增加了碳排放,需要提出一种用于自动存储冷藏和回收系统可持续优化的设计模型。由于碳配额机制以及制造商之间竞争的存在,企业如何调整策略,尤其是产品设计和定价策略,已成为当务之急。

在过去的几十年中,碳配额机制已经开始实施并不断发展,例如 1997 年的《京都议定书》、2009 年的《哥本哈根协议》、2012 年的《多哈修正案》。在碳配额机制中,企业从政府那里获得允许的碳排放总量(碳配额),企业在它们需要更少/更多的碳配额时可以在碳排放交易市场上出售/购买碳配额。碳排放交易蕴含着深远的能源和经济影响,并具有重大的政策影响,一些公司已经开始投资减少碳排放的技术。例如,沃尔玛采用了许多新技术来抑制碳排放,包括设计和开设高能效商店。尽管碳交易在国际市场上越来越普遍,但是碳配额机制是否以及如何影响制造商的决策仍然需要学者们进行调查和研究。

除碳配额机制外,消费者环保意识(CEA)在激励制造商减少碳排放量方面也起着重要作用。根据《BBMG 意识消费者报告》的一项调查显示,有 67% 的美国人认为购买对环境有益的产品非常重要,其中 51% 的人愿意为环保产品支付更高的价格。制造商可以通过增加减排投资来提高产品绿色水平从而吸引具有环保观念的消费者。因此,CEA 对制造商决策的影响是我们研究的另一个重点。

我们的研究主要解决以下问题:① 碳配额机制,主要包括碳配额和碳排放单价如何影响竞争制造商的决策,例如碳减排率和零售价格? ② 制造商的博弈方式(纳什博弈和斯坦伯格博弈)如何影响制造商的策略? ③ 消费者环保意识和制造商之间的竞争程度如何影响制造商对产品的环保质量设计和定价策略？

为了解决这些问题，首先，研究假设模型存在两个制造商：制造商 1 和制造商 2。每个制造商生产一种具有环保质量的绿色产品，制造商 $i(i=1,2)$ 生产绿色产品 i。消费者的需求受碳减排率、价格和 CEA 的影响。制造商的碳排放额度分配上限由两个制造商的企业规模决定。其次，研究讨论两种游戏模型，① 纳什博弈模型：两个制造商同时确定产品的碳减排率和价格；② 斯坦伯格博弈模型：制造商 1 作为领导者首先确定产品 1 的最优碳减排率和价格，随后制造商 2 确定产品 2 的碳减排率和价格。分别采用纳什博弈模型和斯坦伯格博弈模型中的逆向归纳法求解碳减排率和零售价格的最优解。再次，我们研究碳配额机制、碳价、CEA 以及竞争程度对最优碳减排率、零售价和制造商利润的影响。最后，在两个模型之间进行比较，并通过数值仿真对模型参数进行敏感性分析。

本研究在三个重要的研究领域扩展了现有文献。首先，研究同时考虑了产品环保质量设计和定价策略，之前许多关注碳配额机制和竞争的文献仅研究最优定价决策。其次，研究两个制造商之间的竞争如何影响低碳制造商的战略，之前大多数研究模型只考虑了一个制造商和一个零售商的竞争问题。最后，研究考虑了纳什博弈和斯坦伯格博弈模型下决策的不同，分析制造商决策顺序对制造商战略的影响，而之前大多数文献都只考虑了斯坦伯格博弈。

8.2 文献回顾

大量文献与绿色产品的定价研究有关，在这里我们主要回顾最相关的三个研究方向：碳配额机制、消费者环保意识和制造商竞争。

在碳配额机制影响制造商策略的研究方面，Dong 等研究了碳配额机制下分散供应链模型和集中供应链模型基于可持续产品考虑的可持续性投资，得出了最优订单数量和可持续性投资水平，发现可持续性投资效率对最优解决方案有重要影响。Bird 等总结了碳配额机制存在时出现的可再生能源市场的关键问题，探讨了旨在设计碳政策以使碳市场和可再生能源市场共同运作的政策选择问题。Gong 和 Zhou 通过动态模型从价格和生产决策的角度提出了碳交易政策下的最优生产策略。Chaabane 等根据碳交易法规设计了封闭供应链机构模型,并分析了总量管制和交易政策。Chang 等研究了碳配额机制如何在混合制造—再制造系统中影响垄断制造商的生产决策。Gracia 等发布了总量控制、贸易法规与库存之间的关系,发现碳价对决策有很大影响。Dou 通过建立锥机构模型表明低碳经济发展需要相应的条件,如碳融资和低碳政策。Cheng 等表明,高强度碳政策不一定鼓励企业有效减少碳排放,碳交易机制的政策敏感性比碳税更为明显。Yang 等研究了如何公平、有效地在不同工业部门之间分配碳排放配额的问题。Jiang 等从公平的角度探讨了中国各省之间碳排放许可的初始分配,并建立了省际碳排放许可的初始跨省分配模型。Chen 等研究了在限额交易规则和回收规则条件下垄断制造商的制造、再制造和收集决策。但是,以上文献并未考虑消费者环保意识的影响,并且大多数研究并未探讨制造商的竞争情景。

在 CEA 对供应链企业决策影响的研究方面,Liu 等使用两阶段斯坦伯格博弈模型,集中于竞争和消费者环保意识对关键供应链参与者的影响,发现随着 CEA 的增加,具有优质环保运营过程的零售商和制造商将受益。Zhang、Wang 和 You 研究了 CEA 对一个制造商和一个零售商的供应链中订单数量和渠道协调的影响,发现零售商的利润与环保产品的订购量随 CEA 增加而增加,而制造商的利润相对于 CEA 是凸的。Xu 和 Xie 构建了一个两阶段的闭环供应链,他们的研究表明,在分散决策模型和集中决策模型下,节点企业的产品环保水平、回报率和利润都与 CEA 呈正相关。Hammami、Nouira 和 Frein 研究了 CEA 对产品的排放强度和价格的影响,结果表明,CEA 是改善环境绩效的有效驱动力。但是,以上文献并未考虑环境政策的影响。

在竞争对供应链企业影响的研究方面,Moorthy、Banker 等、Hall 和 Porteus、Tsay 和 Agrawal 等的研究发现,随着竞争的加剧,质量和服务的均衡水平提高,而价格和交货时间缩短。Chen、Luo 和 Wang 在建立需求模型时考虑了价格和碳排放,并在需求函数中纳入了两个竞争对手之间的竞争。但是,以上文献并未考虑碳配额机制的影响。

更多有关可持续供应链管理的论文,读者可以进一步阅读 Seuring、Muller 和 Shashi 等的文献,它提供了一个概念框架来总结该领域的研究。

总而言之,大多数研究没有同时考虑碳配额机制、CEA 和制造商竞争,因此本书将不仅考虑碳配额机制,而且考虑竞争和 CEA 对供应链的影响。

表 8-1 列举了与我们的研究最相关的论文。

表 8-1 本研究与相关研究比较

作者	碳减排水平	CEA	碳配额机制	竞争	纳什博弈	斯坦伯格博弈
Liu et al.(2012)	✓	✓		✓		✓
Zhang et al.(2015)	✓	✓		✓		✓
Dong et al.(2016)	✓		✓			✓
Xu et al.(2016)	✓	✓				✓
Wang et al.(2016)	✓	✓	✓			✓
Hammami et al.(2017)	✓	✓	✓			
Cheng et al.(2017)	✓		✓		✓	✓
Ji et al.(2017)	✓	✓	✓			✓
Zhu et al.(2017)	✓	✓		✓		✓
This paper	✓	✓		✓	✓	✓

8.3　问题假设与模型描述

假设有两个制造商：制造商 1 和制造商 2。制造商 $i(i=1,2)$ 生产产品 i，且这两种产品可相互替代。假设每种产品都包含两个影响消费者需求的属性：减排率（表示为 e）和价格（表示为 p），其中，产品需求随减排率的增加而增加，随价格的增加而减少。

假设政府的碳配额是恒定的，并且政府根据每个制造商的规模分配一定的碳配额。制造商的规模越大,碳配额就越大。制造商可以在碳配额交易市场上购买或出售碳配额,以满足其碳配额需求,并使其利润最大化。当制造商选择生产低碳排放产品且其碳配额有盈余时,可以将剩余的碳配额卖给另一个制造商以获得额外的收入。但是,如果制造商生产碳排放量高的产品,它可能需要购买超额碳排放的碳配额。在碳配额交易机制下,制造商需要确定最优的碳减排率和产品价格。

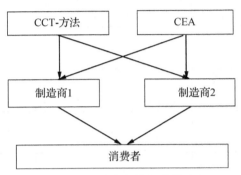

图8-1　供应链结构与决策流程

与Zhang等文献类似,我们将产品$i(i=1,2)$的需求函数表示为:

$$q_1 = a - p_1 + \theta p_2 - \tau\theta e_2 + \tau e_1 \tag{1}$$

$$q_2 = a - p_2 + \theta p_1 - \tau\theta e_1 + \tau e_2 \tag{2}$$

式中,a是初始市场潜力,τ表示CEA,θ表示转换对价格的敏感性即竞争程度。其他模型参数与决策变量的意义见表8-2。

表8-2　模型参数和决策变量($i=1,2$)

参数	
m_i	制造商 $i(m_i > 0)$
c	制造商减排成本系数($c>0$)
τ	消费者环保意识(CEA)
θ	竞争程度($\theta \in [0,1]$)
c_0	单位减排成本($c_0 > 0$)
a	初始市场规模($a \geq 0$)

续表 8-2

参数	
M_i	制造商 i 的企业规模($M_i>0$)
s_0	政府碳配额($s_0>0$)
π_i	制造商 i 的期望收益
决策变量	
e_i	产品 i 的减排率($e_i\in[0,1]$)
p_i	制造商 i 的零售价($p_i>0$)

因为更高的减排量会增加减排难度,从而产生更高的成本,所以类似于 Ji 等、Zhu 和 He,以及 Wang 等研究,我们将碳减排率 e 的成本建模为一个递增的二次函数,常数 c 是与产量无关且严格为正的成本系数。

因为政府的碳配额是根据制造商的规模分配的,所以制造商 i 有碳配额 $\dfrac{M_i}{M_1+M_2}s_0$。根据上述假设和需求函数,制造商 i 的利润函数表示如下:

$$\pi_1=p_1(a-p_1+\theta p_2+\tau e_1-\tau\theta e_2)-ce_1^2+\left(\dfrac{M_1}{M_1+M_2}s_0-M_1(1-e_1)\right)c_0 \quad (3)$$

$$\pi_2=p_2(a-p_2+\theta p_1-\tau\theta e_1+\tau e_2)-ce_2^2+\left(\dfrac{M_2}{M_1+M_2}s_0-M_2(1-e_2)\right)c_0 \quad (4)$$

8.4 模型的建立与求解

在本节中,我们将探讨不同博弈模型对制造商最佳碳减排率和价格的影响,首先给出纳什均衡模型(用 n 表示),然后研究斯坦伯格博弈模型(用 s 表示)。

8.4.1 纳什均衡模型

假设两个制造商同时采取行动:第一阶段,两个制造商同时确定碳减排率;第二阶段,它们同时确定零售价格。我们使用逆向归纳法来求解纳什均衡模型。

类似于 Xu 等、Dong 等,以及 Yi 等的研究,我们提出了以下假设。

假设 1 制造商的减排成本系数和消费者的环保意识满足 $c > \dfrac{\tau^2}{4}$。

在实践中,研发成本是非常高的,所以我们假设 c 大于一个阈值。当然,即使没有这个假设,我们也可以得到分析结果。具体来说,如果满足此假设,最优方案是制造商减排率的下限或上限,那么制造商就不会投资绿色生产水平或非常高的绿色水平的产品。为了避免这些琐碎的情况,使我们的结果更为美观,我们提出假设 1 以保证利润函数是凹的。

8.4.2 最优零售价格

在这节中,我们给出最优零售价格,并讨论减排成本系数、政府总碳配额、碳价格和制造商规模对两个制造商最优价格和利润的影响(式中右上角的 N 表示纳什均衡模型)。

定理 1 最优零售价格为:

$$p_1^{N*} = \frac{(2+\theta)a + e_1\tau(2-\theta^2) - e_2\tau\theta}{4-\theta^2} \tag{5}$$

$$p_2^{N*} = \frac{(2+\theta)a + e_2\tau(2-\theta^2) - e_1\tau\theta}{4-\theta^2} \tag{6}$$

对于每个制造商,最优零售价格都是全局最优解,根据定理 1 的结果我们可以得到一些命题。

命题 1

① 制造商 1 的最优零售价格 p_1^{N*} 随 e_1 增加而增加,随 e_2 增加而减少;

② 制造商 2 的最优零售价格 p_2^{N*} 随 e_2 增加而增加,随 e_1 增加而减少。

命题 1 是指制造商的最优零售价格随其自身的减排率增加而增加,随竞争制造商的减排率增加而减少。

命题 2

① 若 $\dfrac{e_1}{e_2} \geqslant \dfrac{\theta}{2-\theta^2}$,制造商 1 的最优零售价格 p_1^{N*} 随 τ 增加而增加;制造商 2 的最优零售价格 p_2^{N*} 随 τ 增加而减少。

② 若 $\dfrac{e_1}{e_2} < \dfrac{\theta}{2-\theta^2}$,制造商 1 的最优零售价格 p_1^{N*} 随 τ 增加而减少;制造

商 2 的最优零售价格 p_2^{N*} 随 τ 增加而增加。

命题 2 表明当制造商 1 和制造商 2 的减排率之比大于 $\frac{\theta}{2-\theta^2}$ 时,制造商 1 的最优零售价格随 CEA 的增加而增加;当制造商 1 和制造商 2 的减排率之比小于 $\frac{\theta}{2-\theta^2}$ 时,制造商 1 的最优零售价格随 CEA 的增加而降低。同样,当制造商 2 和制造商 1 的减排率之比大于 $\frac{\theta}{2-\theta^2}$ 时,制造商 2 的最优零售价格随 CEA 的增加而增加;当制造商 2 和制造商 1 的减排率之比小于 $\frac{\theta}{2-\theta^2}$ 时,制造商 2 的最优零售价格随 CEA 的增加而降低。因为每个产品都有环境质量,每个产品的需求都会随着 CEA 的变化而变化。也就是说,当 CEA 值足够大时,消费者可能购买高环保质量的产品,从而降低低环保质量产品的需求和价格。其中的价格变化取决于两种产品之间环境质量的差异以及对价格的转换敏感性。

命题 3 制造商 1 和制造商 2 的最优利润随 s_0 增加而增加。

命题 3 意味着每个制造商的利润随着总碳配额的增加而增加。

命题 4

① 如果 $1-\frac{s_0}{M_1+M_2} \leqslant e_i \leqslant 1$,则制造商 i 的最优利润随 c_0 增加而增加;

② 如果 $0 \leqslant e_i < 1-\frac{s_0}{M_1+M_2}$,则制造商 i 的最优利润随 c_0 增加而减少。

命题 4 表明如果制造商 i 的减排率 $e_i \in \left[1-\frac{s_0}{M_1+M_2},1\right]$,制造商的最优利润随碳单价的增加而增加;如果制造商 i 的减排率 $e_i \in \left[0,1-\frac{s_0}{M_1+M_2}\right)$,则制造商的最优利润随碳单价的增加而减少。也就是说,如果碳排放率高得多,那么制造商就需要购买碳配额,这样制造商的利润就会随着碳价格增加而减少;反之如果碳排放率低得多,那么制造商的利润就会随着碳价格增加而增加。

命题 5

① 制造商 1 的最优利润随 M_2 的增加而减少;

② 制造商 2 的最优利润随 M_1 的增加而减少。

命题 5 表明制造商 i 的最优利润随着竞争对手规模的增大而减小。因为碳排放配额是根据制造商的规模来分配的,制造商的规模大意味着碳配额高,因此制造商的利润会随着竞争对手的规模增大而降低。

8.4.3 最优减排率

我们给出了制造商的最优零售价格 p_1^{N*} 和 p_2^{N*},以及最优利润 π_1^{N*} 和 π_2^{N*}。在这一小节中,我们将给出基于最优零售价格和利润函数的最优碳减排率。

定理 2 根据定理 1,最优碳减排率为:

$$e_1^{N*} = \frac{\begin{array}{l}2a\tau^3(\theta^5+\theta^4-4\theta^3-4\theta^2+4\theta+4)c_0\tau^2(-M_1\theta^6+M_2\theta^5+8M_1\theta^4-\\6M_2\theta^3-20M_1\theta^2+8M_2\theta+16M_1)+2ac\tau(-\theta^5-2\theta^4+6\theta^3+12\theta^2-\\8\theta-16)+M_1cc_0(\theta^6-12\theta^4+48\theta^2-64)\end{array}}{2[c^2(\theta^6-12\theta^4+48\theta^2-64)+2c\tau^2(-\theta^6+8\theta^4-20\theta^2+16)+\tau^4(\theta^6-5\theta^4+8\theta^2-4)]} \quad (7)$$

$$e_2^{N*} = \frac{\begin{array}{l}2a\tau^3(\theta^5+\theta^4-4\theta^3-4\theta^2+4\theta+4)c_0\tau^2(-M_2\theta^6+M_1\theta^5+8M_2\theta^4-\\6M_1\theta^3-20M_2\theta^2+8M_1\theta+16M_2)+2ac\tau(-\theta^5-2\theta^4+6\theta^3+12\theta^2-\\8\theta-16)+M_2cc_0(\theta^6-12\theta^4+48\theta^2-64)\end{array}}{2[c^2(\theta^6-12\theta^4+48\theta^2-64)+2c\tau^2(-\theta^6+8\theta^4-20\theta^2+16)+\tau^4(\theta^6-5\theta^4+8\theta^2-4)]} \quad (8)$$

通过计算,最优碳减排率 e_1^{N*} 和 e_2^{N*} 为全局最优解,由于方程(7)和方程(8)的复杂性,我们将研究 CEA、竞争程度和制造商规模 M 对最优减排率的影响。

8.4.4 斯坦伯格博弈模型

在本节中,我们假设制造商 1 是领导者,制造商 2 是追随者。我们使用逆向归纳法来确定最优解。首先,制造商 2 确定其碳减排率和零售价格;其次,制造商 1 选择其碳减排率和零售价格来最大化其利润。

类似于 Ji 等以及 Wang 等研究,为了保证利润函数是凹的,我们提出以下假设。

假设 2 消费者的环保意识、减排成本系数和转换价格敏感性满足

$(4c-\tau^2)^2+\tau^2\theta^2(2c-\tau^2)>0$。

根据假设 2,我们可以得到以下定理和命题。

8.4.5 制造商 2 的最优碳减排率和零售价格

在这节中,我们给出制造商 2 的最优碳减排率和零售价格,然后讨论一些参数的变化趋势。右上角的 S 表示斯坦伯格博弈模型。

定理 3 斯坦伯格博弈模型中制造商 2 的最优碳减排率和零售价格如下:

$$e_2^{S*}=\frac{2M_2c_0+a\tau-e_1\tau^2\theta+p_1\tau\theta}{4c-\tau^2} \tag{9}$$

$$p_2^{S*}=\frac{2ac+M_2c_0\tau+2cp_1\theta-2ce_1\tau\theta}{4c-\tau^2} \tag{10}$$

在本节中,制造商 1 和制造商 2 的最优减排率和零售价格是全局最优解。根据定理 3 的结果,我们可以得到命题 6~9。

命题 6 制造商 2 的最优碳减排率和零售价格均随 c_0 增加而增加。

当碳价上涨时,无论是否有足够的碳配额,产品的绿色质量都会提高。由于碳配额总量是固定的,生产企业可以积极减少碳排放,并将剩余的碳排放量卖给其他生产企业,以获得额外的收入。

命题 7 制造商 2 的最优碳减排率和零售价格均随 M_2 增加而增加。

命题 7 意味着制造商规模越大,生产的产品就越环保。也就是说,如果厂商规模较大,往往会加大投入,提高碳减排率以争取更多消费者,零售价格也可以适当提高。

命题 8 制造商 2 的最优碳减排率和零售价格随 e_1 的增加而减少,随 p_1 增加而增加。

如果制造商 1 作为博弈的主导者选择提高其减排率,制造商 2 作为跟随者将购买碳配额而不是增加碳减排的投资,因此制造商 2 可以适当降低其零售价格以获得竞争优势。如果制造商 1 提高其零售价格,作为追随者的制造商 2 也可以提高零售价格以获得更多利润。

命题 9

① 当 $\frac{p_1}{e_1}<2\sqrt{c}$ 时,(Ⅰ) 若 $\tau\leqslant\frac{p_1}{e_1}$,则制造商 2 的最佳碳排放减少率和最佳零售价格随 θ 增加而增加;(Ⅱ) 若 $\frac{p_1}{e_1}<\tau<2\sqrt{c}$,则制造商 2 的最佳碳排放

减少率和最佳零售价格随 θ 增加而减少；

② 当 $\frac{p_1}{e_1} \geqslant 2\sqrt{c}$ 时，制造商 2 的最优碳减排率和最优零售价格随 θ 增加而增加。

命题 9 表明制造商 2 的最优碳减排率和最优零售价格随产品 1 的零售价格与减排率之比和 CEA 的变化趋势。作为跟随者的制造商 2，如果产品 1 的零售价格与减排率之比和 CEA 不是很高，那么制造商 2 的最优碳排放减少率和最优零售价格会随 θ 增加而增加；如果产品 1 的零售价格与减排率之比不是很高，而 CEA 不是很低，然后制造商 2 的最优碳减排率和最优零售价格随 θ 增加而增加。当产品 1 的零售价格与减排率之比不是很低时，那么制造商 2 的最优碳减排率和最优零售价格也随 θ 增加而增加。

8.4.6 制造商 1 的最优零售价格和减排率

本节中，我们基于制造商 2 的最优零售价格和减排率，得出制造商 1 的最优零售价格和减排率。

定理 4 斯坦伯格博弈模型中制造商 1 的最优零售价格如下：

$$e_1^{S*} = \frac{8M_1 cc_0 + 4ac\tau + 2ac\tau\theta - a\tau^3 - a\tau^3\theta - 2M_1 c_0 \tau^2 - M_2 c_0 \tau^2 \theta}{16c^2 + 2c\tau^2\theta^2 - 8c\tau^2 - \tau^4\theta^2 + \tau^4} \tag{11}$$

$$p_1^{S*} = \frac{(\tau^2 - 4c)(-4ac^2\theta - 8ac^2 + 2ac\tau^2\theta + 2ac\tau^2 + 2M_1 c_0 c\tau\theta^2 + 2M_2 c_0 c\tau\theta - 4M_1 c_0 c\tau - M_1 c_0 \tau^3 \theta^2 + M_1 c_0 \tau^3)}{(\tau^2\theta^2 - \tau^2 - 2c\theta^2 + 4c)(16c^2 + 2c\tau^2\theta^2 - 8c\tau^2 - \tau^4\theta^2 + \tau^4)} \tag{12}$$

与定理 2 相同，由于方程(11)和方程(12)的复杂性，我们将在数值仿真中研究 CEA、价格转换敏感度和制造商的规模对制造商 $i(i=1,2)$ 最优减排率、零售价格和利润的影响。

8.5 数值算例

为了从上述理论结果中获得更多的管理意见，我们在此部分给出了数值分析，主要比较纳什博弈模型和斯坦伯格博弈模型的最优解，并讨论碳价、消费者环保意识、制造商规模以及最优减排率对价格转换的敏感性、最优零售价格和制造商利润的影响。由于难以从制造商那里获得准确的数据,我们设置了一些估计参数来表示几个参数对最优解和利润的影响:$a=10, c=50, s_0=4$,类似于 Zhang 和 Xu、Ji 等、Xu 等、Yang 等研究。纳什均衡模型的结果用 N 表示,斯坦伯格博弈模型的结果用 S 表示,制造商 1 用 1 表示,制造商 2 用 2 表示。

8.5.1 碳价对最优减排率、零售价格和利润的影响

在这一部分中,令 $\theta=0.5, \tau=3, M_1=6, M_2=2$,我们将研究当政府的总碳配额不足和足够时,最优碳减排率、最优零售价格和最优利润随碳价的变化。

从式(5)~(12)和图 8-2 可以看出,在两种模型中,制造商的最优减排率和零售价格均随碳价的增加而增加,且不随碳总配额的变化而变化。因为当碳价上涨时,制造商会以高成本购买碳权或以高收入出售碳权,所以高碳价格会使制造商生产出更环保的产品。当 $c_0=0$ 时,它表示没有 CCT 机制。从图 8-2 可以看出,没有 CCT 机制的最优减排率和零售价格都低于有 CCT 机制的。换言之,CCT 机制可以刺激企业提供低排放的产品,且随着碳价的上涨,企业更愿意生产低排放的产品。尽管制造商 i 的最优碳减排率在纳什模型中和斯坦伯格模型中几乎相同,但两种模型的价格差异很大。因此,不同的决策序列对价格影响显著,而生产企业规模越大,碳减排率和零售价格的变化越大。

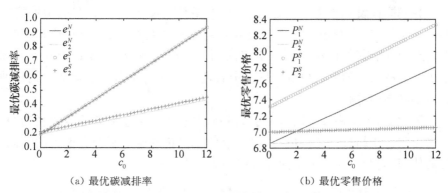

图 8-2 在总碳配额不足和足够时的最优碳减排率和最优零售价格与 c_0 的函数关系

从图 8-3(a)可以看出,随着碳价的上升,制造商 1 的最佳利润先下降

后上升,但制造商2的利润一直在下降。原因在于随着碳价的上涨,作为一个大型制造商,制造商1可以减少对提高产品1环境质量的投资,并在碳配额不足时支付购买,但是,随着碳价的上涨,与购买碳配额相比,大型制造商倾向于在提高产品1的环境质量方面投入更多。换句话说,在投资绿色产品和购买碳配额之间存在一种权衡。当碳价不高时,制造商倾向于购买碳配额;当碳价高得多时,制造商更愿意提高产品的环境质量。对于制造商2(较小的制造商),虽然用碳价提高了产品的环境质量,但由于规模限制,制造商2的总碳配额仍然不够,因此制造商2的利润随碳价上升而下降。从图8-3(b)可以看出,当政府的总碳配额足够时,两个具有竞争力的制造商的最优利润在两个模型中都会增加。价格越高,利润就越多,因为制造商可以把剩余的碳配额卖给其他制造商,以获得额外的收入。

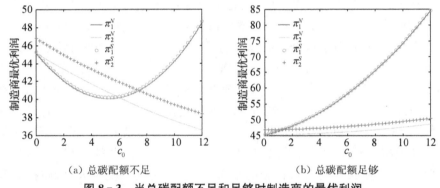

(a) 总碳配额不足　　　　　　(b) 总碳配额足够

图 8-3　当总碳配额不足和足够时制造商的最优利润

我们同样发现当碳价不是很高时(在纳什模型中 $c_0 < 6$,在斯坦伯格模型中 $c_0 < 7.3$),小制造商比大制造商获得更多的利润;只有当碳价很高时,大制造商才能获得比小制造商更多的利润。换句话说,提高碳价并不意味着小制造商获得的利润更少。另一个有趣的发现是斯坦伯格博弈比纳什博弈对小制造商更有利。

因此,当碳价格较低时,小制造商将获得比大制造商多得多的利润;只有当当碳价格超过一个阈值时,大制造商才将获得比小制造商更多的利润。与纳什博弈相比,斯坦伯格博弈对小制造商更有利。

8.5.2 消费者环保意识对最优减排率、零售价格和利润的影响

在这一部分中,令 $\theta=0.5, M_1=6, M_2=2, c_0=8$,我们将展示消费者环保意识对最优零售价格、减排率和利润的影响。

图 8-4 显示,随着消费者环保意识的增加,两个制造商的减排率、零售价格和利润都有所增加。因为随着 CEA 的增加,对绿色产品的需求也增加了,所以制造商更愿意提供更多的环保产品来获得更多的消费者。

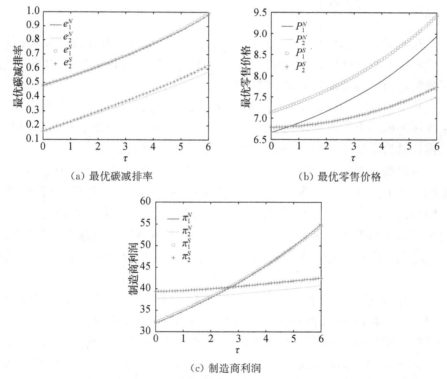

(a) 最优碳减排率

(b) 最优零售价格

(c) 制造商利润

图 8-4 最优碳减排率、最优零售价格、制造商利润与消费者环保意识的关系

我们还发现,两种模型的碳减排率几乎相同,但斯坦伯格博弈模型中的价格要比纳什博弈模型的价格高得多;两种模型中制造商 1 的利润几乎相同,但制造商 2 可以在斯坦伯格博弈中获得更多利润,即制造商的规模小可

能并不意味着利润低,特别是当消费者环保意识较低时(在纳什博弈模型中 $\tau<2.3$,在斯坦伯格博弈模型中 $\tau<2.8$),小制造商获得的利润要比大制造商多得多;只有当消费者环保意识较高时,大制造商才将获得比小制造商更多的利润。

因此,消费者环保意识影响着两个制造商的利润;消费者环保意识增加了两个制造商的利润;当消费者环保意识较低时,小制造商更有优势,反之则大制造商更有优势。

8.5.3 制造商1的规模对最优减排率、零售价格和利润的影响

在此部分中,令 $\tau=3, \theta=0.5, M_2=5, c_0=8$,我们将研究制造商规模对最优零售价格、减排率和利润的影响。由于两个制造商是类似的,故我们只讨论制造商1的规模大小改变时的情况。

从图8-5(a)和(b)中我们可以看到制造商1的最优碳减排率和零售价格在两种模型中都随着 M_1 的出现而显著上升。随着生产企业规模的增大,碳排放总量增加,但生产企业并不生产高碳排放的产品。

制造商2的最优零售价格显著降低,但最优碳减排率几乎与制造商1的规模不相关。斯坦伯格博弈模型中两个制造商的价格比纳什博弈模型中的价格高。从图8-5(c)中我们可以看出,制造商的最优利润随着制造商1在两个模型中的规模而减小。在纳什博弈模型中,制造商规模越大,制造商的利润越大;而在斯坦伯格博弈模型中,制造商规模越大并不意味着利润越大。

因此,制造商的利润受到制造商规模和决策序列的影响。当两个制造商规模相同时,在纳什博弈模型中,两个制造商的最优零售价格、碳减排率和利润是相等的;但在斯坦伯格博弈模型中,制造商2的零售价格低于制造商1,而制造商2的碳减排率和利润高于制造商1。换句话说,当两个制造商具有相同规模时,制造商1具有"后动优势"。

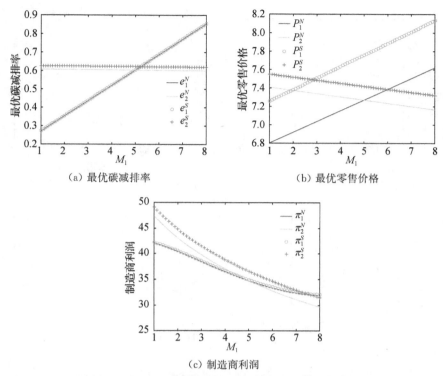

图 8-5 最优碳减排率、最优零售价格和制造商利润与制造商规模(M_1)的关系

8.5.4 价格转换敏感性对最优碳减排率、零售价格和利润的影响

在此部分中,令 $\tau=3, M_1=6, M_2=2, c_0=8$,我们将研究价格转换敏感性对最优减排率、零售价格和利润的影响。

从图 8-6 中,我们可以看到制造商的最优零售价格和最优利润随着两种模式中价格转换的敏感性而增加,而大规模的制造商 1 生产的产品更环保。因为对价格转换的敏感度也代表了对低排放(高绿色品质)的敏感度,所以制造商将生产出高绿色品质的产品。

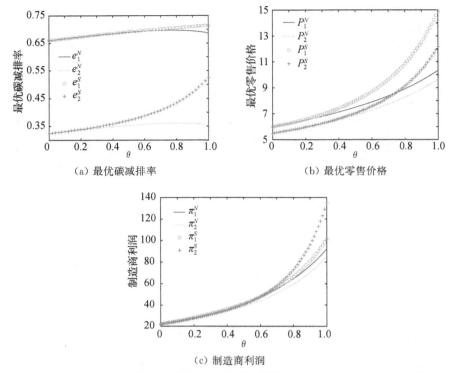

图 8-6 最优碳减排率、最优零售价格和制造商利润与价格转换敏感性 θ 的关系

在纳什博弈模型中,随着 θ 的增大,制造商 1 的利润总是大于制造商 2 的利润。而在斯坦伯格博弈模型中,开始制造商 1 的利润大于制造商 2 的利润;随着 θ 的增大,制造商 1 的利润小于制造商 2 的利润。换句话说,规模越大并不意味着利润越大。

综上所述,斯坦伯格博弈导致制造商生产出比纳什博弈更多的环保产品,大规模的领导者生产出比跟随者更环保的产品,斯坦伯格博弈对跟随者比领导者更有利。

8.6 结论

本书研究了碳配额机制、消费者环保意识和厂商竞争对最优碳减排率、

第8章 制造企业竞争的最优碳减排和定价策略

零售价格和制造商利润的影响。在各制造商的碳排放上限由制造商的规模决定,而需求又取决于排放率和零售价格的情况下,本书给出了纳什博弈模型和斯坦伯格博弈模型的最优减排率和最优价格。通过灵敏度分析,比较了两种模型的最优解,并给出了一些重要参数的变化趋势。我们的研究主要有四个管理方面的意义。

首先,在市场上实施碳配额机制时碳排放单价对制造商的决策至关重要。在投资绿色产品和购买碳排放配额之间有一种权衡。当碳价不高时,制造商倾向于购买碳配额;当碳价高得多时,制造商更愿意提高产品的环境质量。从环境保护的角度来看,较高的碳价有利于减少碳排放;但高碳价会使制造商处于不利地位。因此,政府应该制定一个适当的碳价来平衡环境和经济。

其次,较高的消费者环保意识导致较低的碳排放率和较高的利润。制造商和政府可以合作,在其他改善消费环保意识的方法上加大投资。它不仅有助于企业获得更多利润,而且还能减少碳排放。因此,提高消费环保意识是一项既有利于制造商盈利又有利于环境保护的首要举措。

第三,博弈行为改变制造商决策。纳什博弈模型和斯坦伯格博弈模型的最优减排率基本相同,但不同模型的价格差异较大,后者的价格比前者的要高得多。制造商1在两种模型中的利润几乎相同,但制造商2在斯坦伯格博弈中可能获得更多的利润,也就是说,制造商2在斯坦伯格博弈中具有"后动优势"。

第四,制造商规模影响产品的减排率和制造商的最优利润。大型制造商倾向于生产更环保的产品,但并不意味着大制造商能获得比小制造商更多的利润。较低的碳价格、较低的消费环保意识或较高的价格转换敏感性可能使大型制造商获得的利润少于小型制造商。

研究还可以向其他方向扩展。如多厂商竞争是一种普遍现象,可以研究碳配额下的多厂商生产优化和竞争问题。又如探讨碳配额机制对供应链的影响,相信可以找到一些有效的契约来协调供应链,调查制造商之间的竞争对合同契约的影响也是十分有趣的。

参考文献

Abebe M A, Angriawan A. 2014. Organizational and competitive influences of exploration and exploitation activities in small firms[J]. Journal of Business Research, 67(3):339-345.

Adams M E, Day G S, Doughherty D. 1998. Enhancing New Product Development Performance: An Organizational Learning Perspective[J]. Journal of Production Innovation Management, 15:403-422.

Adner R, Kapoor R. 2010. Value creation in innovation ecosystems: How the structure of technological interdependence affects firm performance in new technology generations[J]. Strategic Management Journal, 31(3):306-333.

Agarwal S, Ramaswami S N. 1992. Choice of foreign market entry mode: Impact of ownership, location and internalization factors[J]. Journal of International Business Studies, 23(1):1-27.

Ahmed W, Sarkar B. 2018. Impact of carbon emissions in a sustainable supply chain management for a second generation biofuel[J]. Journal of Cleaner Production, 186, 807-820.

Allen T J, Sosa M L. 2004. 50 years of engineering management through the lens of the IEEE Transactions[J]. IEEE Transactions on Engineering Management, 54(4):391-395.

Alvedalen J, Boschma R. 2017. A critical review of entrepreneurial ecosystems research: Towards a future research agenda[J]. European Planning Studies, 25(6):887-903.

Anchordoguy M. 2000. Japan's software industry: A failure of institutions[J]. Research Policy, 29(3):391-408.

Ancona D G, Caldwell D F. 1992. Bridging the boundary: External process and performance in organizational teams[J]. Administrative Science Quarterly, 37:634 – 665.

Anderson P, Tushman M L. 1990. Technological discontinuities and dominant designs: A cyclical model of technological change[J]. Administrative Science Quarterly, 35(4):604 – 633.

Andrea Mina, Elif Bascavusoglu-Moreau, Alan Hughes. 2014. Open service innovation and the firm's search for external knowledge[J]. Research Policy, 43(5):853 – 866.

Ansari S, Krop P. 2012. Incumbent performance in the face of a radical innovation: Towards a framework for incumbent challenger dynamics[J]. Research Policy, 41(8):1357 – 1374.

Ansoff H I. 1957. Strategies for diversification[J]. Harvard Business Review, 35(5):113 – 124.

Argote L, Miron-Spektor E. 2011. Organizational Learning: From Experience to Knowledge[J]. Organization Science, 22(5):1123 – 1137.

Badaracco J. 1991. The Knowledge Link: How Firms Compete through strategic Alliances[R]. Boston, Mass: Harvard Business School.

Baker W E, Sinkula J M. 1999. The Synergistc Effect of Market Orientation and Learning Orientation on Organizational Performnce[J]. Journal of the Academy of Marketing Science, 27(4):411 – 427.

Ball D F, Rigby J. 2006. Disseminating research in management of technology: Journals and authors[J]. R & D Management, 36(2):205 – 215.

Banker R D, Khosla I, Sinha K K. 2011. Quality and Competition[J]. Management Science, 44, 1179 – 1192.

Barney J. 1986. Strategic factor markets: Expectations, luck, and business strategy[J]. Management Science, 32(10):1231 – 1241.

Bechky B A, Okhuysen G A. 2011. Expecting the Unexpected? How SWAT Officers and Film Crews Handles Surprises[J]. Academy of Management Journal, 54(2):239 – 261.

Bemporad R, Baranowski M. 2007. Conscious consumers are changing the rules of marketing. Are you ready? [R]. Highlights from the BBMG conscious consumer report.

Bierly P, Chakrabarti A. 1996. Generic knowledge strategies in the US pharmaceutical industry[J]. Strategic Management Journal, 17:123 – 135.

Bird L A, Holt E, Carroll G L. 2008. Implications of carbon cap-and-trade for US voluntary renewable energy markets[J]. Energy Policy, 36(6), 2063 – 2073.

Blumentritt R, Johnston R. 1999. Towards a Strategy for Knowledge Management[J]. Technology Analysis & Strategic Management, 11(3):287 – 301.

Boisot M, Child J. 1996. From fiefs to clans and network capitalism: Explaining China's emerging economic order[J]. Administrative Science Quarterly,41(4):600-628.

Bouba-Olga O, Carrincazeaux C, Coris M, et al. 2015. Proximity Dynamics, Social Networks and Innovation[J]. Regional Studies,49(6):901-906.

Boyd B K. 2005. How advanced is the strategy paradigm? The role of particularism and universalism in shaping research outcomes[J]. Strategic Management Journal,26(9):841-854.

Bracker J. 1980. The historical development of the strategic management concept[J]. Academy of Management Review,5(2):219-224.

Brown R, Mason C. 2017. Looking inside the spiky bits: A critical review and conceptualisation of entrepreneurial ecosystems[J]. Small Business Economics,49(1):11-30.

Bruton G D, Ahlstrom D. 2003. An institutional view of China's venture capital industry: Explaining the differences between China and the West[J]. Journal of Business Venturing,18(2):233-259.

Capros P, Paroussos L, Fragkos P, et al. 2014. European decarbonisation pathways under alternative technological and policy choices: A multi-model analysis[J]. Energy Strategy Reviews,2,231-245.

Chaabane A, Ramudhin A, Paquet M. 2012. Design of sustainable supply chains under the emission trading scheme[J]. International Journal of Production Economics,135(1),37-49.

Chai S, Das S, Rao H R. 2011. Factors affecting bloggers knowledge sharing: An investigation across gender[J]. Journal of Management Information Systems,28(3):309-342.

Chaminade C, Plechero M. 2015. Do regions make a difference? Regional innovation systems and global innovation networks in the ICT industry[J]. European Planning Studies,23(2):215-237.

Chang X Y, Xia H Y, Zhu H Y, et al. 2015. Production decisions in a hybrid manufacturing – remanufacturing system with carbon cap and trade mechanism[J]. International Journal of Production Economics,162,160-173.

Chen M J, Lin H C, Michel J. 2010. Navigating in a hypercompetitive environment: The roles of action aggressiveness and top management team integration[J]. Strategic Management Journal,31(13):1410-1430.

Chen X, Luo Z, Wang X. 2017. Impact of efficiency, investment and competition on low carbon manufacturing[J]. Journal of Cleaner Production,143,388-400.

Chen Y, Li B, Bai Q, et al. 2018. Decision-Making and Environmental Implications under Cap-and-Trade and Take-Back Regulations[J]. International Journal of Environmental Research & Public Health,15(4),678.

Cheng Y, Mu D, Zhang Y. 2017. Mixed Carbon Policies Based on Cooperation of Carbon Emission Reduction in Supply Chain[J]. Discrete Dynamics in Nature and Society, 7:1-11.

Christensen C M. 1997. The Innovator's Dilemma: When New Technologies Cause Great Firms to Fail,Boston[J]. MA: Harvard Business School Press.

Coenen L, Bennewworth P, Truffer B. 2012. Toward a spatial perspective on sustainability transitions[J]. Research Policy,41(6):968-979.

Cohen W M, Levinthal D A. 1990. Absorptive capability: A new perspective on learning and innovation[J]. Administrative Science Quarterly,35(1):128-152.

Daft R L. 1978. A dual-core model of organizational innovation[J]. Academy of Management Journal,21(2):193-210.

Davis G F, Diekmann K A, Tinsley C H. 1994. The decline and fall of the conglomerate firm in the 1980s: The deinstitutionalization of an organizational form[J]. American Sociological Review,59(4):547-570.

Deephouse D L. 1996. Does isomorphism legitimate[J]. Academy of Management Journal,39(4):1024-1039.

Deshpande R, Grinstein A, Kim S H, et al. 2013. Achievement motivation, strategic orientations and business performance in entrepreneurial firms: How different are Japanese and American founders.[J]. International Marketing Review,30(3):231-252.

Dess G, Davis P. 1982. An empirical examination of Porter's (1980) generic strategies [J]. Academy of Management Proceedings,(1):7-11.

Diesing P. 1966. Objectivism vs. subjectivism in the social sciences[J]. Philosophy of Science,33(1-2):124-133.

Dong C, Shen B, Chow P S, et al. 2016. Sustainability investment under cap-and-trade regulation[J]. Annals of Operations Research,240(2),1-23.

Dosi G. 1982. Technological paradigms and technological trajectories[J]. Research Policy,11(3):147-162.

Dou X. 2017. Low carbon technology innovation, carbon emissions trading and relevant policy support for China's low carbon economy development[J]. International Journal of Energy Economics & Policy,7,172-184.

Drover W, Wood M S, Payne G T. 2013. The effects of perceived control on venture capitalist investment decisions: A configurational perspective[J]. Entrepreneurship Theory and Practice,38(4):833-861.

Drucker P. 2002. The discipline of innovation[J]. Harvard Business Review,80(8):95-101.

Earl M J. 2001. Knowledge management strategies: Toward a taxonomy[J]. Journal of Management Information Systems,18(1):215-233.

Edenhofer B, et al. 2010. Bauer The economics of low stabilization Energy[J]. The energy journal,31:11-48.

Edenhofer B, Knopf M, Leimbach N, et al. 2010. Bauer The economics of low stabilization Energy[J]. The energy journal,31,11-48.

Eisenhardt K M. 2000. Dynamic capabilities: What are they[J]. Strategic Management Journal,21(10-11):1105-1121.

Eisenman M. 2013. Understanding aesthetic innovation in the context of technological evolution[J]. Academy of Management Review,38(3):332-351.

Evetts J. 2003. The sociological analysis of professionalism: Occupational change in the modern world[J]. International Sociology,18(2):395-415.

Fisher-Vanden K, Jefferson G H, Ma Jingkui, et al. 2006. Technology Development and Energy Productivity in China[J]. Energy Economics,28:69-70.

Fiss P C. 2007. A Set-theoretic Approach to Organizational Configurations[J]. Academy of Management Review,32(4):1180-1198.

Fiss P C. 2011. Building Better Causal Theories: A Fuzzy Set Approach to Typologies in Organization Research[J]. Academy of Management Journal,54(2):393-420.

Foucault M. 1972. The Archaeology of Knowledge[J]. London: Routledge.

Galbraith C, Schendel D. 1983. An empirical analysis of strategy types[J]. Strategic Management Journal,4(2):153-173.

Garbaccio R F, Jorgenson D W. 1999. Why Has the Energy Output Ratio Fallen in China[J]. Energy Journal,20(3):63-91.

García-Alvarado M, Paquet M, Chaabane A, et al. 2016. Inventory management under joint product recovery and cap-and-trade constraints[J]. Journal of Cleaner Production,167,1499-1517.

Ghoshal S, Moran P. 1996. Bad for practice: A critique of the transaction cost theory[J]. Academyof Management Review,21(1):13-47.

Gong X, Zhou S X. 2013. Optimal Production Planning with Emissions Trading[J]. Operations Research,61(4),908-924.

Granovetter M. 1985. Economic action and social structure: The problem of embeddedness[J]. American Journal of Sociology,91(3):481-510.

Greenwood R, Suddaby R. 2006. Institutional entrepreneurship in mature fields: The big five accounting firms[J]. Academy of Management Journal, 49(1): 27-48.

Gregory Tassey. 2014. Competing in Advanced Manufacturing: The Need for Improved Growth Models and Policies[J]. Journal of Economic Perspectives, 28(1): 27-48.

Griffith D, Harvey M G. 2001. A resource perspective of global dynamic capabilities [J]. Journal of International Business Studies, 32(3): 597-606.

Grillitsch M, Todtling F, Hoglinger C. 2015. Variety in knowledge sourcing, geography and innovation: Evidence from the ICT sector in Austria[J]. Papers in Regional Science, 94(1): 25-43.

Hage J, Dewar R. 1973. Elite values versus organizational structure in predicting innovation[J]. Administrative Science Quarterly, 18(3): 279-290.

Hall J, Porteus E. 2000. Customer Service Competition in Capacitated Systems[J]. Manufacturing & Service Operations Management, 2, 144-165.

Hambrick D C. 1983. High profit strategies in mature capital goods industries: A contingency approach[J]. Academy of Management Journal, 26(4): 687-707.

Hammami R, Nouira I, Frein Y. 2017. Effects of Customers' Environmental Awareness and Environmental Regulations on the Emission Intensity and Price of a Product[J]. Decision Sciences, 21.

Harrison J S, Freeman E. 1999. Stakeholders, social responsibility, and performance: Empirical evidence and theoretical perspectives[J]. Academy of Management Journal, 42(5): 479-485.

Hietart R A, Forgues B. 1997. Action, structure and chaos[J]. Organization Studies, 18(1): 119-143.

Hofer C W. 1975. Toward a contingency theory of business strategy[J]. Academy of Management Journal, 18(4): 784-810.

Howell J M, Higgins C A. 1990. Champions of technological innovation [J]. Administrative Science Quarterly, 35(2): 317-341.

Hsieh H N, Chen C M, Wang J Y, et al. 2015. KIBS as Knowledge Intermediaries in Industrial Regions: A Comparison of the Hsinchu and Tainan Metropolitan Areas[J]. European Planning Studies, 23(11): 2253-2274.

Hsieh H N, Hu T S, Chia PC, et al. 2014. Knowledge patterns and spatial dynamics of industrial districts in knowledge cities: Hsinchu Taiwan [J]. Expert Systems with Applications, 41(12): 5587-5596.

Hu Jin Li, WANG Shih Chuan. 2006. Total factor energy efficiency of regional in

China[J]. Energy Policy,(34):3206-3217.

Huergo E. 2006. The role of technological management as a source of innovation: Evidence from Spanish manufacturing firms[J]. Research Policy,35(9):1377-1388.

Hung S C, Tu M F. 2014. Is small actually big? The chaos of technological change [J]. Research Policy,43(7):1227-1238.

Hung S C. 2004. Explaining the process of innovation: The dynamic reconciliation of action and structure[J]. Human Relations,57(11):1479-1497.

Hübler M, Löschel A. 2012. The EU Decarbonisation Roadmap 2050—What way to walk[J]. Zew Discussion Papers,55:190-207.

Inkpen C. 1996. Creating knowledge through collaboration[J]. California Management Review,39(1):123-140.

Ismail K M, Ford Jr, Peng M W. 2013. Managerial ties, strategic initiatives and firm performance in Central Asia and the Caucasus[J]. Asia Pacific Journal of Management,30 (2):433-446.

Ji JN, Zhang Z Y, Yang L. 2017. Carbon emission reduction decisions in the retail-dual-channel supply chain with consumers' preference[J]. Journal of Cleaner Production, 141,852-867.

Jiang H, Shao X, Zhang X, et al. 2017. A Study of the Allocation of Carbon Emission Permits among the Provinces of China Based on Fairness and Efficiency[J]. Sustainability, 9,21-22.

Joe C, Yoong P, Patel K. 2013. Knowledge loss when older experts leave knowledge-intensive organisations[J]. Journal of Knowledge Management,17(6):913-927.

Jundt D K, Shoss M K, Huang J L. 2015. Individual adaptive performance in organizations: A review[J]. Journal of Organizational Behavior,36(1):53-71.

Kambara T. 1992. The Energy Situation in China[J]. China Quarterly,131:608-636.

Ketchen D J. 2008. Research methodology in strategic management: Past accomplishments and future challenges[J]. Organizational Research Methods,11(4):643-658.

Khalil T M. 2000. Management of Technology: The Key to Competitiveness and Wealth Creation[J]. Boston, MA: McGraw Hill.

King A A, Tucci C L. 2002. Incumbent entry into new market niches: The role of experience and managerial choice in the creation of dynamic capabilities[J]. Management Science,48(2):171-186.

Knopf B, Chen Y H H, Cian E D, et al. 2013. Beyond 2020 strategies and costs for transforming the European energy system[J]. Climate Change Economics,4(supp01),1–38.

Koput K W. 1997. A chaotic model of innovative search: Some answers, many questions[J]. Organization Science,8(5):528–542.

Lee C K, Hung S C. 2014. Institutional entrepreneurship in the informal economy: China's Shan-Zhai mobile phones[J]. Strategic Entrepreneurship Journal,8(1):16–36.

Lee J, Miller D. 1996. Strategy, environment and performance in two technological contexts:Contingency theory in Korea[J]. Organization Studies,17(5):729–750.

Leon Clarke, Weyant John, Birky Alicia. 2006. On the sources of technological Change:Assessing the evidence[J]. Energy Economics,28(5—6):579–595.

Leydesdorff L. 2000. The triple helix: An evolutionary model of innovation[J]. Research Policy,29(2):243–255.

Lin H N, Hsu W C, Yen I H, et al. 2013. Knowledge transfer among MNE's subsidiary:A conceptual framework for knowledge management[J]. International Journal of Organizational Innovation,6(1):6–14.

Linton J D. 2004. Perspective: Ranking business schools on the management of technology[J]. Journal of Product Innovation Management,21(4):416–430.

Liuabc Z. 2012. Consumer environmental awareness and competition in two-stage supply chains[J]. European Journal of Operational Research,218,602–613.

Lorenz E N. 1963. Deterministic nonperiodic flow[J]. Journal of the Atmospheric Sciences,20(2):130–141.

Lounsbury M, Crumley E. 2007. New practice creation: An institutional perspective on innovation[J]. Organization Studies,28(7):993–1012.

Lundvall B A. 1992. National Systems of Innovation:Towards a Theory of Innovation and Interactive Learning[J]. London:Printer Publishers.

Luthans F, Davis T R V. 1982. An idiographic approach to organizational behavior research:The use of single case experimental designs and direct measures[J]. Academy of Management Review,7(3):380–391.

Maguire S. 2004. Institutional entrepreneurship in emerging fields: HIV/AIDS treatment advocacy in Canada[J]. Academy of Management Journal,47(5):657–679.

Mason E S. 1939. Price and production policies of large-scale enterprise[J]. American Economic Review,29(1):61–74.

Masten S E. 1993. Transaction costs, mistakes, and performance: Assessing the importance of governance[J]. Managerial and Decision Economics,14(2):119–129.

Mathews J A, Cho D S. 2000. Tiger Technology: The Creation of a Semiconductor

Industry in East Asia,Cambridge[M]. MA:Cambridge University Press.

Mathews J A. 1997. A Silicon Valley of the East:Creating Taiwan's semiconductor industry[J]. California Management Review,39(4):26 - 54.

Mathews J A. 2006. Dragon multinationals:New players in 21st century globalization [J]. Asia Pacific Journal of Management,23(1):5 - 27.

McWilliams A, Smart D L. 1993. Efficiency v. structure-conduct-performance: Implications for strategy research and practice[J]. Journal of Management,19(1):63 - 78.

Meneghetti A,Monti L. 2015. Greening the food supply chain:an optimisation model for sustainable design of refrigerated automated warehouses[J]. International Journal of Production Research,53(21),6567 - 6587.

Michelino F, Lamberti E, Cammarano A, et al. 2015. Open innovation in the pharmaceutical industry:An empirical analysis on context features, internal R & D and financial performances[J]. IEEE Transactions on Engineering Management, 62 (3): 421 - 435.

Michelino F. 2015. Open innovation in the pharmaceutical industry:An empirical analysis on context features internal R & D and financial performances[J]. IEEE Transactions on Engineering Management,62(3):421 - 435.

Miketa A, Mulder P. 2005. Energy Productivity across Developed and Developing Countries in 10 Manufacturing Sectors:Patterns of Growth and Convergence[J]. Energy Economics,27(3):429 - 453.

Mintzberg H. 1973. The Nature of Managerial Work[M]. New York, NY: Harper & Row.

Mintzberg H. 1990. The design school:Reconsidering the basic premises of strategic management[J]. Strategic Management Journal,11(3):171 - 195.

Moorthy K S. 1988. Product and Price Competition in a Duopoly[J]. INFORMS, 17 (2):141 - 168.

Mulder P, Hofkes M W. 2003. Explaining Slow diffusion of energy-saving technologies, a vintage Modelwith returns to diversity and learning-by-using [J]. Resourceand Energy Economics,25(1):105 - 126.

Muzio D,Brock D M,Suddaby R. 2013. Professions and institutional change:Towards an institutionalist sociology of the professions[J]. Journal of Management Studies,50(5): 699 - 721.

Nadler J,Thompson L,Boven L V. 2003. Learning negotiation skills:Four models of knowledge creation and transfer[J]. Management Science,49(4):529 - 537.

Nelson R R,Winter S G. 1977. In search of useful theory of innovation[J]. Research

Policy,6(1):36-76.

Nerur S P, Rasheed A A, Natarajan V. 2008. The intellectual structure of the strategic management field: An author co-citation analysis[J]. Strategic Management Journal,29(3):319-336.

Nonaka I, von Krogh G. 2009. Perspective-tacit knowledge and knowledge conversion:Controversy and advancement in organizational knowledge creation theory[J]. Organization Science,20:635-652.

North D C. 1990. Institutions, Institutional Change and Economic Performance[J]. Cambridge:Cambridge University Press.

Olgiati V. 2010. The concept of profession today: A disquieting misnomer[J]. Contemporary Sociology,9(6):804-842.

Oliver C. 1991. Strategic responses to institutional processes[J]. Academy of Management Review,16(1):145-179.

Oliver C. 1992. The antecedents of deinstitutionalization,Organization Studies,13(4): 563-588.

Overholm H. 2015. Collectively created opportunities in emerging ecosystems: The case of solar service ventures[J]. Technovation,39:14-25.

Pacheco D F, York J G, Dean T J, et al. 2010. The coevolution of institutional entrepreneurship:A tale of two theories[J]. Journal of Management,36(4):974-1010.

Parayitam Satyanarayana, Kishor Guru. 2010. Economics of Resource Based and Dynamic Capabilities View: A Contemporary Framework[J]. Academy of Strategic Management Journal,9(1):83-93.

Parkhe A. 1993. Strategic alliance structuring:A game theoretic and transaction cost examination of interfirm cooperation[J]. Academy of Management Journal,36(4):794-829.

Penrose E. 1959. The Theory of the Growth of the Firm[M]. New York:Wiley.

Persson T A, et al. 2007. Adoption of carbon dioxide efficient technologies and practices:an analysis of sector-specific convergence trends among 12 nations[J]. Energy policy,35(5):2869-2878.

Phelan S. 2002. The first twenty years of the Strategic Management Journal[J]. Strategic Management Journal,23(12):1161-1168.

Pierce J L. 1977. Organization structure, individual attitudes and innovation[J]. Academy of Management Review,2(1):27-37.

Plambeck E L. 2012. Reducing greenhouse gas emissions through operations and supply chain management[J]. Energy Economics,34(1):64-74.

Polanyi K. 1944. The Great Transformation: The Political and Economic Origins of Our Time[J]. Boston: Beacon Press.

Porter M E. 1980. Competitive Strategy: Techniques for Analyzing Industries and Competitors[J]. New York, NY: Free Press.

Porter M E. 1981. The contributions of industrial organization to strategic management[J]. Academy of Management Review, 6(4): 609-620.

Porter M E. 1985. Competitive Advantage: Creating and Sustaining Superior Performance[J]. New York: Free Press.

Porter M E. 1996. What is strategy[J]. Harvard Business Review, 74(6): 61-78.

Prahalad C K, Hamel G. 1990. The core competence of the corporation[J]. Harvard Business Review, 68(3): 79-91.

Radzicki M J. 1990. Institutional dynamics, deterministic chaos and self-organizing systems[J]. Journal of Economic Issues, 24(1): 57-102.

Riahi K, Kriegler E, Johnson N, et al. 2015. Locked into Copenhagen pledges—Implications of short-term emission targets for the cost and feasibility of long-term climate goals[J]. Technological Forecasting & Social Change, 90, 8-23.

Rindfleisch A, Heide J B. 1997. Transaction cost analysis: Past, present and future applications[J]. Journal of Marketing, 61(4): 30-54.

Rindova V P. 2001. Continuous "morphing": Competing through dynamic capabilities, form and function[J]. Academy of Management Journal, 44(6): 1263-1280.

Rogers E. 1962. Diffusion of Innovation[M]. New York: Free Press.

Rothaermel F T. 2007. Building dynamic capabilities: Innovation driven by individual-, firm-, and network-level effects[J]. Organization Science, 18(6): 898-921.

Rycroft R, Kash D. 2002. Path dependence in the innovation of complex technologies [J]. Technology Analysis & Strategic Management, 14(1): 21-35.

Sandberg J, Tsoukas H. 2011. Grasping the logic of practice: Theorizing through practical rationality[J]. Academy of Management Review, 36(2): 338-360.

Scherer F M. 1980. Industrial Market Structure and Economic Performance[M]. Boston: Houghton Mifflin.

Schulz M. 2001. The uncertain relevance of newness: Organizational learning and knowledge flows[J]. Academy of Management Journal, 44(4): 661-681.

Seuring S, Müller M. 2008. From a literature review to a conceptual framework for sustainable supply chain management[J]. Journal of Cleaner Production, 16, 1699-1710.

Shapiro C. 1989. The theory of business strategy[J]. RAND Journal of Economics, 20(1): 125-137.

Shashi, Cerchione R, Singh R, et al. 2018. Food Cold Chain Management: From a Structured Literature Review to a Conceptual Framework and Research Agenda[J]. International Journal of Logistics Management,29(3),792-821.

Shashi, et al. 2018. Food Cold Chain Management: From a Structured Literature Review to a Conceptual Framework and Research Agenda[J]. International Journal of Logistics Management,29(3):792-821.

Sheriff M, Muffatto M. 2015. The present state of entrepreneurship ecosystems in selected countries in Africa[J]. African Journal of Economic and Management Studies,6(1):17-54.

Short J. 2009. The art of writing a review article[J]. Journal of Management,35(6): 1321-1317.

Shu L, Liu S, Li L. 2013. Study on business process knowledge creation and optimization in modern manufacturing enterprises[J]. Procedia Computer Science,17(1): 1202-1208.

Sillince J A. 2005. A contingency theory of rhetorical congruence[J]. Academy of Management Review,30(3):608-621.

Simon Collinson. 2001. Knowledge management capabilities in R. &D. :A UK-Japan company comparison[J]. R. &D. Management,31(3):60-79.

Sine W D, David R J., 2003. Environmental jolts, institutional change, and the creation of entrepreneurial opportunity in the US electric power industry[J]. Research Policy32(2):185-207.

Sinton J E, Levine M D. 1994. Changing Energy Intensity in Chinese Industry: The Relative Importance of Structural Shift and Intensity Change[J]. Energy Policy,22:239-255.

Teece D J, Pisano G. 1994. The dynamic capabilities of firms: An introduction[J]. Industrial and Corporate Change,3(3):537-556.

Teece D J, Pisano G. 1997. Dynamic capabilities and strategic management[J]. Strategic Management Journal,18(7):509-533.

Teece D J. 2007. Explicating dynamic capabilities: The nature and microfoundations of (sustainable) enterprise performance[J]. Strategic Management Journal,28(13):1319-1350.

Teece J, Gary P. 1998. Dynamic capabilities and strategic management[J]. Academy of Management Review,23(4):660-679.

Tol R S J. 2009. The Economic Effects of Climate Change[J]. Journal of Economic Perspectives,23(2),29-51.

Tripsas M, Gavetti G. 2000. Capabilities, cognition, and inertia: Evidence from digital imaging[J]. Strategic Management Journal, 21(10—11):1147-1161.

Tsay A A, Agrawal N. 2000. Channel Dynamics Under Price and Service Competition [J]. Manufacturing & Service Operations Management, 2, 372-391.

Utterback J M. 1994. Mastering the Dynamics of Innovation[M]. Boston: Harvard Business School Press.

Uyarra E. , 2010. What is evolutionary about regional systems of innovation? Implications for regional policy[J]. Journal of Evolutionary Economics20(1):115-137.

Vaara E, Whittington R. 2012. Strategy-as-practice: Talking social practices seriously [J]. Academy of Management Annals, 6(1):285-336.

Van de Ven A H, Rogers E M. 1988. Innovations and organizations: Critical Perspectives[J]. Communication Research, 15(5):632-651.

Verona G, Ravasi D. 2003. Unbundling dynamic capabilities: An exploratory study of continuous product innovation[J]. Industrial and Corporate Change, 12(3):577-605.

Von Neumann J, Morgenstern O. 1944. Theory of Games and Economic Behavior [M]. Princeton: Princeton University Press.

Wang C L, Ahmed P K. 2007. Dynamic capabilities: A review and research agenda [J]. International Journal of Management Reviews, 9(1):31-51.

Wang Q P, Zhao D Z, He L F. 2016. Contracting emission reduction for supply chain considering market low-carbon preference[J]. Journal of cleaner production, 120:72-84.

Wernerfelt B. 1984. A resource-based view of the firm[J]. Strategic Management Journal, 5(2):171-180.

Whittington R, Cailluet L. 2011. Open strategy: Evolution of a precarious profession [J]. British Journal of Management, 22(3):531-544.

Wilden Raft, Siegfried P Gudergan, Bo Bernhard Nielsen, et al. 2013. Dynamic Capabilities and Performance: Strategy, Structure and Environment[J]. Long Range Planning, 46(1/2):72-96.

Wilson Cedric. 2012. The Integrated Propulsion Strategy Theory: A Resources, Capabilities and Industrial Organization[J]. Journal of Management Policy & Practice, 13 (5):159-171.

Winter S G. 2003. Understanding dynamic capabilities[J]. Strategic Management Journal, 24(10):991-995.

Woodward J. 1965. Industrial Organization: Theory and Practice[M]. London: Oxford University Press.

Wright P. 1984. MNC-Third World business unit performance: Application of strategic Elements[J]. Strategic Management Journal,5(3):231-240.

Wright P. 1987. Research notes and communications: A refinement of Porter's strategies[J]. Strategic Management Journal,8(1):93-101.

Xu J,Chen Y,Bai Q. 2016. A two-echelon sustainable supply chain coordination under cap-and-trade regulation[J]. Journal of Cleaner Production,135,42-56.

Xu L,Wang CX,Zhao J J. 2018. Decision and coordination in the dual-channel supply chain considering cap-and-trade regulation[J]. Journal of Cleaner Production,197:551-561.

Xu X P,Zhang W,He P,et al. 2017. Production and pricing problems in make-to-order supply chain with cap-and-trade regulation[J]. Omega,66:248-257.

Xu Y,Xie H. 2016. Consumer Environmental Awareness and Coordination in Closed-Loop Supply Chain[J]. Open Journal of Business & Management,4:427-438.

Yang B C,Liu C Z,Su Y P,et al. 2017. The Allocation of Carbon Intensity Reduction Target by 2020 among Industrial Sectors in China[J]. Sustainability,9,148.

Yang L, et al. 2018. The manufacturer's joint decisions of channel selections and carbon emission reductions under the cap-and-trade regulation[J]. Journal of Cleaner Production,193:506-523.

Yang L,Ji J N,Wang M Z,et al. 2018. The manufacturer's joint decisions of channel selections and carbon emission reductions under the cap and trade regulation[J]. Journal of Cleaner Production,193,506-523.

Yi P, Huang M, Guo L, Shi T. 2016. Dual recycling channel decision in retailer oriented closed-loop supply chain for construction machinery remanufacturing[J]. Journal of Cleaner Production,137,1393-1405.

Yi P, Huang M, Guo L, Shi T. 2016. Dual recycling channel decision in retailer oriented closed-loop supply chain for construction machinery remanufacturing[J]. Journal of Cleaner Production,137:1393-1405.

Zahra A, George G. 2002. Absorptive capacity: a review reconceptualization and extension[J]. Academy of Management Review,27(2):185-203.

Zahra S A, Sapienza H J, Davidsson P. 2006. Entrepreneurship and dynamic capabilities:A review,model and research agenda[J]. Journal of Management Studies,43(4):917-955.

Zaltman G,Robert D. 1973. Innovations and Organizations[M]. New York:Wiley.

Zhang B, Xu L. 2013. Multi-item production planning with carbon cap and trade mechanism[J]. International Journal of Production Economics,144,118-127.

Zhang L,et al. 2018. Carbon Emission Reduction with Regard to Retailer's Fairness

Concern and Subsidies[J]. Sustainability,10(4):1209.

Zhang L, Wang J, You J. 2015. Consumer environmental awareness and channel coordination with two substitutable products[J]. European Journal of Operational Research,241,63-73.

Zhang L,Wang J. 2016. Coordination of the Traditional and the Online Channels for a Short-life-cycle Product[J]. European Journal of Operational Research,258:639-651.

Zhang L,Xue B,Liu X. 2018. Carbon Emission Reduction with Regard to Retailer's Fairness Concern and Subsidies[J]. Sustainability,10(4),1209.

Zhu W,He Y. 2016. Green product design in supply chains under competition[J]. European Journal of Operational Research,258(1),165-180.

Zilber T B. 2007. Stories and the discursive dynamics of institutional entrepreneurship:The case of Israeli high-tech after the bubble[J]. Organization Studies, 28(7):1035-1054.

Zollo M, Winter S G. 2002. Deliberate learning and the evolution of dynamic capabilities[J]. Organization Science,13(3):339-351.

Zott C. 2003. Dynamic capabilities and the emergence of intraindustry differential firm performance:Insights from a simulation study[J]. Strategic Management Journal,24(2): 97-125.

Zucker L G. 1977. The role of institutionalization in cultural persistence[J]. American Sociological Review,42(5):726-743.

巴顿. 2002. 知识与创新[M]. 南京:新华出版社.

蔡昉,都阳,王美艳. 2008. 经济发展方式转变与节能减排内在动力[J]. 经济研究, (6):90-100.

蔡宁伟. 2015. 自组织与平台组织的崛起[J]. 清华管理评论,(11):70-76.

曹如中,高长春,曹桂红. 2010. 创意产业创新生态系统演化机理研究[J]. 科技进步与对策,(21):81-85.

曹如中,史健勇,郭华,等. 2015. 区域创意产业创新生态系统演进研究:动因、模型与功能划分[J]. 经济地理,(2):107-113.

曹仰锋. 2014. 海尔转型:人人都是CEO[M]. 北京:中信出版社.

陈春花. 2017. 打破边界的思维方式[J]. 企业管理,(7):卷首语.

陈关聚. 2014. 中国制造业全要素能源效率及影响因素研究——基于面板数据的随机前沿分析[J]. 中国软科学,(1):180-192.

陈威如,徐玮伶. 2014. 平台组织:迎接全员创新的时代[J]. 清华管理评论,(7):46-54.

陈衍泰,孟媛媛,张露嘉,等. 2015. 产业创新生态系统的价值创造和获取机制分析——基于中国电动汽车的跨案例分析[J].科研管理,(S1):68-75.

德鲁克.1989.创新与企业家精神[M].北京:企业管理出版社.

杜勇宏.2015.基于三螺旋理论的创新生态系统[J].中国流通经济,(1):91-99.

冯华,陈亚琦.2016.平台商业模式创新研究——基于互联网环境下的时空契合分析[J].中国工业经济,(3):99-113.

傅家骥.1998.技术创新学[M].北京:清华大学出版社.

盖文启.2002.创新网络:区域经济发展新思维[M].北京:北京大学出版社.

葛法权,张玉利,张腾.2017.组织相互依赖关系对公司创业能力的影响机制——基于海尔集团的案例研究[J].管理学报,(4):475-484.

宫俊涛,孙林岩.2008.中国制造业省际全要素生产率变动分析[J].数量经济技术经济研究,(4):97-130.

何向武,周文泳,尤建新.2015.产业创新生态系统的内涵、结构与功能[J].科技与经济,(4):31-35.

何向武,周文泳,尤建新.2015.产业创新生态系统的内涵、结构与功能[J].科技与经济,(4):31-35.

黄定轩.2017.基于收益——风险的绿色建筑需求侧演化博弈分析[J].土木工程学报,50(2):110-118.

黄江明,李亮,王伟.2011.案例研究:从好的故事到好的理论——中国企业管理案例与理论构建研究论坛(2010)综述[J].管理世界,(2):118-126.

黄鲁成.2003.论区域技术创新生态系统的生存机制[J].科学管理研究,(2):47-51.

黄鲁成.2003.区域技术创新生态系统的特征[J].中国科技论坛,1(1):23-26.

黄鲁成.2003.区域技术创新生态系统的稳定机制[J].研究与发展管理,(4):48-52,58.

黄鲁成.2003.区域技术创新系统研究:生态学的思考[J].科学学研究,4(2):215-219.

黄鲁成.2003.研究区域技术创新系统的新思路:关于生态学理论与方法的应用[J].科技管理研究,(2):29-32.

黄鲁成.2004.区域技术创新生态系统的调节机制[J].系统辩证学学报,(2):68-71.

简兆权,刘晓彦,李雷.2017.基于海尔的服务型企业"平台+小微企业"型组织结构案例研究[J].管理学报,(11):1594-1602.

蒋石梅,吕平,陈劲.2015.企业创新生态系统研究综述——基于核心企业的视角[J].技术经济,(7):18-23,91.

焦建玲,陈洁,李兰兰,等.2017.碳减排奖惩机制下地方政府和企业行为演化博弈分析[J].中国管理科学,25(10):140-150.

金麟洙.1998.从模仿到创新[M].北京:新华出版社.

井润田,赵宇楠,腾颖.2016.平台组织、机制设计与小微创业过程——基于海尔集团组织平台化转型的案例研究[J].管理学季刊,(4):38-72.

李福,曾国屏.2015.创新生态系统的健康内涵及其评估分析[J].软科学,(9):1-4,28.

李力,王凤.2008.中国制造业能源强度因素分解研究[J].数量经济技术经济研究,(10):66-74.

李廉水,周勇.2006.技术进步能提高能源效率吗[J].管理世界,(10):82-89.

李明,吴文浩,吴光东.2017.基于利益相关者动态博弈的绿色建筑推进机制[J].土木工程与管理学报,34(3):20-26.

李万,常静,王敏杰,等.2014.创新3.0与创新生态系统[J].科学学研究,(12):1761-1770.

林伯强,蒋竺均.2009.中国二氧化碳的环境库兹涅茨曲线预测及影响因素分析[J].管理世界,(4):27-36.

林婷婷.2012.产业技术创新生态系统研究[D].哈尔滨:哈尔滨工程大学博士学位论.

刘洪涛,汪应洛,贾理群.1999.国家创新系统(NIS)理论与中国实践[M].西安:西安交通大学出版社.

刘雪芹,张贵.2016.创新生态系统:创新驱动的本质探源与范式转换[J].科技进步与对策,(20):1-6.

刘志峰.2010.区域创新生态系统的结构模式与功能机制研究[J].科技管理研究,(21):9-13.

罗国锋,林笑宜.2015.创新生态系统的演化及其动力机制[J].学术交流,(8):119-124.

马晓明,郇洵,谷硕,等.2016.基于LMDI的中国建筑碳排放增长影响因素研究[J].现代管理科学,(11):3-5.

迈诺尔夫·迪尔克斯,等.2001.组织学习与知识创新[M].上海:上海人民出版社.

苗红,黄鲁成.2007.区域技术创新生态系统健康评价初探[J].科技管理研究,(11):101-103.

苗红,黄鲁成.2008.区域技术创新生态系统健康评价研究[J].科技进步与对策,(8):146-149.

穆胜.2018.释放潜能:平台型组织的进化路线图[M].北京:人民邮电出版社.

彭锐,刘冀生.2005.西方企业知识管理理论"丛林"中的学派[J].管理评论,(8):58-63.

钱德勒.2001.看得见的手[M].北京:商务印书馆.

秦旋,荆磊.2013.绿色建筑全寿命周期风险因素评估与分析:基于问卷调查的探索[J].土木工程学报,46(8):123-135.

秦旋,李怀全,莫懿懿.2017.基于SNA视角的绿色建筑项目风险网络构建与评价研究[J].土木工程学报,50(2):119-131.

青木昌彦.2001.比较制度分析[M].上海:上海远东出版社.

史丹.2006.中国能源效率的地区差异与节能潜力分析[J].中国工业经济,(10):49-58.

汪丁丁.1996.在经济学与哲学之间[M].北京:中国社会科学出版社.

汪应洛,李勖.2002.知识的转移特性研究[J].系统工程理论与实践,(10):8-11.

汪志波.2012.产业技术创新生态系统演化机理研究[J].生产力研究,(3):192-194.

王凤彬.2006.供应链网络组织与竞争优势[M].北京:中国人民大学出版社.

王辑慈.2001.创新的空间:企业集群与区域发展[M].北京:北京大学出版社.

王节祥,蔡宁.2018.平台研究的流派、趋势与理论框架——基于文献计量和内容分析方法的诠释[J].商业经济与管理,(3):20-35.

王淋,马力,于洋.2018.基于复杂网络分析的绿色建筑项目关键风险研究[J].土木工程与管理学报,35(6):50-56.

王娜,王毅.2013.产业创新生态系统组成要素及内部一致模型研究[J].中国科技论坛,(5):24-29,67.

魏楚,沈满洪.2007.能源效率及其影响因素:基于DEA的实证分析[J].管理世界,(8):66-76.

魏江,黄学,刘洋.2014.基于组织模块化与技术模块化"同构/异构"协同的跨边界研发网络架构[J].中国工业经济,(4):148-160.

吴隽,汪烈鑫,王铁男.2003.基于知识利用状况分析的知识管理策略选择[J].中国软科学,(8):79-83.

吴利学.2009.中国能源效率波动:理论解释、数值模拟及政策含义[J].经济研究,(5):130-142.

伍春来,赵剑波,王以华.2013.产业技术创新生态体系研究评述[J].科学学与科学技术管理,(7):113-121.

武学超.2015.五重螺旋创新生态系统要素构成及运行机理[J].自然辩证法研究,(6):50-53.

谢洪明,刘常勇,李晓彤.2002.知识管理战略方法及其绩效研究[J].管理世界,(10):85-92.

谢鑫鹏,赵道致,刘永军.2015.需求具有碳排放敏感性的低碳供应链收益共享寄售契约[J].系统管理学报,24(1):107-115.

薛军,张宇,汤琦.2013.城市创新生态系统的评价研究[R].上海市科学学研究所内部报告.

薛军,张宇,汤琦.2015.城市创新生态系统评价指标探索[J].中国科技资源导刊,(1):42-48.

杨荣.2013.创新生态系统的功能、动力机制及其政策含义[J].科技和产业,(11):139-145,172.

杨仕辉,魏守道.2015.气候政策的经济环境效应分析——基于碳税政策、碳排放配额与碳排放权交易的政策视角[J].系统管理学报,(6):864-873.

原毅军,郭丽丽,孙佳.2012.结构、技术、管理与能源利用效率[J].中国工业经济,(7):18-30.

张爱平,孔化威.2010.创新生态——让企化相互"吃"起来[M].上海科学技术文献出版社.

张贵,刘雪芹.2016.创新生态系统作用机理及演化研究——基于生态场视角的解释[J].软科学,(12):16-19,42.

张慧.2012.基于产业生态理论的区域产业技术创新系统研究[D].青岛:青岛科技大学.

张利飞.2009.高科技产业创新生态系统耦合理论综评[J].研究与发展管理,(3):70-75.

张仁开.2016.上海创新生态系统演化研究——基于要素、关系、功能的三维视阈[D].上海:华东师范大学.

张运生.2008.高科技企业创新生态系统边界与结构解析[J].软科学,(11):95-97,102.

赵放,曾国屏.2014.多重视角下的创新生态系统[J].科学学研究,(12):1781-1788,1796.

赵进.2011.产业集群生态系统的协同演化机理研究[D].北京:北京交通大学.

赵曙明.2000.知识企业与知识管理[M].南京:南京大学出版社.

周青,陈畴镛.2008.中国区域技术创新生态系统适宜度的实证研究[J].科学学研究,(S1):242-246,223.

后 记

创新驱动发展,知识引领未来。改革开放 40 多年来中国经历经济高速增长,实现国家竞争优势的显著提升,创造了世界经济发展的奇迹,党的十九大提出中国经济由高速增长向高质量发展的转变。这是一本探讨中国制造业竞争策略的专著,研究面向中国制造 2035 的组织场域与竞争策略,以讨论能领先竞争对手,同时支持获利的策略行动,尝试以案例与文献研究方法来思索高质量发展作为嵌入组织场域形成中国制造业竞争策略的过程,并采用动态复杂来诠释在组织场域机制下,如何建立中国制造业竞争优势。研究发现中国制造业竞争策略是创新、智能、系统驱动的结构化战略,以部分典型企业为例,通过建立中国制造业的产业创新生态系统,同时兼具中国制造业的创新能力,是建立中国制造业竞争策略的必然选择。

本书的完成历时多年,团队成员比较多,主要感谢张玲红(第 8 章)、王亚利(第 6 章)、马军杰(第 4、6 章)等的贡献,我的研究生陈郁炜、陆芸、朱媛媛、刘延朝、孙澍垚、张瑶等在不同的文章中贡献了智慧,丁荣余、张向阳、洪小娟、龚跃鹏等也助力不少。道可道,非常道,本书离理想还有不少距离,所以文责我负。感谢国家自然科学基金(70973088)等在不同时期不同程度对研究工作的支持。2019—2021 年,我们主持和参与江苏、山西、广东、云南、浙江、安徽等区域不同主题的"十四五"产业或其他专项规划等的研究,调研了不少企业,拜访了不少机关单位,为研究添彩不少,在此一并表示感谢。最后,还要感谢东南大学出版社张丽萍等编辑的辛勤劳动。

卢 锐
2022 年秋于石城陶谷新村